Violence
Six réflexions transversales

Au diable vauvert

Slavoj Žižek

Violence

Six réflexions transversales

Essai traduit de l'anglais
par Nathalie Peronny

Du même auteur

À travers le réel, *Lignes*, 2010
Après la tragédie, la farce ! Comment l'histoire se répète, *Flammarion*, 2010
Bienvenue dans le désert du réel, *Flammarion*, 2009
De la croyance, *Chambon éditions*, 2011
Fragile absolu : pourquoi l'héritage chrétien vaut-il d'être défendu ?, *Flammarion*, 2010
Le sujet qui fâche : le centre absent de l'ontologie politique, *Flammarion*, 2007
Plaidoyer en faveur de l'intolérance, *Climats*, 2004
Que veut l'Europe ? Réflexions sur une nécessaire réappropriation, *Flammarion*, 2007
Robespierre : entre vertu et terreur, *Stock*, 2008
Tout ce que vous avez toujours voulu savoir sur Lacan sans oser le demander à Hitchcock (recueil sous la direction de l'auteur), *Capricci*, 2010
Vivre la fin des temps, *Flammarion*, 2011
Vous avez dit totalitarisme ? Cinq interventions sur les (més)usages d'une notion, *Éditions Amsterdam*, 2007

ISBN : 978-2-84626-399-3

Titre original : Violence

Au diable vauvert
www.audiable.com
La Laune 30600 Vauvert

Catalogue disponible sur demande
contact@audiable.com

Sommaire

Introduction : La robe sanglante du tyran 7

1 *Adagio ma non troppo e molto espressivo*
SOS violence

Violence subjective et objective 19
Les bons Samaritains de Porto Davos 27
Un village communiste libéral 38
La sexualité dans le monde atone 47

2 *Allegro moderato – Adagio*
Crains ton prochain comme toi-même

La politique de la peur 59
La question du « Prochain » 67
La violence du langage 82

3 *Andante ma non troppo e molto cantabile*
« Comme une mer noircie de sang »

Un cas étrange de communication phatique 103
Du ressentiment terroriste 117
Le sujet supposé violer et piller 128

4 *Presto*
Antinomies de la raison tolérante

Libéralisme ou fondamentalisme ? La peste soit de leurs deux maisons ! 145
Le cercle de craie de Jérusalem 160
La religion anonyme de l'athéisme 176

5 *Molto adagio – Andante*
La tolérance, une catégorie idéologique

La culturalisation de la politique 191
L'universalité effective 196
Acheronta movebo : les régions infernales 213

6 *Allegro*
La violence divine

Benjamin avec Hitchcock 237
Violence divine : ce qu'elle n'est pas… 247
… Et enfin, ce qu'elle est ! 261

Adagio : Épilogue 273

Bibliographie 289
Index 295

Introduction

La robe sanglante du tyran

Connaissez-vous la vieille histoire de l'ouvrier soupçonné de vol ? Chaque soir, quand l'homme quitte l'usine, les gardiens inspectent avec soin la brouette qu'il pousse devant lui. Mais ils font chou blanc car la brouette est toujours vide. Jusqu'au jour où l'on découvre enfin le pot aux roses : ce sont les *brouettes* que vole l'ouvrier…

Si une thèse commune confère une certaine unité au bric-à-brac de réflexions qui va suivre, c'est que le même paradoxe s'applique à la violence. Nous avons tendance à considérer la criminalité, la terreur, les troubles civils et les conflits internationaux comme les manifestations les plus évidentes de la violence. Pourtant, il serait judicieux de prendre un peu de recul et de nous détacher de l'attraction fascinante qu'exerce sur nous cette violence « subjective », immédiatement visible et exercée par un agent clairement identifiable, afin de mieux observer le contexte qui génère ses manifestations. Car cette prise de recul nous permettrait de découvrir qu'une autre violence irrigue nos efforts mêmes pour la combattre et promouvoir la tolérance.

Tel est le point de départ, voire l'axiome, de cet ouvrage : la violence subjective n'est que la part la plus visible d'un triumvirat mobilisant deux autres types de violence objective. Premièrement, la violence « symbolique » incarnée dans le langage et ses formes, ce que Heidegger appelait la « maison de l'être ». Comme nous le verrons par la suite, celle-ci n'est pas seulement à l'œuvre dans les cas évidents (et largement documentés) d'incitation à la violence et de rapports de domination sociale tels que reproduits dans les formes courantes de discours : il existe une forme de violence encore plus fondamentale, inhérente au langage lui-même et à l'univers de sens qu'il impose. En second lieu, il sera question de ce que j'appelle la violence « systémique », liée aux rouages bien huilés de nos systèmes politico-économiques dont elle traduit les effets dévastateurs.

L'idée, c'est que violence subjective et violence objective ne sauraient être analysées d'un même point de vue : l'expérience de la violence subjective ne peut se faire qu'en référence à un état de non-violence absolu, étant considérée comme la perturbation d'un environnement dit « normal » et pacifique. Cependant, la nature même de la violence objective est justement d'être inhérente à cet environnement « normal ». La violence objective est invisible, puisqu'elle irrigue le contexte de violence zéro nous permettant de ressentir la violence subjective d'un fait. La violence systémique s'apparente ainsi à la fameuse « matière noire » étudiée en physique, le corollaire d'une violence subjective qui n'est que trop visible. Phénomène invisible, donc, mais que l'on ne saurait ignorer si l'on cherche à comprendre la violence subjective et ses explosions prétendument « irrationnelles ».

Bombardés par les médias de « crises humanitaires » semblant constamment surgir dans une région ou une autre du monde, il nous faut garder à l'esprit que toute crise, quelle qu'elle soit, ne connaît d'exposition médiatique qu'au terme d'un long cheminement complexe dans lequel les considérations humanitaires ont bien moins de poids que les considérations culturelles, politico-idéologiques et économiques. Le 5 juin 2006, le magazine *Time* titrait ainsi en couverture : « La Guerre la plus meurtrière au monde ». Il s'agissait alors de dénoncer les quatre millions de morts engendrées par la violence politique en République démocratique du Congo au cours de la dernière décennie. Pourtant, hormis une poignée de réactions par le biais du courrier des lecteurs, l'article ne déclencha pas le ramdam humanitaire auquel on aurait pu s'attendre – comme si une sorte de mécanisme filtrant empêchait cette information d'atteindre son plein impact dans notre espace symbolique. Les cyniques diront que le magazine n'a pas misé sur la bonne victime dans la lutte incessante pour l'hégémonie en matière de souffrance, et qu'il aurait dû s'en tenir à la liste des clients sûrs habituels : calvaire des femmes musulmanes, deuil des familles de victimes du 11 Septembre… Aujourd'hui, le Congo fait bel et bien figure de « cœur des ténèbres » conradien et personne n'ose aborder le problème de front. La mort d'un enfant palestinien de Cisjordanie, sans parler de celle d'un ressortissant israélien ou américain, revêt un poids médiatique sans commune mesure avec la mort du citoyen congolais lambda.

Est-il besoin d'autres preuves que le sentiment d'urgence humanitaire est relayé, du moins en grande partie déterminé, par des considérations d'ordre purement politique ? Et ces considérations politiques, quelles sont-elles ? Pour répondre à cette question, abordons-la sous un autre angle. Quand les médias des États-Unis reprochèrent au public du monde entier un manque de compassion affiché à l'égard des morts du 11 Septembre, la réponse idéale aurait été cette citation de Robespierre, adressée à tous ceux qui s'émouvaient du sort des victimes innocentes de la Terreur : « Cessez d'agiter sous mes yeux la robe sanglante du tyran, ou je croirai que vous voulez remettre Rome dans ses fers [1]. »

Plutôt que de s'attaquer frontalement à la question de la violence, ce livre se propose de l'aborder par six biais détournés. Il y a des raisons précises à cela. Mon postulat de départ est que toute confrontation franche avec la violence implique une part de mystification : l'horreur et la compassion suscitées en nous par les actes de violence opèrent comme un charme puissant

1. Slavoj Žižek, *Robespierre : entre vertu et terreur*, Stock, 2008 (traduction de Christophe Jaquet).

qui nous empêche de réfléchir. Tout développement conceptuel et *dépassionné* de la topologie de la violence doit, par définition, ignorer son impact traumatique. Or on a le sentiment qu'une analyse clinique de la violence ne fait que reproduire et exacerber ce sentiment d'horreur. De même, il faudrait faire la distinction entre la vérité (factuelle) et l'authenticité : ce qui rend authentique le témoignage d'une femme violée (ou tout autre compte-rendu d'un événement traumatique), c'est précisément son manque de fiabilité factuelle, son imprécision et son incohérence. Si la victime était capable de raconter son calvaire avec clarté, énonçant les faits dans une chronologie parfaitement ordonnée, la qualité même de sa narration nous la rendrait suspecte. Ici, le problème va de pair avec sa solution : les incohérences du récit du sujet traumatisé attestent l'authenticité de son témoignage, puisqu'elles prouvent que la nature même des événements rapportés a « contaminé » le bon déroulement de leur énonciation. Ce même principe s'applique naturellement à la prétendue invraisemblance des récits de survivants de l'Holocauste : le témoin capable d'offrir un compte-rendu net et précis de son expérience des camps se disqualifiait d'emblée en raison de sa précision même[2]. Ainsi, la seule manière

2. Le recueil de Primo Levi consacré aux éléments chimiques (*Le Système périodique*, Albin Michel, 1987) doit être lu à la lumière des difficultés – ou de l'impossibilité fondamentale – de l'individu à narrativiser pleinement sa propre condition, à raconter l'histoire de sa vie sous forme de récit cohérent : le traumatisme de l'Holocauste l'en empêche. Pour Levi, le seul

appropriée de traiter mon sujet serait d'aborder la violence sous différents angles, mais toujours avec une certaine distance, par égard pour ses victimes.

La célèbre phrase d'Adorno mérite, semble-t-il, correction : ce n'est pas la poésie qui est impossible après Auschwitz, mais plutôt la *prose*[3]. Le réalisme échoue là où l'emporte l'évocation poétique de l'insoutenable concentrationnaire. Autrement dit, lorsque Adorno affirme qu'écrire de la poésie est impossible (voire barbare) après Auschwitz, cette impossibilité est en réalité une impossibilité fructueuse : la poésie se rapporte toujours, par définition, à quelque chose qui ne saurait être dit de façon directe, mais seulement évoqué. N'ayons pas peur d'aller un peu plus loin en évoquant le vieil adage affirmant que la musique prend le relais quand les mots sont impuissants. Il pourrait bien y avoir une part de vérité dans cette notion très répandue selon laquelle la musique de Schönberg, en une sorte de prémonition magistrale, portait déjà en elle les angoisses nées du cauchemar d'Auschwitz avant même qu'il ne se réalise.

Dans ses mémoires, Anna Akhmatova raconte ce qui lui est arrivé alors qu'elle faisait la queue, comme

moyen d'éviter l'effondrement de cet univers symbolique était donc de s'appuyer sur un Réel extra-symbolique : celui de la classification des éléments chimiques. (Bien sûr, dans sa version des éléments, la classification n'était qu'un prétexte, chaque élément étant expliqué en termes d'associations symboliques.)

3. « Écrire de la poésie après Auschwitz est barbare » Theodor W. Adorno, « Cultural criticism and Society », dans Neil Levi et Michael Rothberg (dir.), *The Holocaust : Theoretical Readings*, New Brunswick, Rutgers University Press, 2003, p. 281.

tant d'autres aux pires heures des grandes purges staliniennes, devant la prison de Leningrad, pour avoir des nouvelles de son fils Lev après son arrestation :

> Un jour, quelqu'un m'a reconnue dans la foule. Derrière moi se tenait une jeune femme, les lèvres bleuies par le froid, qui ne m'avait bien sûr auparavant jamais entendu appeler par mon nom. Brisant soudain la torpeur générale, elle me demanda en chuchotant (car tout le monde chuchotait) : « Pouvez-vous décrire cela ? », et je lui répondis : « Oui, en effet. » Alors l'ombre d'un sourire se devina sur ce qui avait jadis été son visage[4].

La question qui se pose est bien sûr la suivante : de quel type de description veut-on parler ? Assurément, il ne peut s'agir d'une description réaliste de la situation, mais plutôt de ce que Wallace Stevens appelle « la description sans domicile » et qui est le propre de l'art. Une description qui n'ancrerait pas son contenu dans un espace-temps historique, mais qui fabriquerait, comme toile de fond du phénomène qu'elle décrit, un espace inexistant (virtuel) de sa propre invention, si bien que ce qui y apparaît n'est nullement sous-tendu par la profondeur de la réalité qui l'inspire mais constitue une apparition décontextualisée, quoique en parfaite correspondance avec les faits réels. Pour citer à nouveau Stevens : « [Le soleil] est ce qu'il semble et pareilles apparences sont

4. Elaine Feinstein, *Anna of all the Russias*, New York, Knopf, 2005, p. 170.

réalité. » Ce type de description artistique « ne renvoie pas à quelque chose d'extérieur à sa forme[5] » ; il tire sa propre essence de cette réalité confuse, de même que Schönberg a « extrait » l'essence de la terreur totalitaire, témoignant ainsi de la manière dont cette terreur affecte la subjectivité.

Pourtant, ce recours à la description artistique ne risque-t-il pas de nous faire régresser vers une attitude contemplative, ce qui aurait pour conséquence de nous détourner de l'urgente nécessité de « faire quelque chose » en réaction à ces horreurs ?

Penchons-nous sur ce faux sentiment d'urgence qui imprègne le discours humanitaire de la gauche libérale sur la violence : l'abstraction mathématique y côtoie la « réalité factuelle » la plus crue dans la mise en scène de situations de violence diverses – à l'encontre des femmes, des Noirs, des SDF, des homosexuels, etc. « Dans ce pays, une femme se fait violer toutes les six secondes » ou « Lorsque vous aurez fini de lire ces lignes, dix enfants seront morts de la famine » n'en sont que deux exemples parmi tant d'autres. Le point commun entre tous ces slogans est de jouer sur un sentiment hypocrite d'indignation morale. Starbucks a exploité ce même filon de l'urgence théâtralisée, il y a quelques années, en plaçant à l'entrée de ses établissements des affiches informant la clientèle que l'entreprise reversait près de la moitié de ses bénéfices à des organismes pour la protection de la santé des enfants

5. Alain BADIOU, « Drawing », *Lacanian Ink* 28 (automne 2006), p. 45.

du Guatemala, pays où Starbucks achète son café, ce qui revenait à signifier au consommateur que chaque fois qu'il buvait un café, il sauvait la vie d'un enfant.

Toutes ces injonctions ont un aspect fondamentalement antithéorique. Pas le temps de réfléchir : il faut agir *maintenant*. Grâce à ce sentiment d'urgence factice, les riches des sociétés postindustrielles (qui vivent dans un univers cloisonné et virtuel), loin de nier et d'ignorer la dure réalité du monde extérieur, s'y réfèrent en permanence. Comme l'a récemment déclaré Bill Gates : « À quoi bon posséder des ordinateurs quand de nos jours, des milliers de gens meurent encore injustement de la dysenterie ? »

Face à ce faux sentiment d'urgence, on est tenté d'invoquer l'extraordinaire lettre écrite par Marx à Engels en 1870, alors que, le temps d'un instant, une révolution européenne semblait à nouveau aux portes. Marx ne cache pas sa panique : les révolutionnaires ne pourraient-ils pas attendre encore un an ou deux ? Il n'a pas terminé la rédaction de *Capital* !

Toute analyse critique de l'actuelle constellation globale – c'est-à-dire une analyse qui se garderait bien d'apporter une solution claire et des conseils « concrets » sur l'attitude à adopter, ou encore de promettre la lumière au bout du tunnel car, on le sait, la lumière en question pourrait bien être celle du train lancé à pleine vitesse en sens inverse – essuie généralement le reproche suivant : « Ainsi donc, vous suggérez qu'il est urgent de ne *rien* faire ? Juste s'asseoir et attendre ? » Critique à laquelle il faudrait toujours trouver le courage de répondre : « Eh bien OUI ! » Dans certaines situations, la seule attitude « concrète » à adopter est justement de lutter contre la tentation de l'engagement à la va-vite pour mieux « attendre de voir » avec patience et esprit critique. L'engagement semble nous solliciter de toutes parts. Dans un passage célèbre de *L'existentialisme est un humanisme*, Sartre évoque le dilemme d'un jeune Français en 1942, déchiré entre le devoir filial l'appelant à rester au chevet de sa mère malade, et son devoir de patriote le pressant de s'engager dans la Résistance pour combattre les Allemands ; l'idée avancée par Sartre est que, bien sûr, il n'existe aucune réponse toute faite à ce dilemme. Le jeune homme doit prendre une décision fondée uniquement sur sa liberté personnelle abyssale et en assumer pleinement les conséquences[6]. Une troisième possibilité, quoique scandaleuse, serait d'inviter ce jeune homme à dire à sa mère qu'il part rejoindre la Résistance, à ses camarades résistants qu'il se rend au chevet de sa mère, et à se retirer dans un lieu connu de lui seul pour se consacrer à l'étude…

Ce conseil peut paraître d'un cynisme éhonté, mais il dit également autre chose. Il nous rappelle une plaisanterie soviétique bien connue à propos de Lénine, dont le conseil favori aux jeunes gens était toujours : « Apprendre, apprendre, apprendre. » Cette maxime, rabâchée en toutes circonstances, était même inscrite aux murs des écoles. Voici la plaisanterie en question : on demande à Marx, Engels et Lénine s'il

6. Voir Jean-Paul Sartre, *L'existentialisme est un humanisme*, Gallimard, coll. Folio Essais, 1996.

vaut mieux avoir une épouse ou une maîtresse. Marx, un tantinet conservateur pour ces choses-là, répond naturellement « Une épouse ! » tandis qu'Engels, plutôt du genre *bon vivant**, choisit la maîtresse. Mais à la surprise générale, quand vient le tour de Lénine, celui-ci répond : « J'aimerais avoir les deux ! » Pourquoi donc ? Y aurait-il, derrière l'image austère du révolutionnaire, un *jouisseur** décadent insoupçonné ? Pas du tout. Lénine s'explique : « Ainsi, je pourrais ainsi dire à ma femme que je me rends chez ma maîtresse, et à ma maîtresse que je me rends chez ma femme… » Mais dans quel but ? « M'isoler quelque part pour apprendre, apprendre, apprendre ! »

N'est-ce pas exactement ce qu'il fit, après la catastrophe de 1914 ? Il se retira dans un lieu isolé en Suisse pour « apprendre, apprendre, apprendre » et se plonger dans la logique de Hegel. Et c'est exactement ce nous devrions faire aujourd'hui lorsque nous nous trouvons assaillis d'images de violence par les médias : « apprendre, apprendre, apprendre » ce qui engendre cette violence.

*Tous les termes en italique suivis d'un astérisque sont en français dans le texte. (N.D.T.)

1

Adagio ma non troppo e molto espressivo

SOS violence

Violence subjective et objective

En 1922, le gouvernement soviétique organisa l'expulsion par la force des intellectuels anticommunistes trop influents. Philosophes, théologiens, économistes et historiens quittèrent donc la Russie pour l'Allemagne à bord d'un navire surnommé le « Bateau des philosophes ». Nikolaï Lossky, l'un de ces exilés involontaires, jouissait jusqu'alors avec sa famille d'une confortable existence, avec domestiques et gouvernantes, au sein de la haute bourgeoisie :

> [Il] ne comprenait tout simplement pas qui pourrait avoir envie de détruire son mode de vie. Quels torts les Lossky avaient-ils donc causés ? En héritant du meilleur de ce que la Russie avait à offrir, ses fils et leurs amis contribuaient à remplir le monde de conversations autour de la littérature,

de la musique ou de l'art, et menaient la vie des gens bien nés. Quel mal y avait-il à cela[1] ?

Lossky était sans aucun doute un homme sincère et bienveillant, réellement attentif au sort des pauvres et soucieux de civiliser la vie de son pays. Mais son attitude trahit surtout une vertigineuse insensibilité à la violence *systémique* sans laquelle la continuité de son mode de vie n'aurait pu être assurée. Je veux parler ici de la violence inhérente à un système : pas seulement de la violence physique directe, mais également des formes de coercition plus subtiles (dont la simple menace du recours à la violence) régissant les rapports de domination et d'exploitation. Les Lossky et les gens de leur milieu n'avaient, en effet, « rien fait de mal ». Il n'y avait pas de mal subjectif au cœur de leur vie, juste cette violence systémique en toile de fond invisible. « Puis, soudain, dans ce monde quasi proustien… Lénine fit irruption. Le jour de la naissance d'Andreï Lossky, au mois de mai 1917, sa famille entendit des chevaux sans cavaliers lancés au galop dans la rue Ivanovskaya[2]. » Ces intrusions menaçantes se multiplièrent. Un beau jour, à l'école, le fils de Lossky fut brutalement pris à partie par l'un de ses camarades, issu du milieu ouvrier, qui lui déclara que « ses jours et ceux de sa famille étaient maintenant

1. Lesley Chamberlain, *The Philosophy Steamer*, Londres, Atlantic Books, 2006, p. 23-24. Afin d'éviter tout malentendu, je tiens à préciser que j'approuve totalement la décision de renvoyer les intellectuels antibolcheviques.
2. *Ibid.*, p. 22.

comptés… » Dans leur innocente naïveté bourgeoise, les Lossky ressentaient l'irruption de ces signaux annonciateurs d'une catastrophe imminente comme un phénomène surgi de nulle part, l'expression d'un nouvel esprit mystérieusement malveillant. Ce qu'ils ne comprenaient pas, c'est que cette violence subjective irrationnelle était en réalité la réponse au message qu'ils transmettaient eux-mêmes, mais dans sa forme inversée et réelle. C'est cette violence semblant surgir « de nulle part » qui correspond peut-être le mieux à ce que Walter Benjamin, dans sa « Critique de la violence », qualifiait de pure violence divine[3].

L'opposition à toutes les formes de violence, qu'elle soit directe et physique (meurtres de masse, terrorisme) ou idéologique (racisme, incitation à la haine, discrimination sexuelle), semble être le fondement de l'attitude libérale[4] tolérante qui prédomine

3. Walter Benjamin, « Critique de la violence », *Œuvres I*, Gallimard, 2000 (traduit de l'allemand par M. de Gandillac, R. Rochlitz et P. Rusch).

4. Tout au long de cet ouvrage, Slavoj Žižek emploie le terme « libéral » (adjectif et substantif) dans plusieurs de ses acceptions que d'aucuns pourraient juger contradictoires, puisqu'il se réfère aussi bien aux zélateurs du libéralisme économique (en France, le sens le plus habituel) qu'aux progressistes opposés au conservatisme bigot (un sens surtout étatsunien) : des distinctions par ailleurs internes aux démocraties héritées du libéralisme politique européen. Dans *Vivre la fin des temps* (Flammarion, 2011, traduction de Daniel Bismuth), Žižek nous met ainsi en garde contre toutes velléités de « désambiguation » de la notion de libéralisme : « La tension entre les deux significations est inhérente au contenu que le "libéralisme" s'attache à désigner, elle est constitutive de la notion elle-même » (p. 68). (N.D.T.)

actuellement. Il suffit d'un cri d'alarme pour entretenir ce type de discours au mépris de toute autre approche : le reste peut et devra attendre... N'y a-t-il pas quelque chose d'un peu douteux, en tout cas de symptomatique, dans cette focalisation sur la violence subjective (c'est-à-dire celle exercée par des agents sociaux – individus malveillants, appareils répressifs disciplinés, foules fanatiques ?) N'est-ce pas pour mieux détourner notre attention de la véritable origine des problèmes en occultant les autres formes de violence de notre champ de vision – y contribuant, de ce fait, activement ? Une anecdote célèbre raconte qu'un officier nazi rendit un jour visite à Picasso dans son studio parisien. « Est-ce vous qui avez fait cela ? » demanda-t-il à l'artiste en découvrant *Guernica,* choqué par le « chaos » moderniste de la toile. « Non, répondit calmement Picasso, c'est *vous !* » Aujourd'hui, nombreux sont les libéraux ou les sociodémocrates qui, confrontés aux éruptions de violence comme les récentes émeutes des banlieues parisiennes, se tournent vers les derniers gauchistes croyants encore à une transformation radicale de la société pour leur demander : « N'est-ce pas *vous* qui êtes à l'origine de tout ça ? N'est-ce pas exactement ce que vous vouliez ? » Ce à quoi, à l'instar de Picasso, nous devrions répondre : « Non, c'est vous ! Voilà le résultat de *votre* politique ! »

Tout le monde connaît la vieille blague du mari rentrant du travail plus tôt que prévu pour découvrir sa femme au lit avec un autre homme. « Pourquoi rentres-tu de si bonne heure ? » s'écrie l'épouse. « Et toi, pourquoi es-tu au lit avec ce type ? » demande son mari. Mais la femme, sans se démonter, lui rétorque : « Je t'ai posé une question en premier, n'essaie pas de changer de sujet[5] !» Il en va de même avec la violence. L'intérêt serait justement de *changer de sujet*, de s'éloigner du sos humanitaire appelant à l'arrêt de la violence pour s'intéresser à une autre urgence – l'interaction entre les trois modèles de violence : subjective, objective et symbolique. En résumé, il faut résister à la fascination de la violence subjective, car elle n'est guère que la plus visible des trois.

La notion de violence objective appelle une remise en contexte historique. Sa forme s'est trouvée modifiée sous l'influence du capitalisme. Marx a bien décrit le fol auto-engendrement de la circulation du capital, dont la tendance solipsiste à la parthénogenèse atteint aujourd'hui son apogée avec la spéculation méta-réflexive sur les transactions à terme. Il serait par trop simpliste d'affirmer que le spectre de ce monstre auto-engendrant, qui fonce droit devant lui au mépris de toute considération humaine ou environnementale, n'est qu'une abstraction idéologique derrière laquelle existent de vraies gens et des objets naturels dont les ressources et les capacités productives sous-tendent la circulation du capital, lequel s'en nourrit tel un parasite géant. Le problème est que cette « abstraction »

5. Quand les Palestiniens rétorquent aux Israéliens qui les somment de cesser les attentats, « Et vous, quand cesserez-vous d'occuper la Cisjordanie ? » Israël ne leur répond-il pas, à sa manière, « Ne changez pas de sujet ! » ?

ne réside pas seulement dans la perception erronée qu'ont nos spéculateurs financiers de la réalité sociale, mais qu'elle est « réelle » au sens où elle détermine la structure des processus sociaux matériels : le sort de certains groupes de population, voire de pays tout entiers, peut ainsi dépendre de la folle sarabande spéculative et solipsiste du capital qui poursuit ses objectifs de profit dans l'indifférence totale des conséquences de son action sur la réalité sociale. Le propos de Marx n'est donc pas de réduire cette seconde dimension à la première, autrement dit de démontrer comment la folle sarabande théologique des marchandises naît des antagonismes de la « vraie vie ». Il nous dit plutôt qu'on *ne peut appréhender correctement la première (la réalité sociale de la production matérielle et des interactions sociales) sans la seconde :* c'est la sarabande métaphysique autogénératrice du capital qui mène le jeu et fournit la clé des événements et des catastrophes de la vraie vie. C'est en cela que réside la violence systémique fondamentale du capitalisme, bien plus mystérieuse que toute autre forme de violence socio-idéologique et précapitaliste directe : cette violence-là n'est plus imputable aux vrais individus et à leur « malveillance » ; elle est purement « objective », c'est-à-dire systémique et anonyme. Nous retrouvons ici la différence lacanienne entre la réalité et le Réel : la « réalité » renvoie à la réalité sociale des gens concrètement impliqués dans les interactions et les processus productifs, tandis que le Réel consiste en l'inexorable logique « abstraite » et spectrale du capital qui détermine ce qui se passe dans la réalité sociale. Nous pouvons concrètement faire l'expérience de ce fossé lorsque nous nous rendons dans un pays aux conditions de vie particulièrement difficiles, entre misère humaine et catastrophe écologique, avant de lire un article nous expliquant que la situation économique dudit pays est « saine sur le plan financier » : la réalité n'a pas d'importance, c'est la situation du capital qui compte…

Cela n'est-il pas plus vrai que jamais, de nos jours ? Les phénomènes habituellement désignés comme relevant du capitalisme virtuel (transactions à terme et autres spéculations financières abstraites) n'annoncent-ils pas le règne de « l'abstraction véritable » dans une forme bien plus pure et radicale que du temps de Marx ? En d'autres termes, la forme la plus achevée d'idéologie ne consiste pas à se perdre dans la spectralité idéologique, à oublier les individus et leurs interactions qui constituent son fondement, mais au contraire à s'attacher aux « vraies gens et à leurs inquiétudes ». Les curieux souhaitant visiter la Bourse de Londres se voient remettre une brochure leur expliquant que le marché financier n'a rien à voir avec de quelconques fluctuations mystérieuses, mais repose au contraire sur de vraies gens et de vrais produits. L'idéologie dans toute sa splendeur.

Le principe fondamental d'Hegel est que l'excès « objectif » – le règne direct de l'universalité abstraite, qui impose sa loi « de façon mécanique et avec un mépris total envers les sujets retenus dans sa toile – va toujours de pair avec l'excès « subjectif » – l'exercice arbitraire et irrégulier du hasard. Une parfaite illustration de cette interdépendance nous est fournie par Étienne Balibar, qui distingue deux modes opposés mais complémentaires de violence excessive : la violence « ultra-objective » ou systémique, inhérente aux conditions sociales induites par le capitalisme global (lequel implique la création « automatique » d'individus exclus et dispensables tels que les sans-abri ou les chômeurs), et la violence « ultra-subjective » des nouveaux courants « fondamentalistes » ethniques et/ou religieux (en un mot : racistes)[6].

Notre refus de voir en face les conséquences de la violence systémique est particulièrement flagrant dans les débats autour des crimes du communisme. La source responsable de ces crimes n'est pas difficile à identifier : il s'agit bien d'un mal subjectif exécuté par des agents sociaux ayant, eux, « fait quelque chose de mal ». Nous pouvons même identifier les sources idéologiques de ces crimes – l'idéologie totalitaire, *Le Manifeste du parti communiste*, Rousseau, voire Platon. Mais lorsqu'on s'intéresse aux millions de morts engendrées par la globalisation capitaliste, depuis la tragédie mexicaine du XVIe siècle jusqu'au génocide du Congo belge il y a de cela un siècle, toute forme de responsabilité est très largement niée. Ces événements semblent s'être produits sous l'effet d'un processus « objectif » qui n'aurait été mis en place ni exécuté par personne, et pour lequel il n'existait aucun « manifeste capitaliste » (la seule à s'être vaguement

6. Voir Étienne Balibar, « La violence : idéalité et cruauté », dans *La Crainte des masses : politique et philosophie avant et après Marx*, Galilée, 1997.

approchée d'une telle entreprise étant la romancière américaine Ayn Rand[7]). Le fait que le roi Léopold II de Belgique, le responsable du génocide congolais, ait été un grand philanthrope sanctifié par le pape ne saurait être considéré comme un simple exemple de cynisme et d'hypocrisie idéologique. Subjectivement parlant, l'homme était peut-être un humaniste sincère, ayant contribué dans une modeste mesure à atténuer les conséquences catastrophiques de la politique économique belge – laquelle consistait à piller allègrement les ressources du Congo. Ce pays était son fief personnel ! Ultime ironie de l'histoire, la plupart des profits générés par l'aventure congolaise du roi profitèrent directement au peuple belge : travaux publics, musées, etc. Le roi Léopold était sans conteste le précurseur des « communistes libéraux » d'aujourd'hui, parmi lesquels…

Les bons Samaritains de Porto Davos

Au cours de la dernière décennie, Davos et Porto Alegre ont fait office de villes jumelles de la globalisation. Davos, luxueuse station de ski suisse fréquentée par la jet-set, est le lieu de rendez-vous sous haute protection policière – et dans des conditions dignes

7. C'est la limite à laquelle se heurtent les « comités d'éthique » qui surgissent un peu partout pour contrer les dangers d'un progrès scientifico-technologique débridé : malgré leurs intentions louables et leurs considérations morales, ils restent aveugles à la violence « systémique » de base.

d'un état de siège – de la crème mondiale des managers, hommes d'État et personnalités des médias venus nous convaincre (et se convaincre eux-mêmes) qu'il faut soigner la globalisation par la globalisation. La ville de Porto Alegre, au Brésil, est quant à elle devenue le lieu de rendez-vous de la contre-élite du mouvement antiglobalisation venue nous convaincre (et se convaincre elle-même) que la globalisation ne constitue pas une fatalité et que – pour reprendre le slogan officiel – « un autre monde est possible ». Toutefois, ces dernières années, les sommets de Porto Alegre semblent avoir perdu de leur panache, et nous en entendons de moins en moins parler. Où sont donc passées les étoiles brillantes de Porto Alegre ?

Réponse : une partie d'entre elles ont atterri au forum économique de Davos. Depuis quelque temps, le ton y est en effet donné par un groupe d'entrepreneurs, dont certains n'hésitent pas à se qualifier ironiquement de « communistes libéraux », ayant à cœur de récuser l'opposition entre Davos (ou le capitalisme global) et Porto Alegre (ou la nouvelle alternative sociale à la globalisation). Selon eux, il est possible de profiter du gâteau de la globalisation – autrement dit de s'épanouir en tant qu'entrepreneur – mais aussi de le *manger* et d'embrasser les valeurs anticapitalistes de responsabilité sociale et écologique. Plus besoin de Porto Alegre : Davos deviendra Porto Davos.

Parmi ces nouveaux communistes libéraux, on retrouve bien sûr la clique habituelle : Bill Gates et George Soros, les PDG de Google, d'IBM, d'Intel et d'eBay, ainsi que leurs philosophes de cour, dont le journaliste Thomas Friedman. Si ce petit groupe est intéressant, c'est parce que son idéologie est devenue quasi indifférenciable de celle des nouveaux anticapitalistes d'extrême gauche : Toni Negri, le gourou de la gauche postmoderne, n'a-t-il pas fait l'éloge du capitalisme électronique qui, selon lui, contiendrait *in nuce* tous les éléments du communisme ? Il n'y a plus qu'à se débarrasser de la forme capitaliste, et la révolution aura atteint tous ses objectifs. La vieille droite (avec sa croyance ridicule dans l'autorité, l'ordre et le patriotisme de terroir) et la vieille gauche obsédée par sa croisade capitalisée contre le capitalisme sont les véritables conservateurs d'aujourd'hui, embourbés dans des combats d'arrière-garde et complètement déconnectés des réalités. Le signifiant de cette réalité nouvelle dans la novlangue communiste libérale est le mot « smart » : être « smart », c'est préférer une approche dynamique et nomade à la bureaucratie centralisée ; le dialogue et la coopération à l'autorité hiérarchique ; la flexibilité à la routine ; la culture et la connaissance à la vieille production industrielle ; l'interaction spontanée et l'autopoïèse à une hiérarchie figée dans le marbre.

Bill Gates et devenu l'icône de ce qu'il a appelé lui-même le « capitalisme sans frictions », c'est-à-dire une société postindustrielle dans laquelle nous assistons à la « fin du travail », où le *software* l'emporte sur le *hardware* et le jeune *nerd* sur son supérieur en costume sombre. Le QG de la nouvelle entreprise est peu régi par la discipline externe. Les hackers repentis que tout le monde s'arrache y font des heures sup' et profitent de boissons gratuites dans un cadre verdoyant. L'une des clés du statut iconique de Bill Gates, c'est qu'il est lui-même perçu comme l'ancien hacker qui a réussi. Il faut bien sûr ici accorder au terme « hacker » toutes ses connotations subversives, marginales et antiestablishment. Les hackers veulent perturber le fonctionnement des grandes compagnies bureaucratisées. Au niveau fantasmatique, le message subliminal qu'il faut comprendre ici est que Bill Gates est un hooligan subversif, un marginal qui a pris le pouvoir et revêtu l'habit du pdg respectable.

Les communistes libéraux sont des grands patrons qui récupèrent l'esprit contestataire – ou, à l'inverse, des *geeks* adeptes de la contre-culture qui prennent les commandes des grandes entreprises. Leur dogme est une version postmoderne et rénovée de la fameuse « main invisible » du marché, chère à Adam Smith. Ici, marché et responsabilité sociale ne sont nullement opposés. Au contraire, ils peuvent s'associer pour leur bénéfice mutuel. Comme l'a déclaré Thomas Friedman, l'un des gourous des communistes libéraux, il est inutile d'être un salaud pour faire du business : collaborer avec et laisser participer ses employés, dialoguer avec les clients, respecter l'environnement ou adopter le culte de la transparence constituent aujourd'hui les clés du succès. Dans une analyse pertinente, Olivier Malnuit dresse la liste des dix commandements du communiste libéral[8] :

8. Voir l'article d'Olivier Malnuit, « Pourquoi les géants du business se prennent-ils pour Jésus ? », *Tecknikart*, février 2006, p. 32-37.

1. Donne tout gratuitement (libre accès, suppression des copyrights…) et ne fais payer que les services supplémentaires, tu n'en deviendras que plus riche.
2. Change le monde, ne te contente pas d'être un commerçant : il suffit d'une révolution globale, d'un changement de société pour rendre le monde meilleur.
3. Sois attentif, partageur et conscient de tes responsabilités sociales.
4. Sois créatif : concentre-toi sur le design, les nouvelles technologies et les sciences.
5. Dis tout : il ne devrait pas y avoir de place pour le secret. Adopte et prône le culte de la transparence, de la libre circulation de l'information – l'humanité tout entière devrait collaborer et interagir.
6. Ne t'aligne pas bêtement sur des horaires de bureau. Préfère les modes de communication spontanés, « smart », dynamiques et flexibles.
7. Retourne à l'école et deviens un adepte de la formation continue.
8. Comporte-toi comme un enzyme : ne te contente pas de travailler pour le marché, mais provoque de nouvelles formes de collaboration sociale.
9. Meurs pauvre : rends ta fortune à ceux qui en ont besoin, puisque tu possèdes plus que tu ne pourras jamais dépenser.
10. Substitue-toi à l'État : favorise les partenariats entre le secteur privé et les entreprises.

Les communistes libéraux sont des pragmatiques. Ils ne supportent pas l'approche doctrinaire. Pour eux, il n'existe pas à l'heure actuelle une unique classe laborieuse exploitée, juste des problèmes concrets à régler : famine en Afrique, oppression des femmes musulmanes, violence des fondamentalistes religieux. Lorsqu'il y a crise humanitaire en Afrique (et les communistes libéraux raffolent de ces grandes causes qui leur permettent de faire ressortir le meilleur d'eux-mêmes !), la vieille rhétorique anti-impérialiste ne sert à rien. Autant se concentrer plutôt sur les solutions qui marchent pour résoudre efficacement le problème : fédérer les peuples, les gouvernements et les entreprises dans une démarche commune ; commencer à faire bouger les choses au lieu de s'appuyer sur l'aide étatique centralisée ; aborder la crise sous un angle créatif et atypique sans se soucier des étiquettes traditionnelles.

Les communistes libéraux adorent citer les exemples comme la lutte contre l'apartheid. Ils insistent sur le fait que le refus de certaines grandes multinationales installées en Afrique du Sud de s'aligner sur le système ségrégationniste pour, au contraire, abolir la séparation raciale, payer le même salaire aux employés blancs et noirs, etc., a joué un rôle tout aussi crucial que le combat politique direct. N'avons-nous pas là un parfait exemple de la confluence entre lutte pour la liberté politique et intérêts économiques ? Ces mêmes sociétés peuvent aujourd'hui s'épanouir dans une Afrique du Sud sortie de l'apartheid.

Les communistes libéraux adorent également la

révolte étudiante qui a secoué la France en mai 1968 : quelle explosion de jeunesse et de créativité ! Quel coup porté à la rigidité de l'ordre bureaucratique ! Quel souffle nouveau apporté à la vie économique et sociale, dès lors que l'illusion politique s'est envolée ! Après tout, la plupart de ceux qui manifestaient et affrontaient la police étaient jeunes, à l'époque. S'ils ont changé depuis, ce n'est pas parce qu'ils se sont résignés à la réalité, mais parce qu'il leur fallait d'abord changer pour *vraiment* changer le monde et *vraiment* révolutionner nos existences. Marx, déjà, n'avait-il pas demandé ce que valait l'agitation des politiciens, comparée à l'invention de la locomotive à vapeur ? N'était-ce pas plus important que toutes les révolutions du monde en termes d'impact sur notre vie ? Et Marx n'aurait-il pas ajouté aujourd'hui : que valent toutes les protestations contre le capitalisme global comparées à l'invention d'Internet ?

Mais surtout, les communistes libéraux sont des citoyens du monde. Ce sont de braves gens qui s'inquiètent. Ils se soucient de la montée du populisme fondamentaliste *et* de l'influence des entreprises irresponsables et cupides. Ils voient les « causes profondes » des maux actuels : c'est la pauvreté de masse et le désespoir qui alimentent la terreur fondamentaliste. Leur objectif n'est pas de s'enrichir, mais de changer le monde – et si cela leur permet de se remplir les poches au passage, pourquoi s'en plaindre ? Bill Gates est d'ores et déjà le plus généreux bienfaiteur de l'histoire de l'humanité ; il exprime son amour envers son prochain en donnant des millions de dollars pour favoriser l'éducation, la lutte contre la famine ou la malaria. Le deal, bien sûr, c'est qu'avant de donner, il faut prendre – ou, comme diraient certains, créer. La justification des communistes libéraux est que pour vraiment aider les autres, il faut avoir les moyens de le faire et que, comme l'a prouvé l'échec retentissant des approches collectivistes et centralisatrices, l'initiative privée reste la meilleure option possible. L'État qui veut réguler leurs entreprises ou les taxer trop lourdement est-il conscient que cela aura un impact non négligeable sur l'efficacité de leur action visant à améliorer les conditions de vie du plus grand nombre et aider les nécessiteux ?

Les communistes libéraux refusent de n'être que des machines génératrices de profit. Ils veulent donner un sens plus profond à leur existence. Ils sont contre la religion à l'ancienne, mais pour la spiritualité et la méditation non confessionnelle. Tout le monde sait que le bouddhisme annonce les sciences cérébrales et que le pouvoir de la méditation peut être mesuré scientifiquement ! Leur devise préférée ? Responsabilité sociale et gratitude. Ils sont les premiers à admettre que la société s'est montrée extrêmement bonne envers eux en leur permettant de déployer leur talent et de s'enrichir, si bien qu'il est de leur devoir de faire un geste en retour et d'aider leurs prochains. Autrement, à quoi leur servirait toute cette belle réussite ? Leur altruisme justifie leur succès économique.

Mais y a-t-il vraiment du nouveau sous le soleil ? N'est-ce pas là une attitude qui, si elle faisait figure d'exception (mais pas autant qu'on veut bien le croire) du temps du capitalisme à l'ancienne et des barons de l'industrie américains, a désormais atteint un statut universel ? Ce brave Andrew Carnegie lui-même eut recours à une milice privée pour éradiquer les syndicats dans ses usines métallurgiques, avant de redistribuer une partie de sa fortune pour soutenir diverses causes éducatives, artistiques et humanitaires. L'homme de fer prouvait ainsi qu'il avait un cœur d'or. De la même manière, les communistes libéraux d'aujourd'hui redonnent d'une main ce qu'ils ont pris de l'autre. Cela rappelle tout à fait l'exemple d'un chocolat laxatif commercialisé aux États-Unis et dont la publicité se résumait à cette injonction paradoxale : « Vous êtes constipé ? Mangez de ce chocolat ! » En d'autres termes, consommez le produit responsable de la constipation pour en être guéri.

On retrouve largement ce paradoxe – la chose elle-même proposée comme remède à la menace qu'elle représente – dans le paysage idéologique actuel. Prenez l'exemple du financier philanthrope George Soros. Celui-ci incarne à la fois l'exploitation spéculative et financière la plus impitoyable *et* son contraire, c'est-à-dire le souci de l'impact social catastrophique d'une économie de marché débridée. Même son quotidien est marqué par cet antagonisme : la moitié de son temps de travail est consacrée à la spéculation, et l'autre à ses activités humanitaires – financement d'activités éducatives et démocratiques dans les pays de l'ancien bloc soviétique, rédaction d'ouvrages et d'essais dont la finalité ultime est de combattre les effets de sa propre spéculation.

Les deux visages de Bill Gates sont comparables aux deux visages de Soros. L'homme d'affaires cruel détruit ou absorbe ses compétiteurs, vise un quasi-monopole et emploie toutes les ruses du métier pour atteindre son objectif. Mais en même temps, le plus grand philanthrope de l'histoire demande d'un ton candide : « À quoi bon posséder des ordinateurs quand les gens n'ont pas de quoi se nourrir et meurent de la dysenterie ? » Selon l'éthique communiste libérale, la poursuite effrénée du profit est contrebalancée par l'humanitaire. La charité n'est qu'un masque généreux dissimulant le vrai visage de l'exploitation économique. Dans le cadre d'un incroyable chantage surmoïque à grande échelle, les pays développés « aident » les nécessiteux à coups de subventions et de crédits, s'évitant ainsi d'affronter la question majeure de leur complicité et de leur coresponsabilité dans la triste réalité du sous-développement[9].

En se référant à la notion d'« économie générale » des dépenses souveraines développée par Georges Bataille, qu'il oppose à l'« économie restreinte » de l'éternelle quête de profit capitaliste, le philosophe allemand posthumaniste Peter Sloterdijk fournit un cadre théorique à la scission du capitalisme d'avec lui-même, son dépassement de soi immanent : le

9. Le même argument s'applique à l'opposition entre l'approche « smart » et « non smart ». La délocalisation est ici la notion centrale : on exporte la part d'ombre (nécessaire) – discipline hiérarchique, pollution écologique… – vers des zones « non smart » du tiers-monde (ou dans des recoins invisibles du premier-monde). Le rêve communiste libéral ultime serait d'exporter la classe ouvrière vers les ateliers invisibles du tiers-monde.

capitalisme est à son apogée lorsqu'il « crée l'opposition interne la plus radicale – et la seule féconde – d'une tout autre manière que ce que pouvait rêver la gauche classique, subjuguée par le misérabilisme[10]. » Son éloge d'Andrew Carnegie en dit long ; le geste suprême d'autonégation de l'accumulation infinie des richesses consiste à dépenser cet argent par-delà toute notion de coût, et en dehors de la circulation marchande : bien public, art et sciences, santé, etc. Cet ultime geste « souverain » permet au capitaliste de s'extraire du cercle vicieux de la reproduction exponentielle infinie consistant à faire de l'argent pour en gagner toujours plus. En faisant don de sa fortune colossale à la communauté, le capitaliste se nie lui-même en tant qu'incarnation du capital et de sa circulation reproductive : sa vie prend sens. L'enrichissement n'est plus une fin en soi. En outre, il passe ainsi de l'*eros* au *thymos*, de la logique perverse de l'accumulation à celle de l'estime et de la reconnaissance publique. Au final, des personnages comme Soros ou Gates deviennent des symboles de l'autonégation intrinsèque du processus capitaliste : leur travail humanitaire, leurs dons immenses à des œuvres de charité publique ne relèvent pas juste d'une idiosyncrasie personnelle. Sincère ou hypocrite, cette démarche n'est que l'aboutissement logique de la circulation capitaliste – aboutissement d'autant plus

10. Peter Sloterdijk, *Colère et Temps – Essai politico-psychologique*, Éditions Maren Sell, 2007 (traduit de l'allemand par Olivier Mannoni), p. 50.

nécessaire d'un point de vue strictement économique qu'il permet au système de retarder le moment où il entrera en crise. Ce geste permet de rétablir l'équilibre – en une sorte de redistribution des richesses aux nécessiteux – sans tomber dans le piège fatal de la logique destructrice du ressentiment et de la redistribution étatique obligatoire, lesquels ne font qu'accroître la misère. Au passage, cela permet aussi d'éviter un autre mode de rééquilibrage et d'affirmation du *thymos* sous la forme de la dépense souveraine baptisée la guerre…

Ce paradoxe illustre bien le marasme dans laquelle nous nous trouvons : notre capitalisme actuel est incapable de se reproduire lui-même. Il a besoin de l'humanitaire extraéconomique pour entretenir le cycle de la reproduction sociale.

Un village communiste libéral

La plus grande réussite du film *Le Village* (M. Night Shyamalan, 2004) est de capter l'essence du mode de vie communiste libéral basé sur la peur. Les mauvais esprits ayant tendance à fustiger un peu trop vite les films du réalisateur en les qualifiant de navets kitsch New Age en sont ici pour leurs frais. Le village éponyme, situé en Pennsylvanie, est entièrement coupé du monde et entouré d'une forêt peuplée de monstres redoutables que les habitants appellent « Ceux dont on ne prononce pas le nom ». Dans l'ensemble, les villageois se satisfont du marché qu'ils ont passé avec ces créatures : ils n'entrent pas dans la forêt, elles n'entrent pas dans le village. Mais la situation se gâte quand le jeune Lucius Hunt exprime le désir de quitter le village pour aller se procurer des médicaments, et le pacte est rompu. Lucius et Ivy Walker, la fille aveugle du chef des « anciens », décident ensuite de se marier. Fou de jalousie, l'idiot du village poignarde Lucius, lequel contracte une grave infection ne pouvant être guérie que par des médicaments en provenance du monde extérieur. Le père d'Ivy révèle alors un secret à sa fille : ils ne sont pas en 1897, et les monstres de la forêt n'existent pas. Les anciens du village faisaient partie d'un groupe de parole pour victimes de crimes violents ayant décidé de se retirer du XXe siècle ; grâce à la fortune du père de M. Walker, un homme d'affaires milliardaire, ils ont donc acheté un terrain, l'ont fait classer comme « réserve naturelle », ont érigé tout autour un mur d'enceinte surveillée par des gardes, ont graissé la patte aux autorités locales pour détourner les couloirs aériens et empêcher le survol du terrain, et se sont installés dans leur nouvelle vie, inventant de toutes pièces l'histoire de « Ceux dont on ne prononce pas le nom » pour empêcher quiconque de s'aventurer dans les bois. Avec l'accord de son père, Ivy parvient à sortir du village. Elle tombe sur un garde compréhensif qui lui fournit les médicaments dont elle a besoin, et retourne sauver la vie de son bien-aimé. À la fin du film, les anciens décident de conserver leur mode de vie isolé ; la mort de l'idiot du village sera présentée aux non-initiés comme la preuve de l'existence des monstres, renforçant ainsi le mythe fondateur. La logique sacrificielle est réaffirmée en tant que condition *sine qua non* de la vie communautaire – son pacte secret.

Sans surprise, la plupart des critiques ont reproché au film d'être un exemple particulièrement navrant de cocooning idéologique : « On comprend bien pourquoi [Shyamalan] a voulu situer son film à une époque où les gens exprimaient leurs sentiments avec éloquence et sincérité, ou pourquoi il a pris plaisir à reconstruire un village impénétrable depuis le monde extérieur. Cet homme ne fait pas des films. Il fait des cocons[11]. » Le film est donc animé par le désir sous-jacent de recréer un univers clos et authentique dans lequel l'innocence serait à l'abri des forces corrosives de la modernité : « L'idée est d'empêcher les "créatures" de votre existence de s'en prendre à votre innocence; d'empêcher vos enfants de s'aventurer dans l'inconnu. Si ces "créatures" vous ont fait du mal, vous ne voulez pas qu'elles en fassent à vos enfants, et la jeune génération, elle, pourrait vouloir prendre ce risque[12]. »

Une lecture plus approfondie du film révèle pourtant toute son ambiguïté. Quand certains spectateurs faisaient valoir que « le film marche en plein territoire lovecraftien : cadre austère et hivernal de la Nouvelle-Angleterre, suggestion de la consanguinité,

11. Michael Agger, « Village Idiot : The Case against M. Night Shyamalan », http://www.slate.com/id/2104567.
12. Shane Handler, « M. Night Shyamalan's *The Village* », http://www.glidemagazine.com/articles120.html.

allusions étouffées aux "Anciens" ou à "Ceux dont on ne prononce pas le nom[13]" », ils ne manquaient pas de faire l'impasse sur son contexte politique. Cette image d'une communauté autarcique de la fin du XIXe siècle rappelle les nombreuses expériences socialistes utopiques qui virent alors le jour en Amérique. Cela ne veut pas dire que l'allusion à Lovecratf et à l'horreur surnaturelle n'est qu'un leurre. Nous avons là deux univers qui s'opposent : la « société du risque », moderne, ouverte sur le monde, et l'univers du Sens, sécurisant, archaïque et replié sur lui-même – sauf que le prix à payer pour ce Sens est un espace confiné et limité, gardé par des monstres indicibles. Le Mal n'est pas seulement repoussé hors de cet espace clos et utopique ; il devient une menace mythique avec laquelle la communauté instaure une trêve temporaire et contre laquelle elle se doit d'entretenir un état d'urgence permanent.

Bien souvent, au visionnage des « scènes coupées » proposées en bonus sur les DVD, on ne comprend que trop bien pourquoi le réalisateur a supprimé ces séquences au montage. Mais l'édition DVD du *Village* est une exception à la règle. L'une de ces scènes montre un exercice d'alerte : Walker sonne la cloche, signifiant ainsi aux villageois qu'ils doivent se replier dans les abris souterrains conçus en cas d'attaque des créatures. À croire qu'une vie communautaire authentique n'est possible que soumise à une menace

13. David EDELSTEIN, « Village of the Damned : More Pious Hokum from M. Night Shyamalan », http://slate.com/id/21045212.

permanente, ou dans un état d'urgence perpétuel[14]. Cette menace, comme nous l'apprenons au cours du film, est orchestrée dans la plus pure tradition « totalitaire » par le premier cercle des villageois, les « anciens », afin d'empêcher les jeunes de quitter la communauté et de se risquer à travers la forêt pour rejoindre les villes décadentes. Le mal lui-même doit être dédoublé : le mal « réel » de la désintégration sociale liée au capitalisme tardif doit être transposé en un mal mythique, magique et archaïque – celui des « monstres ». Le mal fait lui-même partie du premier cercle : il est *imaginé* par ses membres. On ne peut s'empêcher de repenser au roman de G. K. Chesterton, *Le Nommé Jeudi*, dans lequel le plus haut responsable de la police et le supercriminel sont une seule et même personne ne faisant qu'orchestrer un combat contre

14. L'un des reproches les plus imbéciles adressés au film (et qui rappelle certaines critiques formulées à l'encontre de *Sueurs froides* d'Alfred Hitchcock) est qu'il gâche le suspense en révélant son grand secret aux deux tiers de l'histoire – alors que cette révélation rend, au contraire, la dernière partie du film plus intéressante. En effet, le dernier tiers du film, qui nous montre la laborieuse progression d'Ivy à travers la forêt, nous met face à une énigme (ou, comme n'hésiteraient pas à le dire certains, à une incohérence narrative) : pourquoi la jeune fille a-t-elle peur des créatures, qui restent présentées comme une menace, alors qu'elle sait désormais qu'il s'agit d'un mensonge ? Dans une autre scène coupée, la jeune aveugle, après avoir entendu des sons terrifiants (mais artificiels) annonçant la proximité des créatures, s'exclame avec une emphase désespérée : « C'est par amour que je suis ici. Je vous en supplie, laissez-moi passer ! ». Pourquoi lance-t-elle ce cri du cœur à des créatures qui n'existent pas ? Réponse : la jeune fille a beau *savoir*, les spectres irréels qui nous hantent sont bien plus réels que la réalité elle-même.

elle-même. D'une façon proto-hégélienne, la menace externe que combat la communauté de villageois est au fond sa propre essence inhérente[15]...

Et si cela était vrai de façon bien plus radicale qu'on pourrait le croire ? Si le mal véritable qui rongeait nos sociétés n'était pas tant leurs dynamiques capitalistes que nos tentatives pour nous en extraire – tout en jouissant de leurs avantages – en nous créant des espaces communautaires repliés sur eux-mêmes, des fameuses « enclaves résidentielles » à l'américaine aux groupes exclusifs, qu'ils soient religieux ou ethniques ? Autrement dit, le véritable sujet du *Village* n'est-il pas de démontrer qu'aujourd'hui le retour à une vie communautaire authentique dans laquelle le langage serait encore le vecteur direct des sentiments – le village de l'utopie socialiste – ne peut être qu'un artifice fabriqué de toutes pièces pour distraire les plus riches ? Les figures exemplaires du mal à notre époque ne sont pas les consommateurs lambda qui polluent la planète et vivent dans un monde violent aux liens sociaux déliquescents, mais ceux qui, tout

15. Ici, Nicholas Meyer a également raison lorsqu'il pastiche Sherlock Holmes dans son roman *La Solution à 7 %.* Dans l'espace diégétique des nouvelles de Sherlock Holmes, Moriarty, archétype du criminel par excellence (le « Napoléon du crime ») et rival suprême du héros, est clairement un fantasme tout droit sorti de l'imagination de Holmes lui-même – son double, sa part d'ombre : dès les premières pages du roman de Meyer, Watson reçoit la visite de Moriarty, un modeste professeur de mathématiques, qui se plaint de Holmes et de son idée fixe selon laquelle il serait un diabolique criminel : pour guérir Holmes, Watson l'entraîne à Vienne dans la maison de Freud.

en contribuant à la création de cet environnement universel exécrable, peuvent se payer le luxe d'y échapper en s'installant dans des enclaves résidentielles surprotégées, en mangeant bio ou en prenant leurs vacances dans des réserves naturelles.

Dans *Les Fils de l'homme* (Alfonso Cuarón, 2006), film inspiré d'un roman de P. D. James, le village communiste libéral n'est autre que le Royaume-Uni. Nous sommes en 2027. L'espèce humaine est infertile. Le plus jeune habitant de la Terre, né dix-huit ans plus tôt, vient d'être tué à Buenos Aires. Le Royaume-Uni vit dans un état de siège permanent : des escadrons antiterroristes traquent les immigrés clandestins et l'État veille sur une population déclinante qui végète dans une stérile quête de jouissance. Permissivité hédoniste, nouvelles formes d'apartheid et de contrôle fondées sur la peur… n'est-ce pas là le fondement même de nos sociétés ? Mais voilà où réside le coup de génie du réalisateur : « La plupart des histoires qui se déroulent dans le futur tournent autour du concept de Big Brother, mais cette vision de la tyrannie appartient pour moi au XXe siècle. La tyrannie d'aujourd'hui a un nouveau visage – elle a pour nom "démocratie"[16]. » Cela explique pourquoi les dirigeants du monde fictif dépeint dans le film ne sont pas des bureaucrates gris dans le style « totalitaire » orwellien, mais des gestionnaires démocrates et éclairés, ayant chacun leur « mode de vie » personnel. Quand le héros rend

16. Article (en anglais) à consulter en ligne sur http://www.impactservices.net.au/movies/childrenofmen.htm.

visite à l'un de ses anciens amis, représentant haut placé du gouvernement, afin d'obtenir un permis exceptionnel pour un réfugié, le spectateur pénètre dans un loft ultrachic de Manhattan habité par un couple gay : l'ami haut placé en question, vêtu de façon décontractée, est tranquillement attablé avec son compagnon handicapé.

De toute évidence, *Les Fils de l'homme* n'est pas un film traitant de l'infertilité en tant que problème biologique. L'infertilité dont nous parle le réalisateur a déjà été diagnostiquée il y a bien longtemps par Nietzsche lorsqu'il annonçait le glissement de la civilisation occidentale vers le « dernier homme », cette créature apathique dépourvue d'engagement et de passion véritable. Incapable de rêver, las d'exister, le dernier homme ne prend aucun risque et recherche uniquement le confort, la sécurité et des rapports extérieurs de tolérance avec son prochain : « Un peu de poison par-ci par-là : cela donne des rêves agréables. Et beaucoup de poisons, pour finir : cela donne une mort agréable. […] On a son petit plaisir pour le jour et son petit plaisir pour la nuit, mais l'on révère la santé. "Nous avons inventé le bonheur", disent les derniers hommes, et ils clignent des yeux[17]. »

Dans les pays du premier-monde, nous avons de plus en plus de mal à ne serait-ce qu'imaginer une cause publique ou universelle pour laquelle nous

17. Friedrich NIETZSCHE, *Ainsi parlait Zarathoustra*, Librairie générale française, 1983 (traduction de Georges Arthur Goldschmidt), p. 14-15.

serions prêts à mourir. De fait, la fracture entre le premier et le tiers-monde prend de plus en plus la forme d'une opposition entre le désir de mener une existence longue et satisfaisante, agrémentée de richesse matérielle et culturelle, et celui de vouer sa vie à une cause noble. N'est-ce pas là le cœur de l'antagonisme opposant ce que Nietzsche qualifiait de nihilisme « actif et passif » ? Nous autres Occidentaux sommes devenus les Derniers Hommes, accaparés par les petits plaisirs imbéciles du quotidien tandis que les fondamentalistes musulmans sont prêts à tout risquer, impliqués jusqu'à l'autodestruction dans une lutte nihiliste. La grande perdante de cette opposition entre les « élus » (les derniers hommes reclus dans leurs enclaves résidentielles aseptisées) et les « exclus » n'est autre que cette bonne vieille classe moyenne, qui tend de plus en plus à disparaître. « La classe moyenne est un luxe que le capitalisme ne peut plus se permettre[18]. » Dans *Les Fils de l'homme,* le seul endroit où persiste encore un étrange sentiment de liberté est Bexhill-sur-Mer, sorte de ville franche échappant au climat général d'oppression étouffante et invasive. Entourée d'un mur d'enceinte et transformée en camp de réfugiés, la station balnéaire est entièrement administrée par ses habitants, tous immigrés clandestins. La vie y est rythmée par les démonstrations militaires des fondamentalistes islamistes, mais aussi par d'authentiques gestes de solidarité. Il n'est donc pas étonnant que Bexhill soit le lieu de la réapparition de cette créature

18. John Gray, *Straw Dogs*, Londres, Granta, 2003, p. 161.

rarissime, l'enfant nouveau-né. À la fin du film, la ville est bien sûr bombardée sans merci par les forces aériennes.

La sexualité dans le monde atone

Quel genre de sexualité sied à cet univers ? Le 6 août 2006, Londres a accueilli le tout premier « masturbathon » du Royaume-Uni, un événement collectif au cours duquel des centaines d'hommes et de femmes se sont donné du plaisir pour la bonne cause tout en rassemblant des fonds au profit de diverses agences de santé spécialisées dans la sexualité et la reproduction. Ils ont aussi contribué à attirer l'attention du public et à dissiper certains tabous persistants autour d'une pratique sexuelle pourtant ordinaire, naturelle et sans dangers. Le concept est né sous l'impulsion de Good Vibrations, un sex-shop de San Francisco très investi dans les problématiques liées à la santé sexuelle, dans le cadre du Mois national de la masturbation, événement par lui fondé et organisé depuis 1995, l'année du tout premier « masturbathon » à San Francisco. Le Dr Carol Queen explique ainsi la démarche :

> Nous vivons dans une société où l'expression sexuelle a toujours été limitée, encadrée par la loi, et où la quête du plaisir pur est fréquemment qualifiée d'égoïste et d'immature. Beaucoup de ceux qui se croient très ouverts sur le plan sexuel se sont en fait

> contentés de reformuler le vieux postulat « le sexe ne vaut que s'il sert à procréer » en « le sexe ne vaut que s'il est pratiqué par deux êtres qui s'aiment » [...] La masturbation est notre première activité sexuelle, c'est une source de plaisir accessible à chacun de nous tout au long de son existence mais c'est aussi une forme d'expression unique et créative. Chaque fois que vous vous masturbez, vous célébrez votre sexualité et votre aptitude innée au plaisir. Alors, prenez-vous en main ! [...] La masturbation est un acte radical, et toute culture qui refoule cet acte est susceptible de s'attaquer à d'autres libertés individuelles. En fêtant le Mois national de la masturbation et en contribuant personnellement à faire sortir l'auto-érotisme du placard, n'oubliez pas que la liberté érotique est essentielle au vrai bien-être, n'importe où [19].

La posture idéologique à la base du concept de « masturbathon » est marquée par une contradiction entre sa forme et son contenu : constituer un collectif à partir d'individus prêts à partager avec d'autres l'égoïsme solipsiste de leur petit plaisir personnel. Mais cet antagonisme apparent est moins réel dans les faits. Freud lui-même avait déjà établi le lien entre le narcissisme et l'immersion dans la foule, dont la meilleure illustration semble être cette expression typiquement californienne : « partager une expérience ». Cette collusion entre éléments contraires est ancrée dans l'exclusion qu'ils partagent : être seul au milieu

19. http://www.masturbate-a-thon.com.

d'une foule n'est pas seulement une possibilité, c'est un *fait*. Cet isolement et cette immersion empêchent tous deux la véritable intersubjectivité, c'est-à-dire la rencontre avec l'Autre. C'est pourquoi, comme l'a pertinemment expliqué le philosophe Alain Badiou, il faudrait aujourd'hui plus que jamais insister sur l'amour, et non sur la simple satisfaction : c'est l'amour, la rencontre à deux, qui permet la « transsubstantiation » du plaisir masturbatoire imbécile en événement à proprement parler[20]. Nul besoin d'une sensibilité à fleur de peau pour ressentir qu'il est plus difficile de se masturber devant quelqu'un que d'engager une interaction sexuelle avec cette personne : le seul fait que l'autre soit réduit au rôle d'observateur passif rend mon geste encore plus « honteux ». Les événements comme le « masturbathon » signalent donc la fin de la honte en tant que telle. C'est l'un des indicateurs les plus éloquents de l'état de notre société, la marque d'une idéologie qui sous-tend notre expérience la plus intime.

« Pourquoi se masturber ? » Voici une liste de raisons proposées par le Dr Queen :

– Parce que le plaisir sexuel est un droit acquis à la naissance.

– Parce que la masturbation incarne le summum du *safe sex*.

– Parce que la masturbation est une expression joyeuse de l'amour de soi.

20. Alain Badiou, *Logique des mondes*, Éditions du Seuil, 2006.

– Parce que la masturbation présente un tas d'avantages sur le plan de la santé, notamment : diminution des douleurs menstruelles, réduction du stress, sécrétion d'endorphines, renforcement des muscles pelviens, action contre l'infection de la glande prostate pour les hommes et meilleure résistance à la candidose pour les femmes.

– Parce que la masturbation est un excellent exercice cardio-vasculaire.

– Parce que chacun de nous est le meilleur amant de lui-même.

– Parce que la masturbation augmente notre conscience sexuelle.

Tout est dit : meilleure connaissance de soi, effets bénéfiques sur la santé, lutte contre l'oppression sociale, posture politiquement correcte irréprochable (aucun risque de harcèlement) et affirmation du plaisir sexuel à son degré presque le plus élémentaire – « chacun de nous est le meilleur amant de lui-même ». L'emploi de l'expression traditionnellement réservée aux homosexuels (la masturbation permet à l'auto-érotisme de « sortir du placard ») semble indiquer une sorte de téléologie implicite de l'exclusion progressive de l'élément autre : d'abord, l'homosexualité exclut l'autre sexe (puisqu'on se tourne vers quelqu'un de son propre sexe). Puis, en une sorte de parodie hégélienne de négation de la négation, la dimension même de l'élément autre est gommée : on se tourne vers soi-même.

En décembre 2006, les autorités de la ville de New York ont déclaré que le choix du genre sexuel – et, par conséquent, le fait de subir une opération pour changer de sexe – comptait parmi les droits inaliénables de l'être humain. La différence suprême, « transcendantale », qui inscrit l'identité humaine dans ce qu'elle a de plus profond, est donc désormais un élément ouvert à la manipulation : à la place, c'est la plasticité suprême de l'être humain qui est affirmée. La masturbation est la forme d'activité sexuelle idéale de l'individu transgenre, autrement dit *VOUS*, élu « personnalité de l'année » par le magazine *Time* dans son numéro du 18 décembre 2006. Cette distinction annuelle n'a pas été attribuée à Ahmadinejad, Chavez, Kim Jong-il ou quelque autre membre de la clique habituelle, mais à « vous » : tous ceux d'entre nous qui utilisent ou créent du contenu sur la Toile. La couverture du magazine montrait un clavier blanc surmonté en guise d'écran d'un miroir dans lequel chaque lecteur pouvait voir le reflet de son visage. Pour justifier leur choix, les journalistes invoquèrent le glissement des institutions au profit des individus, qui ré-émergent en tant que citoyens d'une nouvelle démocratie numérique.

Mais ce choix est bien plus significatif qu'il n'y paraît, et à plus d'un titre. Si le concept de choix *idéologique* a jamais eu un sens, le voici représenté dans toute sa splendeur : le message (une nouvelle cyberdémocratie dans laquelle des millions de gens peuvent communiquer et s'auto-organiser directement en contournant le contrôle centralisé) dissimule en réalité une série de failles et de tensions. La première ironie évidente, c'est que celui ou celle qui regarde la couverture de *Time* ne voit plus ceux avec qui il ou elle est censé(e) être directement en relation, mais son propre reflet. Sans surprise, Leibniz est l'une des principales références philosophiques des théoriciens du cyberespace : notre immersion dans celui-ci ne va-t-elle pas de pair avec notre réduction à une simple monade leibnizienne reflétant le monde entier, mais « sans fenêtres » capables de s'ouvrir sur la réalité extérieure ? On pourrait dire que le profil type du surfeur Internet d'aujourd'hui, assis tout seul devant son PC, est de plus en plus celui d'une monade sans fenêtres sur la réalité, confrontée uniquement à des simulacres virtuels, mais immergée plus que jamais dans un réseau de communication global. Le « masturbathon », qui crée un collectif à partir d'individus prêts à partager leur satisfaction égoïste, est bien la forme de sexualité la plus parfaitement adaptée aux paramètres de ce cyberespace.

Alain Badiou développe la notion de mondes « atones » auxquels il manque l'intervention d'un signifiant maître capable d'imposer de l'ordre et du sens face à la multiplicité confuse de la réalité [21]. Qu'est-ce qu'un signifiant maître [22] ? Dans les dernières pages de ses monumentales *Mémoires sur la deuxième*

21. *Ibid.*

22. Pour le concept de signifiant maître, voir Jacques LACAN, *L'Envers de la psychanalyse* (*Le Séminaire Livre XVII)*, Éditions du Seuil, 1991.

guerre mondiale[23], Winston Churchill s'interroge sur le mystère de la décision politique : une fois que les spécialistes (analystes économiques et militaires, psychologues et météorologues) ont livré leurs analyses savantes, quelqu'un doit bien assumer la tâche solitaire et ô combien difficile de transposer cette complexe multitude de points de vue où chaque avis pour entraîne deux avis contre, et vice versa, en un simple « OUI » ou « NON » définitif. Soit nous attaquons, soit nous continuons à attendre. Comme l'a assez finement résumé John F. Kennedy : « L'essence de la décision ultime demeure impénétrable à l'observateur – et même, le plus souvent, au décideur lui-même. » Ce geste décisif, qui n'admet jamais aucune justification purement fondée sur le plan rationnel, est celui d'un maître.

L'un des traits caractéristiques de notre monde postmoderne est qu'il essaie de se passer de l'intermédiaire du signifiant maître structurant : la complexité du monde se doit d'être affirmée sans réserve. Chaque signifiant maître censé lui imposer un ordre doit donc être déconstruit et dispersé : « apologie moderne de la "complexité" du monde [...] n'est rien d'autre qu'un désir d'atonie généralisée[24]. » L'excellent exemple que donne Badiou de ce monde « atone » est la vision politiquement correcte de la sexualité défendue par les

23. Winston CHURCHILL, *Mémoires sur la deuxième guerre mondiale*, Plon, 1948-1954, 12 vol. in-8°.
24. Alain BADIOU, *Logique des Mondes*, Éditions du Seuil, 2006, p. 443.

gender studies[25], et leur rejet obsessionnel de la logique binaire : ce monde est un monde nuancé de pratiques sexuelles multiples ne tolérant ni choix tranché, ni dogme de la dualité, ni évaluation au sens fort nietzschéen du terme.

Dans ce contexte, il est intéressant de se pencher sur les romans de Michel Houellebecq[26]. L'auteur propose une variation sans fin sur le thème de l'échec de l'amour dans les sociétés occidentales contemporaines, marquées (pour reprendre les termes d'un critique littéraire) par « l'effondrement de la religion et de la tradition, l'adoration débridée du plaisir et de la jeunesse, et la perspective d'un avenir totalisé par la rationalité scientifique et l'absence de joie »[27]. Telle est la face sombre de la « libération sexuelle » des années 1960 : la marchandisation de la sexualité. Houellebecq s'attache à décrire le lendemain de cuite de la révolution sexuelle, ou la stérilité d'un monde dominé par l'injonction surmoïque au plaisir. Toute son œuvre tourne autour de l'antinomie entre amour et sexualité : le sexe est une nécessité absolue, y renoncer signifie s'étioler, si bien que l'amour ne peut s'épanouir sans lui ; mais en même temps, l'amour est impossible précisément à cause de lui.

25. Il n'existe pas vraiment de terme français officiel pour traduire l'expression *gender studies*, qui désigne aux États-Unis le domaine d'études (écrits, débats, recherches universitaires, etc.) consacré à la question du genre sexuel. (N.D.T.)
26. Voir notamment Michel Houellebecq, *La Possibilité d'une île*, Fayard, 2005.
27. Nicholas Sabloff, « Of Filth and Frozen Dinners », *Common Review*, Winter 2007, p. 50.

Le sexe, qui « prolifère comme la quintessence même de la domination du capitalisme tardif, a déteint de façon permanente sur les rapports humains, dès lors condamnés à n'être plus que les reflets inévitables de la nature déshumanisante de la société libérale : au fond, il a détruit l'amour[28]. »Ainsi, formulé en termes derridiens, le sexe est à la fois la condition de possibilité et d'impossibilité de l'amour.

La société dans laquelle nous vivons est hantée par une sorte d'identité spéculative hégélienne des contraires. Certaines caractéristiques, attitudes et normes de vie ne sont plus perçues comme idéologiquement marquées. Elles semblent désormais neutres, non idéologiques, naturelles et imposées par le bon sens. Nous qualifions d'idéologie ce qui tranche avec son contexte : l'extrémisme religieux ou politique, par exemple. Ici, l'approche hégélienne consisterait à dire que c'est précisément la neutralisation de certaines caractéristiques en un arrière-plan socialement acceptable qui marque l'idéologie dans ce qu'elle a de plus pur et de plus efficace. C'est la dialectique « coïncidence des opposés » : la forme la plus achevée d'actualisation d'une notion ou d'une idéologie coïncide avec (ou, plus exactement, apparaît comme) son contraire, c'est-à-dire une absence d'idéologie. *Mutatis mutandis*, cela s'applique aussi à la violence. La violence socio-symbolique dans son expression la plus pure apparaît comme son contraire, c'est-à-dire comme l'expression

28. *Ibid.*, p. 51.

spontanée du milieu dans lequel nous évoluons ou l'air que nous respirons.

Voilà pourquoi le communiste libéral délicat – effrayé, attentif, opposé à la violence – et le fondamentaliste aveugle et enragé ne sont que les deux faces d'une même pièce. En lutte contre la violence subjective, les communistes libéraux n'en sont pas moins les agents de la violence structurelle qui crée les conditions mêmes de l'explosion de cette violence subjective. Les mêmes philanthropes qui versent des millions pour combattre le SIDA ou promouvoir la tolérance ont ruiné les vies de milliers d'individus via la spéculation financière et ainsi créé les conditions favorables à la montée de cette intolérance qu'ils dénoncent. Dans les années 1960 et 1970, il était possible d'acheter des cartes postales « porno soft » montrant des filles en bikini ou en robe de soirée ; en inclinant légèrement la carte ou en la regardant sous un angle différent, on voyait les vêtements de la fille disparaître comme par magie. Lorsqu'on nous bombarde de nouvelles réconfortantes annonçant l'annulation d'une dette nationale ou le lancement d'une vaste campagne humanitaire pour éradiquer une épidémie, il suffit d'incliner légèrement la photo pour apercevoir le visage obscène du communiste libéral tapi juste derrière…

Ne nous berçons pas d'illusions : les communistes libéraux sont les ennemis de toutes les luttes progressistes actuelles. Tous les autres ennemis – fondamentalistes et terroristes religieux, bureaucraties étatiques corrompues et inefficaces – sont des cas particuliers, dont l'ascension et le déclin dépendent de situations locales contingentes. Précisément parce qu'ils veulent résoudre tous les dysfonctionnements secondaires du système global, les communistes libéraux sont l'incarnation même de ce qui ne va pas dans le système tel qu'il est ; il faut donc garder cela bien présent à l'esprit lorsque, dans le cadre de la lutte contre le racisme, le sexisme ou l'obscurantisme religieux, il s'agit de faire alliance et de passer des compromis avec eux.

Que faire, dès lors, du communiste libéral qui est sans conteste un brave homme réellement préoccupé par la pauvreté et la violence, et capable de s'offrir le luxe de telles préoccupations ? Du reste, que faire d'un homme qui ne peut pas être acheté par des intérêts privés puisqu'il en possède déjà sa part ; qui tient parole lorsqu'il promet de lutter contre la pauvreté parce qu'il profite de cette lutte ; qui exprime honnêtement son opinion parce qu'il est si puissant qu'il peut se permettre de le faire ; qui se montre courageux, opiniâtre et inflexible dans la poursuite de ses objectifs sans penser à ses intérêts personnels, puisqu'ils sont tous déjà satisfaits ; et qui, en outre, est un bon camarade, notamment pour ses collègues du Forum économique de Davos ? Bertolt Brecht nous apporte la réponse dans son poème « Interrogatoire de l'homme bon » :

Avance : on nous dit
Que tu es un homme bon.
Tu n'es pas vénal, mais la foudre
Qui frappe la maison non plus
Ne l'est pas.

Tu tiens toujours parole.
Mais qu'as-tu dit ?
Tu es de bonne foi, tu livres ton opinion.
Mais laquelle ?
Tu es plein de courage.
Contre qui ?
Tu es plein de sagesse
Pour quoi ?
Tu ne songes même pas à tes intérêts personnels.
Mais ceux de qui, alors ?
Tu es un bon ami.
L'es-tu de bonnes personnes ?

Aussi écoute : nous savons
Que tu es notre ennemi. Voilà pourquoi nous allons
Te coller contre un mur. Mais compte tenu
De tes mérites et de tes qualités,
Ce sera devant un bon mur que nous t'abattrons
À l'aide de bonnes balles tirées de bons fusils,
Après quoi nous t'enterrerons
Avec une bonne pelle dans de la bonne terre[29].

29. Bertolt BRECHT, « Verhoer des Guten », dans *Werke*, vol. 18, *Prosa 3*, Frankfort, Suhrkamp Verlag, 1995, p. 502-503 (traduction libre).

2

Allegro moderato – Adagio

Crains ton prochain comme toi-même!

La politique de la peur

De nos jours, le mode politique prédominant est celui de la *biopolitique postpolitique* – fascinant exemple de jargon théorique que l'on n'a toutefois aucun mal à décrypter : la « postpolitique » prétend avoir tourné le dos aux vieilles luttes idéologiques pour se concentrer sur le management et la gestion d'experts, tandis que la « biopolitique » a pour objectif principal la régulation de la sécurité et du bien-être des individus[1]. Toutefois, il est clair que ces deux dimensions se chevauchent : lorsqu'on a renoncé aux grandes positions idéologiques, l'unique enjeu demeure la gestion efficace de l'existence… ou

1. Pour la notion de biopolitique, voir Giorgio AGAMBEN, *Homo Sacer*, Éditions du Seuil, 1998 ; pour la notion de postpolitique, voir Jacques RANCIÈRE, *La Mésentente*, Galilée, 1995.

presque. Car en fait, avec une administration experte, dépolitisée, socialement objective, et la coordination des intérêts comme degré zéro de la politique, le seul moyen d'injecter un peu de passion dans le débat et de mobiliser les foules est de recourir à la peur, constituant élémentaire de la subjectivité actuelle. C'est en cela que la biopolitique s'apparente, au final, à une politique de la peur, obsédée par la défense des victimes potentielles ou la prévention contre le harcèlement.

Voilà ce qui sépare la notion de politique radicalement émancipatrice du statu quo que nous vivons actuellement. Il ne s'agit pas d'un simple écart entre deux visions ou ensembles d'axiomes, mais de la différence entre une politique reposant sur un ensemble d'axiomes universels et une autre renonçant à la dimension constitutive même du politique, puisqu'elle recourt à la peur en tant qu'ultime principe mobilisateur : peur des immigrés, peur de la criminalité, peur de la dépravation sexuelle impie, peur de l'influence excessive de l'État lui-même et du fardeau de la taxation, peur de la catastrophe écologique, peur du harcèlement… Et le politiquement correct incarne par excellence la forme libérale de cette politique de la peur, laquelle (post-) politique s'appuie toujours sur la manipulation d'une multitude (ou *ochlos*) paranoïaque : c'est l'effrayant rassemblement d'individus effrayés.

L'année 2006 vit ainsi la politique anti-immigrés virer « mainstream » et couper le cordon avec les partis d'extrême droite qui l'avaient toujours portée. De la France à l'Allemagne, de l'Autriche aux Pays-Bas, dans un nouvel esprit de fierté identitaire culturelle et historique, les principaux partis jugeaient désormais acceptable d'affirmer que les immigrés étaient des invités et qu'ils devaient s'adapter aux valeurs culturelles définissant la société hôte – « C'est notre pays, aimez-le ou quittez-le. »

L'actuel esprit de tolérance libérale envers les autres, l'ouverture et le respect de l'altérité sont contrebalancés par une peur obsessionnelle du harcèlement. L'Autre ne me dérange pas tant que sa présence n'est pas trop gênante et qu'il n'est pas trop différent de moi… En une stricte homologie avec le paradoxe du chocolat laxatif évoqué au chapitre précédent, la tolérance coïncide avec son contraire. Concrètement, mon devoir de tolérance envers l'Autre implique que je ne devrais pas trop m'approcher de lui et que je devrais éviter d'envahir son espace personnel. En d'autres termes, je devrais respecter son *intolérance* envers ma surproximité. De plus en plus, la société capitaliste tardive érige le droit de ne *pas être harcelé*, c'est-à-dire de se maintenir à distance raisonnable des autres, en droit humain primordial.

La biopolitique postpolitique possède deux autres aspects qui, force est de le reconnaître, relèvent de deux espaces idéologiques contraires : celui de la réduction des humains à leur « vie nue », à l'*Homo sacer* (cet « homme sacré » faisant l'objet d'une connaissance et d'une prise en charge expertes mais privé de ses droits élémentaires, comme les prisonniers de Guantanamo ou les victimes de l'Holocauste) ; et celui du respect envers l'Autre vulnérable, poussé à son paroxysme par le biais d'une tendance à la subjectivité narcissique vivant le soi comme un être fragile, constamment exposé à une multitude de « harcèlements » potentiels. Difficile d'imaginer contraste plus flagrant que celui opposant la vulnérabilité de l'Autre à sa réduction à une « vie nue » prise en charge par l'administration. Pourtant, et si ces deux attitudes avaient en réalité une origine commune ? S'il s'agissait des deux aspects d'une même tendance sous-jacente, réunis dans ce qu'on serait tenté de définir comme la version contemporaine du « jugement infini » hégélien qui pose l'identité des contraires ? Le point commun entre ces deux pôles opposés est précisément le refus sous-jacent de toutes formes de causes supérieures, la notion que l'objectif suprême de notre existence est l'existence elle-même. Voilà pourquoi il n'y a pas de contradiction réelle entre le respect de l'Autre vulnérable et l'acceptation de la torture, paroxysme de la transformation des individus en *homines sacri*[2].

Dans son livre *The End of Faith*, Sam Harris[3] défend l'usage de la torture dans certains cas exceptionnels (mais tous les défenseurs de la torture ne justifient-ils pas son emploi comme une mesure d'exception ? Qui oserait réclamer qu'on torture un enfant affamé ayant volé une barre chocolatée ?). Sa thèse s'appuie sur la distinction entre notre répulsion instinctive à l'idée d'assister à des scènes de torture ou de voir souffrir un

2. Voir également AGAMBEN, *Homo sacer (op. cit.)*
3. Sam Harris est un écrivain américain né en 1967, auteur de plusieurs ouvrages dans lesquels il défend le scepticisme scientifique. *The End of Faith* est paru en 2005 aux États-Unis. (N.D.T.)

être humain sous nos yeux, et notre rapport abstrait à la souffrance de masse : il est bien plus difficile de torturer quelqu'un que d'approuver à distance un bombardement pouvant entraîner la mort de milliers de gens dans d'atroces souffrances.

Nous voici donc embourbés dans une sorte d'illusion éthique parallèle aux illusions de la perception. La cause profonde de telles illusions, c'est que malgré l'élargissement considérable de nos capacités de raisonnement abstrait, nos réactions éthiques et émotionnelles demeurent subordonnées à la compassion instinctive et séculaire que suscite en nous l'exposition directe à la souffrance d'autrui. Voilà pourquoi tirer sur quelqu'un à bout portant est, pour la plupart d'entre nous, bien plus horrible que d'appuyer sur un bouton qui provoquera la mort d'un millier de parfaits inconnus :

> Étant donné l'importance fondamentale accordée par la plupart d'entre nous à notre guerre contre le terrorisme, la pratique de la torture pourrait sembler, dans certaines circonstances, non seulement admissible, mais nécessaire. Pourtant, celle-ci ne semble guère plus acceptable en termes d'éthique qu'elle ne l'était auparavant. Les raisons à cela, j'en suis convaincu, sont tout aussi neurologiques que celles donnant lieu à l'illusion lunaire. [...] Le temps est peut-être venu de sortir nos double décimètres et de les brandir vers le ciel[4].

4. Sam Harris, *The End of Faith*, New York, Norton, 2005, p. 199. (N.DT. : Alan Dershowitz est un célèbre avocat, romancier et

Rien d'étonnant à ce que l'auteur se réfère à Alan Dershowitz[5] et à sa légitimation de la torture. Pour remédier au problème de notre vulnérabilité (conditionnée par l'évolution) à la vision de la souffrance d'autrui, Harris imagine le concept de la « pilule de vérité », l'équivalent du café sans caféine ou du Coca Light appliqué à la torture :

> ... un médicament constituant à la fois l'instrument de torture et son soulagement. L'action de la pilule consisterait à provoquer une paralysie temporaire et une détresse physique telles qu'aucun humain ne voudrait subir l'expérience une seconde fois. Imaginez ce que nous ressentirions en tant que bourreaux si, après avoir administré ces pilules à un prisonnier terroriste, celui-ci s'allongeait pendant une heure, comme s'il faisait la sieste, avant de nous confier spontanément à son réveil tout ce qu'il sait sur le fonctionnement de son groupe ! Ne serions-nous pas tentés d'appeler ce médicament « pilule de vérité », au final[6] ?

Les tout premiers mots – « un médicament constituant à la fois l'instrument de torture et son soulagement » – reprennent la logique typiquement moderne du chocolat laxatif. Ici, la torture idéale s'apparente au

essayiste américain considéré comme progressiste, mais prônant l'encadrement légal et sous mandat de l'usage de la torture dans la « guerre contre le terrorisme ».)

5. *Ibid.*, p. 192-193.
6. *Ibid.*, p. 197.

café sans caféine : nous obtenons le résultat escompté sans souffrir de déplaisants effets secondaires. Le célèbre institut Serbsky de Moscou, l'unité psychiatrique du KGB, avait déjà mis au point une méthode de ce type pour torturer les dissidents : une simple injection dans la zone du cœur suffisait à ralentir le pouls du prisonnier au point de le plonger dans un état d'angoisse insupportable. Vu de l'extérieur, le malheureux avait l'air de somnoler alors qu'en réalité il vivait un cauchemar.

Harris enfreint ses propres règles lorsqu'il se focalise sur le 11 Septembre et s'attaque à Chomsky. Ce dernier dénonce justement l'hypocrisie consistant à tolérer le massacre abstrait de milliers d'anonymes tout en s'offusquant de certains cas bien précis de violation des droits de l'homme. Pourquoi Kissinger, qui ordonna le tapis de bombes responsable de dizaines de milliers de morts au Cambodge, serait-il moins criminel que les auteurs des attentats du World Trade Center ? N'est-ce pas parce que nous sommes victimes d'une « illusion éthique » ? L'horreur du 11 Septembre a fait l'objet d'une couverture médiatique détaillée mais la chaîne de télévision al-Jazeera, pour avoir diffusé des images montrant les conséquences d'un bombardement américain à Fallujah, a été vertement critiquée et taxée de complicité avec les terroristes.

Toutefois, une perspective bien plus dérangeante semble ici à l'œuvre : la proximité (du sujet torturé) qui déclenche notre compassion et nous rend la torture inacceptable n'est pas seulement celle de la victime mais, fondamentalement, la proximité du

Prochain, avec tout le poids freudien-judéo-chrétien que comporte ce terme – la proximité de la chose qui, si éloignée soit-elle, se trouvera toujours, par définition, « trop près ». Ce que vise Harris avec sa « pilule de vérité » est ni plus ni moins *l'abolition de la notion même de Prochain.* Le sujet soumis à la torture n'est plus mon Prochain, mais un objet dont la douleur est neutralisée, réduite à une simple propriété nécessitant un calcul utilitaire rationnel (cette souffrance est tolérable si elle permet d'empêcher une autre souffrance encore plus grande). Ce qui disparaît ici, c'est l'abîme de l'infinité qui se rapporte au sujet. Le fait qu'un ouvrage ayant pris le parti de défendre la torture s'intitule *The End of Faith* [La Fin de la foi] est donc tout à fait éloquent – non pas juste au premier degré (« Voyez, c'est uniquement notre croyance en Dieu et en l'injonction divine "Tu aimeras ton prochain" qui nous empêche de torturer des gens ! »), mais plus radicalement encore. Le sujet autre (et, au final, le sujet en tant que tel) est pour Lacan non pas quelque chose qui nous est donné directement, mais un « présupposé », *quelque chose dont nous présumons l'existence, un objet de croyance* – comment être vraiment sûr que ce que je vois en face de moi est bien un autre sujet, et non une simple machine biologique dénuée de profondeur ?

La question du « Prochain »

Par conséquent, ce sujet présupposé n'est pas perçu comme un autre être humain doté d'une vie intérieure et riche d'expériences qui donnent un sens à son histoire personnelle, puisqu'il ne pourrait alors plus être un ennemi. « Un ennemi est quelqu'un dont vous n'avez pas encore entendu l'histoire[7]. » Quel meilleur exemple littéraire à l'appui de cette thèse que le *Frankenstein* de Mary Shelley ? L'auteur y ose un procédé auquel aucun conservateur ne se serait jamais risqué : vers le milieu du roman, elle laisse la parole au monstre, qui raconte alors son histoire à la première personne. Ce choix illustre l'attitude libérale la plus radicale en matière de liberté d'expression – à savoir, tout le monde devrait pouvoir faire entendre son point de vue. Dans *Frankenstein,* le monstre n'est pas une « chose », un objet d'horreur que personne n'ose regarder en face ; il est totalement *subjectivisé.* Mary Shelley pénètre dans son esprit et nous montre quel effet cela fait d'être étiqueté, défini, opprimé, excommunié, voire physiquement déformé, par la société. Le criminel se voit ainsi accorder le droit de se présenter sous les traits de la victime. L'assassin abject se révèle un individu meurtri, en manque d'amour et solitaire.

Le procédé a toutefois ses limites : serait-on prêt à affirmer qu'Hitler était un ennemi parce que son

7. Épigraphe de « Living Room Dialogues on the Middle East » cité par Wendy Brown dans *Regulating Aversion : Tolerance in the Age of Identity and Empire,* Princeton, Princeton University Press, 2006, p. 1.

histoire n'avait pas été entendue ? Dans son livre *Lenin's Tomb*, le journaliste américain David Remnick raconte ses tentatives pour approcher Lazare Kaganovitch[8], le dernier survivant de la garde rapprochée de Staline et responsable du programme de collectivisation de 1929 à 1933 qui engendra des destructions et des souffrances inimaginables. Nonagénaire, il vivait alors en reclus dans un appartement isolé. Remnick était fasciné à l'idée de rencontrer cette pure incarnation du mal :

> Kaganovitch croyait-il encore ? Je tenais à le savoir. Éprouvait-il de la culpabilité, de la honte ? Et que pensait-il de Gorbatchev, l'actuel secrétaire général ? Mais là n'était pas la question, au fond. J'avais surtout envie de m'asseoir dans la même pièce que lui, de voir à quoi ressemblait un authentique sale type, comment il occupait ses journées, quels livres il avait dans sa bibliothèque[9].

Si ses démarches avaient abouti, Remnick se serait plus probablement retrouvé face à un vieil homme frêle et bienveillant, perdu dans ses propres rêveries rassises. Quand Svetlana Staline émigra aux États-Unis (via l'Inde) dans les années 1960 et rédigea ses mémoires, elle présenta Staline « de l'intérieur », sous les traits d'un père de famille chaleureux et d'un leader attentif,

8. Lazare Kaganovitch est décédé en 1991. *Lenin's Tomb* est paru en 1993 aux États-Unis. (N.D.T.)
9. David Remnick, *Lenin's Tomb*, New York, Random House, 1993, p. 11.

contraint bien malgré lui de valider des massacres à grande échelle sous l'influence malfaisante de ses collaborateurs, au premier rang desquels Lavrenti Beria. Quand le fils de ce dernier, Sergo, publia à son tour un livre de témoignage, il dépeignit son père comme un homme chaleureux qui s'était contenté de suivre les ordres de Staline tout en limitant secrètement la casse. Andrei, le fils de Gueorgui Malenkov, raconta lui aussi son histoire et décrivit son père, successeur de Staline, comme un honnête travailleur craignant en permanence pour sa vie. Hannah Arendt avait raison : aucun de ces personnages n'était l'incarnation d'un mal byronien et diabolique à l'état pur. Le fossé qui séparait leur expérience intime de l'horreur de leurs actes était abyssal. L'expérience que nous avons de notre propre vie, l'histoire que nous nous racontons à nous-mêmes afin de justifier ce que nous faisons est, fondamentalement, un mensonge. La vérité est ailleurs – elle réside dans nos actes [10].

Ce qui ne cessera jamais de surprendre la bonne conscience morale, c'est que les mêmes individus capables de faire preuve d'une violence inouïe envers leurs ennemis puissent faire preuve d'humanité et de bienveillance envers les membres de leur propre groupe. N'est-il pas étrange que le soldat ayant massacré des civils innocents soit prêt à se sacrifier pour son unité ?

10. Tous ceux que le sujet du mal passionne devraient se plonger dans l'ouvrage de Claudia KOONZ, *The Nazi Conscience* (Cambridge, MA, Belknap Press, 2003), une analyse détaillée du discours éthique sur lequel s'appuyèrent les nazis pour justifier leurs crimes.

Que le commandant ayant ordonné l'exécution des otages puisse, le soir même, écrire à sa famille une lettre vibrante d'émotion ? Cette limitation de nos principes éthiques à un cercle restreint semble aller contre l'intuition qui nous souffle que nous sommes tous des êtres humains dotés des mêmes espoirs, des mêmes craintes et de la même dignité. Par conséquent, ceux qui limitent le champ d'application de leurs principes moraux sont profondément incohérents avec eux-mêmes, voire « hypocrites ». En termes habermasiens, ils sont engagés dans une contradiction pragmatique puisqu'ils enfreignent les normes morales qui sous-tendent leur propre communauté de langage. Refuser les mêmes droits élémentaires aux membres de sa communauté et à ceux qui en sont exclus n'est pas une réaction spontanée chez l'être humain. C'est une violation de notre tendance naturelle à la morale. Cela implique répression brutale et déni de soi.

Lorsque, après la chute du communisme, l'auteur semi-dissident d'Allemagne de l'Est, Stephan Hermlin, se vit reprocher certains de ses textes et poèmes écrits à la gloire de Staline dans les années 1950, il rétorqua avec indignation qu'à l'époque, en Europe, le nom de « Staline » évoquait simplement l'aspiration à la liberté et à la justice, et que cela n'avait rien à voir avec les atrocités qui se déroulaient « secrètement » en Union Soviétique. Cette excuse semble bien mince : il est inutile de connaître en détail les dessous de la terreur stalinienne pour se douter que le régime de Staline n'était pas tout rose. La lecture des textes publics – comptes-rendus des simulacres de procès, diatribes contre les ennemis, panégyriques à la gloire de Staline et autres dirigeants – aurait dû suffire. D'une certaine manière, tout ce qu'on a besoin de savoir était déjà là. Voilà pourquoi la seule hypocrisie véritablement surprenante fut l'empressement des observateurs communistes occidentaux à considérer les imputations staliniennes comme de pertinents arguments psychologiques à charge contre les accusés. Dans une lettre adressée à Walter Benjamin en 1938, Theodor Adorno rapporte une conversation avec le compositeur de gauche Hans Eisler à New York :

> Il me fallut une grande patience pour l'écouter développer sa pitoyable défense des procès de Moscou, et sa boutade sur le meurtre de Boukharine m'inspira un dégoût profond. Il prétend l'avoir connu à Moscou, et affirme que sa conscience était déjà si mal en point qu'il [Boukharine] n'osait même pas le regarder droit dans les yeux[11].

L'aveuglement psychologique d'Eisler est proprement stupéfiant : il interprète la terreur de Boukharine – sa peur d'entrer en contact avec des étrangers alors qu'il se savait surveillé et à deux doigts d'être arrêté – comme la preuve de sa culpabilité. Comment comprendre une telle attitude lorsqu'on sait que les produits culturels du stalinisme, à son apogée,

11. Theodor W. ADORNO et Walter BENJAMIN, *Correspondance 1928-1940*, Cambridge, MA, Harvard University Press, 1999, p. 252 (Gallimard, coll. Folio Essais n° 480, 2006, pour l'édition française).

étaient souvent perçus à l'Ouest comme l'expression la plus authentique d'une intégrité morale empreinte d'humanisme bienveillant et de foi en l'être humain –, j'en veux pour preuve l'accueil réservé en Occident à la trilogie de Mark Donskoï sur Gorki ? Peut-être faudrait-il cesser de simplement critiquer la naïveté des visiteurs occidentaux concernant les horreurs de l'Union soviétique stalinienne pour nous pencher sur la notion plus deleuzienne de séries contingentes qui s'entrecroisent et génèrent une totale disparité de sens, à la manière d'un récit de science-fiction dans lequel les scientifiques découvriraient que l'explosion qui, dans la Bible, signalait un message divin, était en réalité la manifestation visible d'une catastrophe ayant anéanti une civilisation extra-terrestre florissante. Autrement dit, ce qui est difficile à accepter, c'est que les horreurs ayant servi de terreau à la fameuse trilogie de Donskoï sur Gorki ne diminuent en rien l'authenticité de son impact sur le public occidental, ni même russe.

Quand le vol 93 de la compagnie United Airlines et trois autres avions furent détournés de leur plan de vol le 11 septembre 2001, il est significatif de noter que la plupart des passagers ayant eu le temps de passer un ultime coup de fil à leurs proches le firent pour dire : « Je t'aime. » Martin Amis a rappelé le précepte paulinien affirmant le triomphe ultime de l'amour : « L'amour est un mot abstrait, un concept nébuleux. Et pourtant, il se révèle comme la seule part vraiment solide de nous-mêmes lorsque le monde bascule et que l'écran fond au noir[12]. » Toutefois, le doute demeure : cette déclaration d'amour désespérée n'est-elle pas un artifice, de même que l'on se tourne soudain vers Dieu pour lui adresser une prière en sentant l'imminence du danger ou de la mort – geste opportuniste et hypocrite motivé davantage par la peur que par une conviction sincère ? Pourquoi y aurait-il plus de *vérité* dans les actes que nous accomplissons en pareilles circonstances ? N'est-ce pas plutôt que, dans ces moments-là, notre instinct de survie nous fait *trahir notre désir ?* En ce sens, la conversion ou la confession amoureuse de l'agonisant sur son lit de mort incarne le sacrifice du désir. À en croire plusieurs recueils de mémoires, les personnes condamnées à mort lors des fameux procès staliniens avaient souvent tendance, une fois devant le peloton d'exécution, à clamer leur innocence et leur amour envers le camarade Staline en une pathétique tentative pour redorer leur blason aux yeux du grand Autre. De même, on ne peut qu'être frappé, à la lecture de la correspondance entre Ethel et Julius Rosenberg, par la véhémence avec laquelle les deux époux niaient être des espions soviétiques et posaient en victimes d'un complot du FBI alors même que, au vif embarras de leurs défenseurs, de récents documents attestent que l'un d'entre eux au moins (en l'occurrence Julius) était bien un espion, quoique d'un rang inférieur à ce qu'avait alors affirmé l'accusation. Le plus étrange, c'est qu'en lisant ces lettres aujourd'hui,

12. Martin Amis, « All that survives is love », *The Times*, 1er juin 2006, p. 4-5.

même à la lumière des révélations concernant Julius, on est saisi par une impression de sincérité absolue, comme si Rosenberg s'était lui-même convaincu de son innocence. Détail plus troublant encore lorsqu'on se pose la question suivante : s'il admirait réellement l'Union soviétique, pourquoi n'était-il pas fier d'avoir servi la cause du régime auquel il croyait ? (Un tel cas nous amène à nous demander ce qui aurait pu constituer un acte profondément éthique : imaginez une femme téléphonant à son mari quelques secondes avant de mourir pour lui dire : « Je voulais juste que tu saches que notre mariage est un échec complet et que je ne supporte plus de voir ta tête… »)

Tous les Occidentaux de gauche ayant héroïquement, et avec la sincérité la plus totale, défié l'hystérie anticommuniste dans leurs propres pays, sont un autre exemple de *tragique* produit par la guerre froide. Ces gens étaient prêts à faire de la prison au nom de l'Union soviétique et de leur engagement communiste. N'est-ce pas précisément la nature illusoire de leurs croyances qui rend leur attitude si tragiquement sublime ? La triste réalité de l'Union soviétique confère une sorte de beauté fragile à leurs convictions personnelles. Cela nous amène, en définitive, à une conclusion radicale et pour le moins inattendue : il ne suffit pas de dire que nous avons ici affaire à un cas de conviction éthique mal placée, de confiance aveugle refusant toute confrontation avec la réalité sordide et terrifiante de son point de référence éthique. Et si, au contraire, cet aveuglement, ce violent refus sélectif de voir, ce déni de réalité, cette attitude fétichiste consistant à se dire : « Je sais très bien qu'il se passe des choses horribles en URSS, mais je crois quand même au socialisme soviétique », était justement le constituant le plus fondamental à *toute* position éthique ?

Kant était déjà conscient de ce paradoxe lorsqu'il analysa l'enthousiasme généré par la Révolution française dans *Le Conflit des facultés* (1798). La signification profonde de la Révolution ne réside pas dans ce qui s'est passé à Paris – événements pour la plupart terrifiants, véritables explosions de passion meurtrière – mais dans la réaction d'enthousiasme observée chez ses plus fervents sympathisants à travers toute l'Europe :

> Que la révolution d'un peuple spirituel que nous avons vue s'effectuer de nos jours réussisse ou échoue ; qu'elle amoncelle la misère et les crimes affreux [...], cette révolution, dis-je, trouve néanmoins dans les esprits de tous les spectateurs (qui ne sont pas engagés dans ce jeu) une *sympathie d'aspiration* [*eine Teilnehmung dem Wunsche nach*] qui touche de près à l'enthousiasme et dont la manifestation même exposait au péril, qui par conséquent ne pouvait avoir d'autres causes qu'une disposition morale du genre humain [13].

Pour traduire cela en langage lacanien, l'événement véritable, la dimension même du Réel, ne se trouvait

13. Emmanuel KANT, *Le Conflit des facultés*, Vrin, coll. Bibliothèque des textes philosophiques, 2001 (traduit de l'allemand par J. Gibelin), deuxième section, chapitre 6.

pas dans la réalité immédiate des violents événements parisiens, mais dans la manière dont cette réalité apparut aux observateurs, et dans les espoirs ainsi éveillés en eux. La réalité de ce qui se déroulait à Paris appartient à la dimension temporelle de l'histoire empirique ; l'image sublime qui a généré l'enthousiasme appartient, elle, à l'éternité...

Mutatis mutandis, il en va de même pour les admirateurs occidentaux de l'URSS. L'expérience soviétique d'« édification du socialisme en un seul pays » a pour le moins « entraîné bien des malheurs et des atrocités », mais elle a également inspiré l'enthousiasme dans le cœur de ses spectateurs (qui n'y étaient pas eux-mêmes impliqués). La question qui se pose ici est la suivante : *toutes* les formes d'éthique doivent-elles s'appuyer sur le geste de désaveu fétichiste ? Même la morale la plus universelle n'est-elle pas contrainte de se fixer une limite et d'ignorer certaines souffrances ? Que dire des animaux abattus pour notre consommation alimentaire ? Qui, parmi nous, serait encore capable de manger des côtes de porc après avoir visité un élevage industriel où des bêtes entravées et presque aveugles sont engraissées en attendant l'abattoir ? Et que dire, par exemple, de la torture et de la souffrance de millions d'individus dont nous avons parfaitement conscience, mais que nous choisissons d'ignorer ? Imaginez le visionnage d'un *snuff movie* montrant ce qui se passe mille fois par jour dans le monde : actes de torture brutaux, yeux arrachés, testicules écrasés... la liste serait trop insupportable à dresser. Le spectateur serait-il capable de reprendre ensuite le cours normal de son existence ? Oui, mais seulement s'il réussit à oublier – en un acte qui en suspendrait l'efficacité symbolique – ce à quoi il vient d'assister. Cet oubli s'apparente à ce qu'on appelle le « désaveu fétichiste » : « Je sais, mais je ne veux pas savoir que je sais, donc je ne sais pas. » Je suis au courant, mais je refuse d'en assumer pleinement les conséquences afin de pouvoir continuer à faire comme si de rien n'était.

En bref, aucune forme de morale ne semble pouvoir se dispenser de ce geste de désaveu fétichiste. Même l'exception qui pourrait nous sembler la plus évidente – à savoir l'éthique bouddhiste de solidarité envers chaque être vivant – n'échappe pas à la règle. Après tout, la solution proposée par le bouddhisme n'est autre qu'une forme d'indifférence universelle – ou comment apprendre à se défaire de toute empathie excessive. Voilà pourquoi le bouddhisme peut si facilement muer en contraire même de la compassion universelle et se faire l'avocat d'une attitude militaire implacable, comme en témoigne le triste destin du bouddhisme zen.

S'étonner de cet état de fait ne saurait constituer une démarche philosophique pertinente. Autrement dit, ne faut-il pas se demander si ce qui peut passer pour un manque de cohérence, à savoir notre incapacité à tirer toutes les conséquences de notre code éthique, ne serait pas au contraire la condition même de sa possibilité ? Cette exclusion d'une certaine forme d'altérité du faisceau de nos préoccupations morales n'est-elle pas justement indissociable du geste fondateur d'une universalité éthique, si bien que plus notre morale explicite est universelle, plus brutale est l'exclusion qui en découle ? L'attitude non discriminante affichée par les chrétiens (souvenons-nous de saint Paul et de son célèbre « Il n'y a ni hommes ni femmes, ni juifs ni Grecs ») implique en réalité l'exclusion absolue de tous ceux refusant d'adhérer à la communauté chrétienne. Dans d'autres religions « particularistes » (y compris l'islam, malgré son expansionnisme global), une place est faite aux autres : ils y sont tolérés, bien que regardés avec condescendance. Cependant, la devise chrétienne « Tous les hommes sont frères » signifie également que ceux qui refusent cette fraternité *ne sont pas des hommes*. Pendant les premières années de la révolution iranienne, Khomeiny a joué sur ce paradoxe en affirmant dans une interview pour la presse occidentale que la révolution iranienne était la plus humaine de toutes celles qu'ait connues l'histoire : pas une seule personne n'avait péri aux mains des révolutionnaires. Quand le journaliste, surpris, s'enquit des condamnations à mort annoncées dans les médias, Khomeiny lui répondit tranquillement : « Ceux que nous avons abattus n'étaient pas des hommes mais des chiens criminels ! »

Les chrétiens ont tendance à s'enorgueillir d'avoir su dépasser la notion juive exclusiviste du peuple élu et intégrer l'humanité dans son ensemble. Pourtant, tout en se revendiquant comme le peuple élu bénéficiant d'un accès privilégié à Dieu, les juifs acceptent l'humanité des autres peuples qui célèbrent leurs fausses divinités ; l'universalisme chrétien, lui, exclut de manière tendancieuse les non-croyants de l'universalité même de l'humanité.

Que penser alors de la démarche opposée – notamment celle du philosophe français Emmanuel Levinas – consistant à abandonner la prétention de similarité qui sous-tend le concept d'universalité et à la remplacer par le respect de l'altérité ? Il existe, comme l'a souligné Sloterdijk, un corollaire bien plus troublant à la figure lévinassienne du Prochain en tant qu'Autre impondérable méritant notre respect inconditionnel [14] : l'Autre impondérable en tant qu'ennemi, l'ennemi incarnant ici l'Autre absolu, non plus « l'ennemi honorable » mais quelqu'un dont le mode de raisonnement en soi nous est inaccessible, si bien que l'affrontement ne peut être le lieu d'une rencontre authentique. Même si Levinas n'avait sans doute pas cette dimension à l'esprit, l'ambiguïté radicale, le caractère traumatique du Prochain permettent de comprendre facilement comment la notion lévinassienne de l'Autre lui a préparé le terrain (et ouvert la voie), de même que l'éthique kantienne a préparé le terrain à la notion de mal diabolique. Aussi terrible que cela puisse paraître, l'Autre lévinassien en tant qu'abîme d'altérité dont émane l'injonction éthique et la figure nazie du juif comme Autre-ennemi, « moins qu'humain », tirent leurs origines de la même source.

Quand Freud et Lacan insistent sur la nature problématique de l'injonction judéo-chrétienne fondamentale « Aime ton prochain », ils ne se contentent donc pas de reprendre le point de vue idéologico-critique habituel consistant à affirmer que toute idée

14. Sloterdijk, *Colère et Temps (op. cit.).*

d'universalité se teinte de nos valeurs particulières et, par conséquent, implique ses propres exclusions secrètes ; ils insistent surtout sur l'incompatibilité du Prochain avec la notion même d'universalité. Ce qui résiste à l'universalité, c'est la dimension proprement *inhumaine* du Prochain. C'est pour cette raison que se retrouver soi-même dans la position de l'être aimé est si violent, voire traumatique : être aimé me fait ressentir directement l'écart qui sépare ce que je suis en tant qu'être déterminé de l'inconnue X en moi qui suscite cet amour. La définition de l'amour donnée par Lacan (« L'amour c'est donner quelque chose que l'on n'a pas... ») n'est complète que si l'on y ajoute : « ... à quelqu'un qui n'en veut pas. » Du reste, ces vers célèbres de Yeats ne décrivent-ils pas au fond l'une des constellations les plus oppressantes qu'on puisse imaginer ?

> Si je pouvais effleurer l'étoffe brodée du ciel,
> Scintillante d'or et de reflets d'argent,
> L'étoffe bleue, sombre ou noire
> De la nuit et du jour, des heures incertaines,
> Je la déposerais en offrande à tes pieds.
> Hélas ! Je suis pauvre et ne possède que mes rêves,
> Ceux-là mêmes que j'ai déposés devant toi ;
> Marche d'un pas léger, car tu marches sur mes rêves[15].

En résumé, pour reprendre la citation de Gilles Deleuze : « Si vous êtes pris dans le rêve de l'autre,

15. Il s'agit de *Aedh Wishes for the Cloths of Heaven*, poème publié en 1899 (traduction libre). (N.D.T.)

vous êtes foutu! * » ; ou pour citer Neil Gaiman, auteur du roman graphique *Sandman*, dans un passage mémorable :

> As-tu déjà été amoureux? C'est horrible, non? Ça rend si vulnérable. Ça t'ouvre la poitrine et le cœur en grand et du coup n'importe qui peut venir te bousiller de l'intérieur. On se forge des défenses, on se fabrique une belle armure pour que rien ne puisse jamais nous atteindre, et voilà qu'un imbécile, pas bien différent des autres, s'immisce dans notre imbécile de vie… On lui offre un morceau de soi alors que l'autre n'a rien demandé. Il a juste fait un truc débile un jour, genre t'embrasser ou te sourire, mais depuis, ta vie ne t'appartient plus. L'amour te prend en otage. Il s'insinue en toi. Il te dévore de l'intérieur et te laisse tout seul à chialer dans le noir, au point qu'une simple phrase comme « je crois qu'on devrait rester amis » te fait l'effet d'un éclat de verre qu'on t'aurait planté dans le cœur. Ça fait mal. Pas juste dans ton imagination. Pas juste dans ta tête. C'est une douleur à fendre l'âme, qui s'incruste en toi et te déchire du dedans. Je hais l'amour[16].

Dans les dernières années de sa vie, le réalisateur soviétique Andreï Tarkovski vivait à Stockholm, où il travaillait sur son film *Le Sacrifice*. On lui avait donné un bureau dans le même bâtiment qu'Ingmar Bergman qui, à l'époque, habitait lui aussi la capitale

16. Neil Gaiman, *Sandman*, t. 9, *Les Bienveillantes*, Panini Comics, 2008 (traduction libre).

suédoise. Pourtant, malgré le profond respect et l'immense admiration qu'ils éprouvaient l'un envers l'autre, les deux hommes ne se sont jamais croisés, faisant au contraire tout pour s'éviter, comme si leur rencontre ne pouvait être que trop douloureuse et vouée à l'échec en raison de la proximité même de leurs univers. Ils ont donc inventé leur propre code de discrétion et n'y ont jamais dérogé.

La violence du langage

Pourquoi assistons-nous donc aujourd'hui à cette peur de la surproximité de l'Autre comme sujet de désir ? Pourquoi ce besoin de décaféiner l'Autre, de le dépouiller de sa substance brute de *jouissance** Pour ma part, je dirais qu'il s'agit d'une réaction à la désintégration des murs protecteurs symboliques qui maintenaient autrui à une distance respectable. Ce qui manque à notre culture, où la confession la plus crue le dispute à la peur politiquement correcte du harcèlement ayant pour effet de tenir l'Autre à distance, c'est cet esprit incarné comme nul autre par Gore Vidal, lequel rétorqua un jour à un journaliste indiscret qui lui demandait à brûle-pourpoint si son premier partenaire sexuel avait été un homme ou une femme : « J'étais trop poli pour lui poser la question. »

Cette désintégration des murs protecteurs de la civilité se ressent particulièrement dans le choc des cultures. À l'automne 2005, l'Occident tout entier fut fasciné par une explosion de violence qui faillit déboucher sur un authentique choc des civilisations : des manifestations éclatèrent dans plusieurs pays arabes pour protester contre la publication de caricatures du prophète Mahomet dans le quotidien danois *Jyllands-Posten*. La première chose à observer (détail d'une évidence telle qu'on a eu trop souvent tendance à l'oublier), c'est que l'immense majorité des milliers de manifestants qui se déclarèrent offensés par ces images ne les avait même pas *vues*. Nous voici donc confrontés à un autre aspect moins reluisant de la globalisation : c'est bien le « village de l'information globale » qui a permis qu'un dessin publié dans un simple quotidien danois puisse entraîner des réactions violentes dans des pays musulmans situés à des milliers de kilomètres. Comme si le Danemark et la Syrie, le Pakistan, l'Égypte, l'Irak, le Liban et l'Indonésie étaient vraiment des pays *proches*. Ceux qui voient dans la globalisation une formidable opportunité de constituer un espace de communication planétaire réunissant l'humanité tout entière ont du mal à voir aussi cet envers du décor. Le Prochain étant d'abord, comme l'a suggéré Freud, une chose, un intrus traumatisant dont le mode de vie différent (ou plutôt le mode de *jouissance** matérialisé dans ses rituels et ses pratiques sociales) nous dérange, sa trop grande proximité peut également donner lieu à une réaction agressive visant à l'éloigner. Pour citer Peter Sloterdijk : « Davantage de communication signifie surtout davantage de conflit[17]. » Voilà pourquoi le

17. Peter SLOTERDIJK, « Warten auf den islam », *Focus*, octobre 2006, p. 84.

philosophe allemand a raison d'affirmer que l'attitude consistant à « se comprendre les uns les autres » doit être remplacée par une autre consistant à « ne pas se marcher sur les pieds les uns les autres » en respectant une distance appropriée et un nouveau « code de discrétion ».

Si la civilisation européenne a moins de mal à tolérer les modes de vie différents du sien, c'est précisément grâce à ce que ses critiques dénoncent comme sa faiblesse et son échec : l'aliénation de la vie sociale, dont l'une des conséquences est la distance qui s'insère au quotidien dans les rapports humains. J'ai beau vivre à côté des autres, j'ai le plus souvent tendance à les ignorer. J'ai le droit de ne pas trop m'approcher d'eux. J'évolue dans un espace social au sein duquel mon interaction avec les autres est régie par certaines règles « mécaniques » externes, sans pour autant partager leur intimité. La leçon à en tirer est sans doute que, parfois, une certaine dose d'aliénation est indispensable à la coexistence pacifique. Parfois, l'aliénation n'est pas un problème mais une solution.

Les foules musulmanes ne réagissaient pas aux caricatures de Mahomet en tant que telles. Elles réagissaient à l'image (ou à la figure complexe) de l'*Occident* qu'incarnait à leurs yeux l'attitude sous-jacente derrière la publication de ces dessins. Ceux qui suggèrent le terme d'« occidentalisme » comme pendant à l'« orientalisme » d'Edward Saïd ont raison jusqu'à un certain point : les pays musulmans ont de l'Occident une certaine vision idéologique qui ne déforme pas moins la réalité occidentale que la vision orientaliste ne déforme celle de l'Orient. La cause de cette explosion de violence est un maillage complexe de symboles, d'images et d'attitudes (impérialisme occidental, matérialisme impie, hédonisme, souffrance du peuple palestinien) venu se greffer sur ces caricatures. Voilà pourquoi la haine suscitée par leur publication s'est d'abord reportée sur le Danemark, puis la Scandinavie, avant de s'étendre à l'Europe et l'Occident tout entier. Une multitude d'humiliations et de frustrations se sont cristallisées autour de ces caricatures – laquelle cristallisation, faut-il le rappeler, est un fait de langage élémentaire, comme la construction et la prescription d'un certain champ symbolique.

Cette réflexion élémentaire sur le fonctionnement du langage semble pourtant mettre à mal l'idée courante selon laquelle le langage et l'ordre symbolique seraient le vecteur de la réconciliation, de la médiation et de la coexistence pacifique, par opposition avec la confrontation immédiate et brutale[18]. Grâce au langage, au lieu d'exercer directement notre violence sur l'autre, nous avons la possibilité de débattre, de discuter, et cet échange, même lorsqu'il est agressif, présuppose un minimum de reconnaissance mutuelle. L'entrée dans le langage et le renoncement à la violence sont souvent interprétés comme deux aspects différents

18. Une idée popularisée par Habermas (voir Jürgen HABERMAS, *The Theory of Communicative Action*, 2 vol., New York, Beacon Press, 1985), mais qui n'est pas non plus étrangère à un certain Lacan (voir Jacques LACAN, « Fonction et champ de la parole et du langage en psychanalyse », dans *Écrits*, Éditions du Seuil, 1966).

du même geste : « C'est le parler qui est le fondement et la structure de la socialisation, et ce qui caractérise le parler, c'est précisément le renoncement à la violence », avance ainsi Jean-Marie Muller dans son article pour l'UNESCO[19]. L'homme étant un « animal parlant », cela signifie que le renoncement à la violence constitue l'essence même de l'humain : « Ce sont les principes et les méthodes de la non-violence qui [sont constitutifs] de l'humanité de l'homme, la cohérence et la pertinence à la fois d'une morale de conviction et d'une morale de responsabilité » ; par conséquent, la violence est bien « la perversion radicale de l'humanité[20]. » Quand le langage se laisse contaminer par la violence, cela ne saurait être que le résultat de circonstances « pathologiques » et contingentes qui déforment la logique inhérente à la communication symbolique.

Mais les humains ne dépassent-ils pas la capacité de violence des animaux justement parce qu'ils *parlent*[21] ? Comme l'avait déjà compris Hegel, il y a, dans la symbolisation même d'une chose, quelque chose de violent qui équivaut à sa mortification. Cette violence s'opère à plusieurs niveaux. Le langage simplifie la chose désignée, la réduisant à un simple élément. Il la démembre, détruit son unité organique et traite chacune de ses parties et propriétés de manière

19. Jean-Marie MULLER, « De la non-violence en éducation » (http://unesdoc.unesco.org/images/0012/001272/127218f.pdf)
20. *Ibid.*
21. Voir Clément ROSSET, *Le Réel : traité de l'idiotie*, Éditions de Minuit, 2004, p. 112-114.

autonome. Il insère la chose dans un champ de signification qui lui est, au final, extérieur. Quand nous appelons l'or « or », nous extrayons violemment un métal de son contexte naturel pour l'investir de rêves de richesse, de pouvoir ou de pureté spirituelle n'ayant strictement rien à voir avec sa réalité immédiate.

Lacan a condensé cet aspect du langage dans sa notion du signifiant maître qui assemble, tel un patchwork, et maintient le champ symbolique. Autrement dit, pour Lacan – du moins en ce qui concerne sa théorie des quatre discours élaborée à la fin des années 1960[22] – la communication humaine dans sa dimension la plus élémentaire, la plus constitutive, n'implique aucun espace d'intersubjectivité égalitariste. Elle n'est pas « équilibrée ». Elle ne place pas les intervenants dans une position symétrique de responsabilité mutuelle où ils auraient tous à respecter les mêmes règles et à justifier leurs arguments de façon rationnelle. Au contraire, ce que démontre Lacan avec sa notion de discours du Maître comme forme première (inaugurale, constitutive) du discours, c'est que chaque espace de discours concret, « réellement existant », se fonde en réalité sur la prescription violente d'un signifiant maître « irrationnel » au sens strict, c'est-à-dire en deçà duquel toute justification rationnelle devient inopérante. C'est le point à partir duquel il convient de prendre ses responsabilités ; le point à partir duquel, pour endiguer la régression

22. Pour le concept des quatre discours, voir LACAN, *L'Envers de la psychanalyse*.

sans fin, quelqu'un se doit de prendre la parole pour affirmer : « Il en va ainsi parce que je dis qu'il en va ainsi ! » Ici, Levinas avait raison d'insister sur le caractère fondamentalement asymétrique de l'intersubjectivité : il n'y a jamais de réciprocité équilibrée dans ma rencontre avec un autre sujet. L'apparence de l'*égalité** est toujours sous-tendue sur le plan discursif par un axe asymétrique opposant le maître à l'esclave, le détenteur du savoir universel à son objet, le pervers à l'hystérique, et ainsi de suite. Bien sûr, cela va à l'encontre de l'approche idéologique dominante voulant que la violence soit « spontanée » – comme l'illustre on ne peut mieux l'article écrit pour l'UNESCO par Jean-Marie Muller, qui semble avoir atteint un statut programmatique quasi officiel[23]. Muller bâtit son raisonnement sur le rejet de toute tentative de distinction entre la « bonne » et la « mauvaise » violence :

> Il est essentiel de définir la violence de telle sorte qu'on ne puisse pas dire qu'il existe une « bonne violence ». Dès lors qu'on prétend distinguer une « bonne » et une « mauvaise » violence, on ne sait plus dire la violence et on s'installe dans la confusion. Surtout, dès qu'on prétend élaborer des critères qui permettent de définir une « bonne violence », chacun aura le loisir de les accaparer pour justifier sa propre violence.

Mais comment peut-on exclure la violence en bloc, quand on sait que l'affrontement et l'agression font

23. Muller, *op. cit.*

partie intégrante de l'existence ? Une pirouette terminologique nous permet d'établir ici une distinction entre « l'agression », qui s'apparente en effet à une « force vitale », et la violence, qui serait « force de mort » : la « violence » ne réside pas tant dans l'agression que dans son excès, qui perturbe le cours normal des choses en désirant toujours plus. Il s'agit donc de se débarrasser de cet excès.

Le désir de pouvoir et de propriété est légitime dans la mesure où il contribue à l'émancipation de l'individu. Toutefois, en cas de conflit, les adversaires ont naturellement tendance à vouloir toujours plus. À leurs yeux, rien n'est jamais assez bon. Ils ne sont jamais satisfaits, leur désir ne connaît pas de limites. Car le désir est plus exigeant que le besoin : « Il y a toujours un sentiment d'absence de limites dans le désir[24] », pour citer la philosophe Simone Weil. Les individus recherchent d'abord le pouvoir afin de ne pas subir la domination d'autrui. Mais s'ils n'y prennent pas garde, ils finissent bientôt par franchir la limite au-delà de laquelle ils cherchent en réalité à dominer les autres. La rivalité entre humains ne peut être surmontée que si chacun met un frein à ses propres désirs. Pour reprendre les termes de Simone Weil : « Les désirs limités sont en harmonie avec le monde ; les désirs qui contiennent l'infini ne le sont pas[25]. »

24. Simone WEIL, *Œuvres complètes*, t. VI, *Cahiers*, vol. 2, *septembre 1941-février 1942,* Gallimard, 1997.
25. Simone WEIL, *Œuvres complètes*, t. VI, *Cahiers*, vol. 1, *1933-septembre 1941*, Gallimard, 1994.

Cette approche s'inscrit pleinement dans les paramètres aristotéliciens prémodernes : il s'agit de désirer tout en gardant le sens de la mesure. La modernité, quant à elle, s'appuie sur les paramètres de la révolution philosophique kantienne pour laquelle *l'excès absolu est celui de la loi elle-même*. La loi perturbe la stabilité « homogène » de notre vie tournée vers le plaisir avec la force dévastatrice d'une « hétérogénéité » absolue et déstabilisante. G. K. Chesterton dresse le même constat dans sa fameuse « Défense des romans policiers » :

> [Les récits policiers] enseignent que la civilisation est la fuite la plus romantique et la plus émouvante des révoltes [...] L'agent de la justice sociale est une figure originale et poétique, alors que les cambrioleurs et les pieds feutrés ne sont que les froids conservateurs de l'atavisme des anges et des loups. [Le roman policier] repose sur cette constatation que la moralité est la plus sombre et la plus audacieuse des conspirations[26].

On retrouve ici la matrice élémentaire du processus dialectique hégélien : l'opposition externe entre la loi et sa transgression criminelle est transformée en opposition, interne à l'agression elle-même, entre les transgressions particulières et la transgression absolue apparaissant comme son contraire, comme la loi universelle. *Mutatis mutandis*, il en va de même pour

26. G. K. Chesterton, « Défense des romans policiers » dans *Le Défenseur*, Lausanne, L'Âge d'Homme, 1982 (traduction de Georges-Auguste Garnier), p. 133-134.

la violence : quand nous percevons un acte comme violent, nous le comparons au critère présupposé de ce qu'est une situation non violente « normale » – la forme de violence la plus achevée étant l'établissement même de ce critère. C'est pourquoi le langage, vecteur de non-violence et de reconnaissance mutuelle, implique une certaine forme de violence inconditionnelle. En d'autres termes, c'est le langage lui-même qui pousse notre désir au-delà des limites du raisonnable, le transforme en « désir contenant l'infini » et l'élève au rang de quête absolue, impossible à satisfaire. Ce que Lacan appelle l'*objet a* renvoie précisément à cet objet « mort vivant » éthéré, cet objet surplus qui engendre le désir dans ce qu'il a d'excessif et de dérangeant. On ne peut se débarrasser de cet excès : il est consubstantiel au désir humain en tant que tel.

Aussi, dans la modernité, pour citer à nouveau Simone Weil, « les désirs limités en harmonie avec le monde » constituent-ils la source principale de notre attitude de défiance opportuniste envers toute forme d'éthique. Ils alimentent l'inertie égoïste de notre quête du plaisir tandis que notre rapport au bien s'appuie sur des « désirs qui contiennent l'infini » et aspirent à l'absolu. D'où cette ambiguïté irréductible : la source du bien est une puissance qui ébranle les paramètres de notre existence finie, une force destructrice qui, du point de vue de notre univers stable et limité, ne peut qu'incarner le mal. Il en va de même pour la relation entre mortalité et immortalité. Un bon vieux poncif idéologique voudrait que l'immortalité se rattache au bien et la mortalité au mal : ce qui nous rend bons, c'est la conscience de l'immortalité (de Dieu, de notre âme, de la quête éthique du sublime…) alors que le mal puise ses racines dans notre résignation à notre propre mortalité (« Puisque nous sommes tous destinés à mourir, qu'importe ! Jouissez au maximum et cédez à vos plus basses pulsions ! ») Mais retournons maintenant ce lieu commun pour envisager l'immortalité comme source du mal : le mal n'est-il pas quelque chose qui menace de revenir en permanence, une dimension spectrale qui survit mystérieusement à sa destruction physique pour continuer de nous hanter ? Ainsi, la victoire du bien sur le mal n'est autre que la capacité à mourir, à retrouver l'innocence de la nature et la paix en nous débarrassant de l'obscène infinité du mal. Il suffit de se remémorer ce cliché de films d'horreur : lorsqu'un homme possédé (laquelle possession se traduit par une monstrueuse déformation physique) est délivré de la force malfaisante qui le colonisait, il retrouve la beauté sereine de son apparence initiale et meurt en paix. Voilà pourquoi le Christ devait mourir : les dieux païens immortels incarnent le mal obscène. L'opposition entre le bien et le mal n'est pas celle qui confronte l'esprit à la nature : le mal primordial n'est autre que l'esprit lui-même, et le violent dérèglement qu'il impose à la nature. La conclusion à cela, c'est que le bien proprement humain, celui qui s'élève au-dessus du bien naturel, le bien spirituel infini, est en définitive *le masque du mal*.

Ainsi, le fait que les mots *raison* et *race* dérivent de la même origine latine (*ratio*) devrait nous mettre sur une piste : c'est le langage, non les intérêts égoïstes primitifs, qui constitue le grand diviseur par excellence. C'est à cause de lui que nos voisins et nous-mêmes pouvons « habiter des mondes différents » tout en vivant dans la même rue. Cela signifie que la violence verbale constitue non pas une distorsion dérivée, mais bien le ressort ultime de toute forme de violence spécifiquement humaine. Prenons l'exemple des pogroms antisémites, cas typique de violence raciste. Ce que le participant aux pogroms trouve intolérable et insupportable, ce qui le fait réagir, ce n'est pas la réalité immédiate des juifs, mais la figure / image du « juif » qui a été construite et véhiculée au sein de sa tradition culturelle. Or l'individu lambda ne fait pas spontanément la différence entre les juifs réels et l'image antisémite qu'il se fait d'eux – laquelle image, en plus de surdéterminer ma vision des juifs réels, affecte la vision qu'ils ont d'eux-mêmes. Ce qui, aux yeux d'un antisémite, rend « intolérable » la présence d'un juif réel dans la rue, ce qu'il s'efforce de détruire lorsqu'il s'attaque à lui, autrement dit la véritable cible de sa fureur, n'est autre que cette dimension fantasmatique.

Il en va de même pour n'importe quel type de protestation politique : quand les travailleurs protestent contre leur exploitation, ils ne dénoncent pas une simple réalité, mais l'expérience d'une situation déplaisante vécue par eux et qui prend sens par le biais du langage. La réalité en elle-même, dans son existence imbécile, n'est jamais intolérable : c'est le langage, sa symbolisation, qui la rend ainsi. Quand nous voyons des manifestants brûler des voitures, mettre le feu à des bâtiments ou lyncher des individus, nous ne devrions jamais négliger les pancartes qu'ils brandissent et les slogans qu'ils scandent pour justifier leurs actes. C'est à Heidegger que l'on doit l'articulation ontologique et formelle de ce principe lorsqu'en lisant le nom commun *Wesen* (en allemand : « essence ») comme un verbe, il introduisit la notion « dessentialisée » de l'essence. Par définition, le terme d'*essence* renvoie au noyau dur qui constitue l'identité même de la chose ; pour Heidegger, « l'essence » devient quelque chose qui dépend du contexte historique, de la révélation épochale de l'être qui se produit dans et à travers le langage. C'est ce qu'il appelle la « maison de l'être ». Son expression *Wesen der Sprache* ne veut pas dire « l'essence du langage » mais « l'essentialisation », autrement dit l'élaboration d'essences qui est le travail même du langage :

> […] le langage amenant les choses à leur essence, le langage « nous (é)mouvant » si bien que les choses nous importent de manière particulière, que se dessinent des chemins au sein desquels nous évoluons parmi les entités, et que ces entités peuvent s'appuyer les unes sur les autres en leur qualité d'entités […] Nous partageons un langage originaire quand le monde s'articule pour nous d'une façon similaire, quand nous « écoutons le langage », quand nous « le laissons nous dire ce qu'il nous dit[27]. »

27. Mark Wrathall, *How to Read Heidegger*, Londres, Granta, 2005, p. 94-95.

Creusons cela un peu plus avant. Pour le chrétien du Moyen Âge, « l'essence » de l'or résidait dans l'incorruptibilité et la brillance faisant de lui un métal « divin ». Pour nous, il s'agit soit d'une ressource malléable et exploitable par l'industrie, soit d'un matériau utilisable à des fins esthétiques. Autre exemple : la voix des castrats était jadis considérée comme celle des anges avant leur chute ; pour nous, c'est une mutilation monstrueuse. Ce changement dans notre sensibilité est nourri par le langage ; il repose sur le glissement de notre univers symbolique. Il existe une violence fondamentale dans cette capacité « d'essentialisation » du langage : notre univers subit un retournement partiel et perd son équilibre innocent. Une couleur partielle donne le ton de l'ensemble. Cette opération, conçue par le penseur politique Ernesto Laclau comme celle de l'hégémonie, est inhérente au langage. Dans *Introduction à la Métaphysique*, quand Heidegger analyse le célèbre chœur d'*Antigone* autour de la notion du caractère « inquiétant / démoniaque » de l'homme et qu'il déploie la notion de violence « ontologique » sous-tendant chacun des gestes fondateurs accomplis par les poètes, les penseurs et les hommes d'État d'un peuple rassemblé dans un nouvel ensemble communautaire, n'oublions pas que cette dimension « inquiétante / diabolique » relève, au final, du langage lui-même :

> La violence est considérée dans le domaine où la convention de compensation et d'assistance

> mutuelles donne le critère du *Dasein* et où par suite toute violence est nécessairement dépréciée comme n'étant que perturbation et violation. [...] Celui qui fait violence, le créateur, qui avance dans ce qui n'est pas dit et fait irruption dans ce qui n'est pas pensé, qui obtient par force ce qui n'est pas arrivé et fait apparaître ce qu'on n'a pas vu, celui-là, se faisant violence, se tient constamment dans le risque. [...] C'est pourquoi celui qui fait violence ne connaît pas la bonté et la conciliation (au sens ordinaire), l'apaisement et le soulagement par les succès et le prestige, et par la confirmation de ce prestige. [...] La ruine est pour lui le consentement le plus profond et le plus vaste au prépotent [...] Seulement, un tel dé-cider essentiel, pour s'accomplir et se maintenir contre l'enchevêtrement dans le quotidien et l'habituel, qui menace constamment, doit user de violence. L'acte de violence d'un départ ainsi dé-cidé sur le chemin de l'être de l'étant fait sortir l'homme hors du chez soi que constituent le plus proche et l'usuel[28].

En tant que tel, le créateur est l'*« hupsipolis polis »* (Antigone, vers 370) : il se place en dehors et au-dessus de la *polis* et de son *ethos;* il échappe aux règles de « moralité » (lesquelles ne sont qu'une forme dégénérée de l'*ethos*) ; alors, seulement, peut-il fonder une nouvelle forme d'*ethos*, d'être communautaire au sein de la *polis*... Bien sûr, on entend résonner ici le thème de la violence « illégale » fondatrice de la loi

28. Martin HEIDEGGER, *Introduction à la métaphysique*, Gallimard, 1980 (traduit de l'allemand par Gilbert Kahn), p. 157-169.

elle-même[29]. Heidegger s'empresse d'ajouter que la première victime de cette violence n'est autre que le Créateur, justement, lequel doit disparaître avec l'avènement du nouvel ordre communautaire qu'il a fondé. Cette disparition peut prendre plusieurs formes. D'abord, la destruction physique : depuis Moïse, Jules César et les autres, nous savons que la figure fondatrice doit être tuée. Mais il y a aussi le basculement dans la folie, comme le montre l'exemple des grands poètes, de Hölderlin à Ezra Pound, aveuglés par la force de leur vision poétique. Il est intéressant de noter que dans *Antigone*, le passage où le chœur accable l'homme comme la plus « démoniaque » de toutes les créatures, comme un être d'excès ne faisant qu'outrepasser la juste mesure de ses propres règles, intervient juste après la révélation qu'un importun a bravé l'ordre de Créon et procédé aux rites funéraires sur la dépouille du mort[30]. C'est *cet* acte transgressif qui est perçu comme excessif et « diabolique », non l'interdit de Créon. Comparée à ce qui serait l'*hubris* sacrilège de Créon, Antigone est loin d'incarner un parangon de modération et de respect des limites du convenable ; bien au contraire, la véritable violence est la sienne.

L'aspect proprement glaçant du passage évoqué ci-dessus est que Heidegger ne se contente pas d'y offrir une nouvelle variante de sa traditionnelle

29. Ce thème a été développé à la fois par Walter Benjamin dans « Critique de la violence » et par Carl Schmitt dans *La Notion de politique*, Flammarion, coll. Champs classiques, 2009.
30. Voir Rosset, *op. cit.*, p. 22-23.

figure rhétorique de l'inversion (« l'essence de la violence n'a rien à voir avec la violence ontique, la souffrance, la guerre, la destruction, etc. ; l'essence de la violence réside dans le caractère violent de la prescription / fondation même du nouveau mode de l'Essence – la révélation de l'Être communal ») ; de manière implicite, mais évidente, Heidegger voit dans cette violence essentielle le fondement des (ou, du moins, l'ouverture aux) explosions de violence ontique ou physique. Par conséquent, nous ne devrions pas nous immuniser contre les effets de cette violence dont parle Heidegger en nous contentant de la catégoriser comme « seulement » ontologique : bien qu'elle soit violente en tant que telle et impose une certaine révélation du monde, cette constellation implique également des relations sociales d'autorité. Dans son interprétation du fragment 53 d'Héraclite (« Le combat [*polemos*] est le père de toutes choses, et le roi de toutes choses. Des uns il fait des rois, d'autres des hommes ; des uns il fait des esclaves, d'autres des hommes libres »), Heidegger – faisant mentir ceux qui l'accusent de négliger les aspects « cruels » de la vie dans la Grèce antique (esclavage, etc.) – attire ouvertement l'attention sur la manière dont « le rang et la domination » s'appuient directement sur une révélation de l'être et apportent ainsi un fondement ontologique direct aux relations sociales de domination :

> Puisque aujourd'hui on se réfère parfois à la cité grecque avec un zèle excessif, on ne devrait pas passer sous silence cet aspect, sans quoi l'on risque

> que l'idée qu'on se fait de la *polis* devienne anodine et sentimentale. Ce qui a un rang est quelque chose de fort. C'est pourquoi, l'être, le *logos*, étant l'unisson comme récollection, n'est pas accessible aisément ni à vil prix, mais demeure caché pour cet autre unisson qui n'est que compromis, élimination de toute tension, nivellement[31].

Il existe donc un lien direct entre la violence ontologique et la matière de la violence sociale (laquelle matière sous-tend les relations de domination forcées) qui relève du langage. Dans son *Amérique au jour le jour* (1948), Simone de Beauvoir faisait observer : « Mais beaucoup de racistes, passant outre les rigueurs de la science, s'entêtent à déclarer que même si on n'en a pas établi les raisons physiologiques, le fait est que les Noirs *sont* inférieurs aux Blancs. Il suffit de traverser l'Amérique pour en être convaincu[32]. » On a trop vite fait de mal interpréter son propos sur le racisme. Dans une analyse récente, Stella Sandford objecte ainsi que « rien ne justifie [...] l'acceptation [beauvoirienne] du "fait" de cette infériorité » :

> Compte tenu de son parcours philosophique existentialiste, on se serait plutôt attendu à ce que Simone de Beauvoir parle de l'interprétation des différences physiologiques existantes en termes

31. Heidegger, *Introduction à la métaphysique*, p. 141.
32. Simone de Beauvoir, *L'Amérique au jour le jour*, Gallimard, 1948, repris par Stella Sandford in *How to Read Beauvoir*, Londres, Granta, 2006, p. 42.

> d'infériorité et de supériorité… ou qu'elle souligne les erreurs induites par le recours aux jugements de valeur comme « inférieur » ou « supérieur » pour nommer les soi-disant propriétés de l'être humain, comme pour « confirmer un fait établi[33]. »

On voit bien ce qui perturbe Stella Sandford. Elle sait que les déclarations de Beauvoir sur l'infériorité *de facto* des Noirs sont bien plus qu'un simple commentaire social sur le fait que dans le Sud des États-Unis à cette époque (et pas seulement), les Noirs étaient traités comme des êtres inférieurs par la majorité blanche et que, d'une certaine manière, ils *l'étaient*. Mais sa solution critique, portée par le souci d'éviter tout propos litigieux sur l'infériorité des Noirs, consiste à relativiser cette infériorité *de facto* pour en faire une simple question d'interprétation et de jugement imputable à la population blanche raciste, l'éloignant ainsi de toute question liée à l'être même des Noirs. Or cette nuance passe à côté de la dimension véritablement incisive du racisme : l'« être » des Noirs (à l'instar de l'être des Blancs ou de tout autre individu) est un être sociosymbolique. Le fait que les Noirs soient traités en inférieurs par les Blancs ne les rend pas inférieurs au niveau de leur identité sociosymbolique. En d'autres termes, l'idéologie raciste blanche exerce une efficacité performative. Il ne s'agit pas seulement d'une interprétation de ce que sont les Noirs, mais d'une interprétation

33. *Ibid.*, p. 49.

qui détermine l'être et l'existence sociale mêmes des sujets interprétés.

Nous pouvons désormais mettre le doigt sur ce qui dérangeait Sandford et les autres contempteurs de Beauvoir quand celle-ci déclarait que les Noirs *étaient* inférieurs : leur désapprobation elle-même est idéologique. La base de cette idéologie repose sur la peur qu'en validant de tels propos, nous perdions la liberté intérieure, l'autonomie et la dignité de l'individu. Ce qui explique pourquoi ces critiques insistent sur le fait que les Noirs ne sont pas inférieurs, mais plutôt « infériorisés » par la violence que le discours blanc raciste fait peser sur eux. Autrement dit, ils sont affectés par un poids qui ne les affecte pas au plus profond de leur être et qu'ils peuvent critiquer en tant qu'agents libres et autonomes à travers leurs actes, leurs ambitions et leurs projets.

Cela nous ramène au point de départ de ce chapitre : l'abîme du Prochain. Bien qu'il puisse sembler y avoir contradiction entre la manière dont le discours constitue le noyau même de l'identité du sujet et l'idée de ce noyau central en tant qu'abîme insondable situé au-delà du « mur du langage », il existe une solution simple à ce paradoxe apparent : le « mur du langage » qui me sépare à jamais de l'abîme d'un autre sujet est à la fois ce qui permet d'ouvrir et d'alimenter cet abîme. L'obstacle qui me sépare de l'Au-delà contribue à la création même de son mirage.

3

Andante ma non troppo e molto cantabile

« Comme une mer noircie de sang »

Un cas étrange de communication phatique

Les émeutes qui embrasèrent les banlieues françaises à l'automne 2005 se traduisirent par des milliers de voitures calcinées et un vaste déchaînement de violence publique. Plus d'un parallèle fut d'ailleurs dressé avec les scènes de pillage de La Nouvelle-Orléans après le passage du cyclone Katrina le 29 août 2005, ou encore avec la révolte étudiante de mai 68. En dépit des différences non négligeables qui les opposent, il y a pourtant certaines leçons à tirer de ces deux comparaisons. Cette insurrection des banlieues parisiennes fit soudain réfléchir les intellectuels occidentaux qui s'étaient appuyés sur les événements de La Nouvelle-Orléans pour souligner les avantages du modèle européen de l'État-providence sur le capitalisme sauvage pratiqué aux États-Unis : désormais, il était évident que ces choses-là pouvaient arriver aussi en France. Ceux qui avaient attribué les violences de La Nouvelle-Orléans à un manque de « solidarité à l'européenne » furent aussitôt renvoyés dans leurs filets par les défenseurs du néolibéralisme économique, lesquels s'empressèrent de retourner l'argument pour affirmer que la rigidité de l'interventionnisme étatique, qui restreint la concurrence et la dynamique du marché, avait empêché l'ascension économique des immigrés marginalisés de France – contrairement aux États-Unis, où de nombreuses catégories d'immigrés se sont hissées jusqu'aux rangs les plus prospères de la société.

La comparaison avec Mai 68 permet quant à elle de souligner l'absence totale de perspective positive chez les émeutiers des banlieues : là où la révolte de 1968 était animée par une vision utopique, celle de 2005 s'apparente au contraire à une flambée de violence dénuée de toute vision. Si le cliché trop souvent rebattu selon lequel nous vivons dans une ère postidéologique a jamais eu le moindre sens, le voici. Les manifestants des banlieues parisiennes n'avaient pas de revendication particulière, hormis un besoin de *reconnaissance* fondé sur un vague *ressentiment* sous-jacent. La plupart des personnes interviewées sur place se dirent choquées par les propos d'un certain Nicolas Sarkozy, alors ministre de l'Intérieur, qui les avait traitées de « racailles ». En un curieux raccourci autoréférentiel, ces gens protestaient contre la réaction suscitée par leurs actes de protestation. La « raison populiste » se heurte ici à sa limite irrationnelle : nous voici confrontés à une sorte de degré zéro de la protestation, autrement dit un acte de protestation violent qui ne revendique absolument rien. Il y avait une certaine ironie à voir sociologues, intellectuels et autres commentateurs s'acharner à vouloir trouver le sens à ces événements. Désespérément, ils s'efforçaient d'analyser les motivations des manifestants : « Nous devons faire quelque chose pour favoriser l'intégration des immigrés, leur bien-être et leurs chances sur le marché du travail », assénaient-ils en chœur – ne faisant que noyer le poisson et occulter le vrai point d'interrogation soulevé par cette insurrection.

Les protestataires, qui appartenaient certes aux classes défavorisées et, de fait, exclues de la société, étaient loin de souffrir de la famine. Pas plus qu'ils n'étaient réduits au minimum vital. D'autres populations subissant des conditions de vie bien plus difficiles, sans parler de situations d'oppression physique et idéologique, avaient réussi à s'organiser en mouvements politiques aux objectifs plus ou moins bien définis. Le fait qu'il n'y ait *aucun* programme derrière ces émeutes est donc en soi un détail intéressant qui en dit long sur l'impasse idéologique et politique dans laquelle nous sommes. Quel est ce monde dans lequel nous vivons, qui se targue d'incarner la société du choix, mais au sein duquel la seule option possible face au consensus démocratique obligatoire est le débordement de violence aveugle ? Le triste constat que l'opposition au système ne peut même pas s'articuler sous forme d'une alternative réaliste, au moins d'un projet utopique sensé, mais seulement d'une flambée de violence irrationnelle, n'illustre que trop bien la gravité de la situation. À quoi nous sert notre fameuse liberté de choix si ce choix s'opère uniquement entre respect des règles et violence (auto-)destructrice ? La violence des émeutiers était presque exclusivement dirigée contre eux-mêmes. Les voitures brûlées et les écoles incendiées étaient celles de *leurs* quartiers ; elles faisaient partie des quelques acquis sociaux chèrement gagnés par cette même frange de la population dont ils étaient issus.

Ce qu'il nous faut rejeter, face aux images choquantes montrant les banlieues parisiennes en feu, c'est ce que j'appelle la tentation herméneutique, autrement dit la quête d'une signification profonde ou d'un message caché dans ces actes de violence. Le plus difficile à accepter, c'est précisément l'absence de signification de ces émeutes : plus qu'une forme de protestation, elles sont ce que Lacan appelait un *passage à l'acte** – un élan impulsif, inexprimable par le biais du langage ou de la pensée, et porteur d'une frustration intolérable. Cela atteste non seulement l'impuissance des auteurs de ces violences, mais plus encore le manque de ce que l'analyste culturel Fredric Jameson appelle la « carte cognitive » – l'incapacité de l'individu à replacer sa propre expérience vécue au sein d'un ensemble signifiant.

Ce soulèvement des banlieues parisiennes ne s'inscrivait donc pas dans un mouvement de protestation socio-économique concret, et encore moins dans une quelconque affirmation de fondamentalisme islamique. L'un des premiers sites à avoir été incendié fut une mosquée, ce qui entraîna une condamnation immédiate de la part des instances du culte musulman. Ces émeutes n'étaient en réalité qu'une tentative pour gagner en *visibilité*. Un groupe social qui, bien que faisant partie de la France et composé de citoyens français, se sentait exclu de l'espace politique et social, souhaitait ainsi rendre sa présence visible aux yeux du grand public. Leurs actes parlaient à leur place : que ça vous plaise ou non, nous sommes bien là, malgré tous vos efforts pour ne pas nous voir. Les commentateurs ont tous omis de noter un détail essentiel : les manifestants ne revendiquaient aucune appartenance à une communauté ethnique ou religieuse luttant pour la préservation de ses traditions. Au contraire, ils s'affirmaient comme des citoyens français à part entière, mais non reconnus comme tels.

Le philosophe Alain Finkielkraut provoqua un véritable scandale en France lorsque, dans une interview pour le quotidien israélien *Haaretz*, il qualifia ces émeutes de « pogrom antirépublicain » et de « révolte ethnico-religieuse ». Il avait tout faux : le message des émeutiers n'était pas qu'ils jugeaient leur identité ethnico-religieuse menacée par l'universalisme républicain à la française mais, au contraire, qu'ils se sentaient exclus de ce modèle et vivaient de l'autre côté du mur scindant l'espace social républicain en deux parties, l'une visible et l'autre non. Ils n'apportaient aucune solution, pas plus qu'ils ne cherchaient à constituer un mouvement organisé. Leur intention était de créer un problème, de signaler qu'ils constituaient un problème et que ce problème ne pouvait plus être ignoré. Voilà pourquoi la violence était nécessaire. S'ils avaient organisé une marche non violente, ils n'auraient guère obtenu qu'un entrefilet en bas de page.

Naturellement, le fait que ces manifestants revendiquent leur appartenance à la société française et le droit d'être reconnus comme des citoyens à part entière souligne non seulement l'échec de leur intégration au sein de la société, mais aussi la crise du modèle d'intégration à la française, basé sur une normativité implicitement raciste et exclusionnaire. Dans l'espace idéologique étatique français, le terme de « citoyen » s'oppose à celui d'« indigène », lequel semble désigner une catégorie primitive de la population encore trop immature pour mériter le plein accès à la citoyenneté. Voilà pourquoi la revendication de reconnaissance de ces manifestants implique par ailleurs un rejet du cadre même à travers lequel s'effectue cette reconnaissance. C'est un appel à la construction d'un nouveau cadre universel[1].

Cela nous ramène une fois de plus au point de départ de cet ouvrage : l'histoire de l'ouvrier voleur

1. Ici aussi, comme dans le cas du nouage entre Hollywood et les émeutes de Los Angeles provoquées par la diffusion d'une vidéo amateur montrant le passage à tabac de Rodney King par des policiers, les événements avaient déjà été pressentis une décennie auparavant dans *La Haine* (Mathieu Kassovitz, 1995), le film en noir et blanc sur l'intifada des cités montrant la violence juvénile irrationnelle, la brutalité policière et l'exclusion sociale dans les banlieues parisiennes. Ces déchaînements de violence ne portant pas en eux les germes de l'avènement d'un véritable agent politique, on ne peut qu'espérer leur survie sous la forme d'une réincarnation culturelle, comme l'émergence d'une nouvelle culture punk de banlieue.

de brouettes. À l'instar des gardiens qui inspectaient en vain le contenu des brouettes, les analystes qui décortiquaient les émeutes pour en exhumer le sens caché étaient totalement à côté de la plaque. Comme l'aurait dit Marshall McLuhan, ici, c'est le vecteur lui-même qui constitue le message.

À l'âge d'or du structuralisme, Roman Jakobson déploya la notion de fonction « phatique », elle-même dérivée du concept de communion phatique cher à Malinowski, autrement dit l'utilisation du langage comme moyen d'entretien des relations sociales par le biais d'échanges ritualisés tels que les salutations, les banalités sur la météo et autres amabilités formelles participant de la communication sociale. En bon structuraliste, Jakobson inclut également les modalités de terminaison de l'échange : d'après lui, le simple fait de prolonger l'échange communicationnel ne fait que mettre en valeur sa vacuité profonde. Il cite à cet égard un extrait de dialogue d'une nouvelle de Dorothy Parker[2] :

> « Eh bien, nous y voilà, dit-il.
> — Nous y voilà, n'est-ce pas ? dit-elle.
> — Je ne te le fais pas dire », dit-il.

La vacuité de l'échange revêt donc une fonction technique positive en tant qu'évaluation du système en lui-même – une sorte de « Allô, vous me recevez ? »

2. Il s'agit d'un extrait de la nouvelle « Here we are », publiée en 1931 (traduction libre). (N.D.T.)

La fonction phatique se rapproche donc ici de la fonction « métalinguistique » : elle vérifie le bon fonctionnement du canal. Parallèlement, le locuteur et l'allocutaire s'assurent qu'ils utilisent bien le même code[3]. N'est-ce pas exactement ce qui s'est passé lors des émeutes des banlieues parisiennes ? Le message de base n'était-il pas une sorte de « Allô, vous me recevez ? », un test à la fois du canal et du code lui-même ?

Alain Badiou a suggéré que l'espace social dans lequel nous vivons nous semblait de plus en plus « sans monde[4]. » Au sein d'un tel espace, la seule forme de protestation possible est la violence « dépourvue de sens ». Même l'antisémitisme nazi, malgré toute son horreur, ouvrait à un monde : en pointant du doigt son ennemi, la « conspiration juive », il désignait un objectif et les moyens de l'atteindre. Le nazisme dévoilait la réalité d'une manière permettant à ses sujets d'acquérir une « carte cognitive globale » tout en leur allouant assez d'espace pour y intégrer un engagement personnel signifiant. Peut-être est-ce là qu'il nous faudrait situer l'un des principaux dangers du capitalisme : bien qu'il soit global, il soutient une constellation idéologique « sans monde » *stricto sensu*, privant ainsi l'immense majorité des individus d'une carte cognitive significative. Le capitalisme est

3. Voir l'article de Roman Jakobson, « Closing Statement : Linguistics and Poetics », dans T. A. Sebeok, *Style in Language*, New York, Wiley, 1960, p. 350-77.
4. Alain Badiou, « The Caesura of Nihilism », conférence donnée à l'université d'Essex le 10 septembre 2003.

le premier ordre socio-économique qui *détotalise le sens* : il n'est pas global à proprement parler (il n'y a pas de « vision capitaliste du monde » à l'échelle planétaire, pas plus qu'il n'existe de « civilisation capitaliste » à proprement parler – la leçon fondamentale de la mondialisation étant précisément que le capitalisme peut s'adapter à n'importe quelle civilisation d'Occident en Orient, qu'elle soit chrétienne, hindoue ou bouddhiste) ; sa dimension globale ne peut se formuler qu'au niveau d'une vérité-dénuée-de-sens, comme le « Réel » du mécanisme du marché global.

La première conclusion à tirer des émeutes de 2005, c'est que les libéraux comme les conservateurs n'ont pas su trouver la réponse adéquate à l'agitation sociale. Sans surprise, les conservateurs insistent sur le choc des civilisations, le maintien de l'ordre et le respect de la loi. Les immigrés ne devraient pas abuser de notre hospitalité. Ils sont nos invités et devraient par conséquent respecter nos us et coutumes. Notre société a le droit de protéger sa culture et son mode de vie. Rien ne justifie la criminalité et la violence. Ce dont les jeunes immigrés ont besoin, ce n'est pas d'assistance sociale, mais de discipline et de travail. De leur côté, les libéraux gauchistes s'en tiennent – là aussi sans surprise – à leur discours habituel sur le manque de politique d'action sociale et d'intégration ayant privé les dernières générations d'immigrés de toute perspective économique et sociale claire : les débordements de violence représentent donc pour eux l'unique moyen d'exprimer leur mécontentement.

Comme ne l'aurait pas mieux dit Staline, il est inutile de débattre pour déterminer laquelle de ces réactions est pire que l'autre : à cet égard, elles se valent toutes les deux, y compris lorsqu'elles se rejoignent pour clamer d'une même voix que le véritable danger de ces explosions de violence est la *réaction* raciste prévisible du reste de la population française.

Les émeutes des banlieues parisiennes relèvent de la même catégorie de violence qu'un autre phénomène perçu par les libéraux aujourd'hui majoritaires comme une menace contre notre mode de vie : les attaques terroristes et les attentats suicides à la bombe. Dans un cas comme dans l'autre, violence et contre-violence sont prisonnières d'un cercle vicieux, chacune générant les forces qu'elle s'efforce de combattre. Dans un cas comme dans l'autre, il s'agit d'un *passage à l'acte** aveugle où la violence constitue un aveu d'impuissance implicite. La seule différence, c'est que contrairement aux émeutes françaises de 2005, qui représentaient le degré zéro de la protestation, une flambée de violence dépourvue de revendications particulières, les attentats sont perpétrés au nom d'une signification *absolue* fournie par la religion. Ils visent le mode de vie occidental et impie fondé sur la science moderne. En effet, de nos jours, la science est largement à même de concurrencer efficacement la religion puisqu'elle répond d'elle-même à ces deux besoins strictement *idéologiques* que sont l'espoir et la censure, et qui constituaient jadis la chasse gardée du religieux. Pour citer John Gray :

> Seule la science a le pouvoir de faire taire les hérétiques. À l'heure actuelle, c'est la seule institution capable d'affirmer son autorité. Tout comme l'Église par le passé, elle a le pouvoir de détruire, ou de marginaliser, les penseurs indépendants. [...] Pour quiconque chérissant la liberté de pensée, il s'agit peut-être d'une mauvaise nouvelle, mais c'est sans conteste la raison principale de l'engouement pour la science. Pour nous, la science est un refuge contre les incertitudes, la promesse – et, dans une certaine mesure, le vecteur – du miracle consistant à se libérer de la pensée, alors que l'Église est devenue le sanctuaire du doute[5].

Il ne s'agit pas ici de la science en tant que telle. L'idée selon laquelle la science permettrait de se « libérer de la pensée » n'est donc pas une reformulation de la fameuse phrase de Heidegger : « La science ne pense pas. » Il s'agit plutôt de la science en tant que force sociale ou institution idéologique dont la fonction consiste désormais à apporter des certitudes, un point de référence stable, de l'espoir – les progrès technologiques nous aideront à combattre la maladie, à prolonger notre existence, etc. Dans cette dimension, la science incarne ce que Lacan appelait le « discours universitaire » dans sa forme la plus pure : un savoir dont la « vérité » est un signifiant maître, autrement dit le pouvoir[6]. Aujourd'hui, science et

5. John Gray, *Straw Dogs*, Londres, Granta, 2003.
6. Pour le concept de « discours universitaire », voir Lacan, *L'Envers de la psychanalyse*.

religion ont échangé leurs places : la première fournit la sécurité jadis garantie par la seconde. En une étrange inversion, la religion est devenue l'un des lieux à partir desquels il est possible de déployer des doutes critiques sur notre société. Elle est devenue un site de résistance.

Le caractère « sans monde » du capitalisme a partie liée avec ce rôle hégémonique du discours scientifique dans le monde moderne. Hegel avait déjà clairement identifié cela lorsqu'il soulignait que, pour nous autres modernes, l'art et la religion n'inspiraient plus le respect absolu : nous pouvons les admirer, mais sans nous agenouiller devant eux et notre cœur n'y est pas vraiment. Seule la science – le savoir conceptuel – mérite ce respect. Et seule la psychanalyse est capable de révéler dans leur totalité les contours de l'impact dévastateur de la modernité – autrement dit, le capitalisme combiné avec l'hégémonie du discours scientifique – sur la manière dont notre identité s'inscrit dans des identifications symboliques. Il n'est guère étonnant que la modernité ait donné lieu à ce qu'on se plaît à appeler une « crise du sens », c'est-à-dire à la désintégration du lien entre vérité et sens – voire de leur identité même.

En Europe, où la modernisation s'est déroulée sur plusieurs siècles, il y a eu un temps d'adaptation suffisant pour s'habituer à ce changement et adoucir son impact grâce au *Kulturarbeit* – le travail de la culture. De nouveaux mythes sociaux (et de nouvelles narrations sociales) se sont lentement mis en place. D'autres sociétés – notamment les sociétés musulmanes – ont été directement exposées à cet impact, sans filtre protecteur ni étalement dans le temps, si bien que leur univers symbolique s'en est trouvé particulièrement ébranlé. Ces sociétés ont perdu leurs repères (symboliques) sans avoir le temps de trouver un nouvel équilibre (symbolique). Il n'est donc pas étonnant que le seul moyen, pour certaines d'entre elles, d'éviter l'effondrement total, ait été de brandir dans l'affolement le bouclier du « fondamentalisme », cette réassertion psychotico-délirante et incestueuse de la religion en tant qu'accès direct au Réel divin avec toutes les conséquences terribles que cela implique, dont le retour en force de l'obscène divinité surmoïque exigeant des sacrifices.

Quant aux attaques « terroristes » des fondamentalistes, ce qui frappe d'abord est l'inadéquation de l'idée, développée notamment par le philosophe américain Donald Davidson, selon laquelle les actes humains seraient tous intentionnels, rationnels et explicables d'après les croyances et les désirs de l'agent[7]. Cette approche illustre bien le préjugé raciste des théories de « rationalité ». Bien que leur objectif soit de comprendre l'Autre de l'intérieur, ces théories finissent par lui attribuer les croyances les plus grotesques – dont les fameuses quatre cents vierges qui attendent le croyant musulman au paradis et sont censées « expliquer » pourquoi ce dernier est prêt à mourir dans un attentat suicide. Dans leur effort pour

7. Voir Donald DAVIDSON, *Essays on Action and Events*, Oxford, Oxford University Press, 1980.

rendre l'Autre « comme nous », ces théories contribuent à nous le rendre bizarre jusqu'au ridicule[8].

Voici un extrait d'un des textes de propagande distribués par la Corée du Nord durant la guerre de Corée :

> Le héros Kang Ho-Yung a été gravement blessé aux bras et aux jambes lors des affrontements sur la colline de Kamak, si bien qu'il a roulé droit sur l'ennemi avec dans la bouche une grenade qu'il a fait sauter en s'exclamant : « J'ai les bras et les jambes brisés. Mais cela ne fait que démultiplier mon esprit de représailles contre vous, bande de racailles ! Je vais vous montrer ce que sont la volonté de fer d'un membre du Parti des travailleurs de Corée et l'inflexibilité du serment au parti et au Grand Dirigeant[9] ! »

On a envie de rire tant cette description semble surréaliste : comment diable le pauvre Kang pouvait-il s'exprimer avec une grenade coincée entre les dents ? Et comment, au beau milieu d'un combat acharné, a-t-il eu le temps de déclamer pareille tirade ? Cependant, l'erreur ne consisterait-elle pas à lire ces lignes comme une description réaliste, et donc à imputer des croyances grotesques aux Coréens ? Si l'on interrogeait un Coréen du Nord, nul doute qu'il nous

8. Jean-Pierre Dupuy, *Avons-nous oublié le mal ? Penser la politique après le 11 Septembre*, Bayard, 2002.
9. Voir Bradley K. Martin, *Under the Loving Care of the Fatherly Leader*, New York, Thomas Dunne, 2004, p. 85.

répondrait : bien sûr que non, cette histoire n'est pas à prendre au pied de la lettre – c'est juste une manière d'exprimer l'esprit de sacrifice et la volonté irréductible du peuple coréen à faire l'impossible pour repousser l'agresseur impérialiste. Ne s'agirait-il pas de la même erreur qui conduira un anthropologue à imputer aux aborigènes « primitifs » célébrant l'aigle comme leur ancêtre la croyance qu'ils descendent réellement de l'aigle ? Pourquoi ne pas lire cet extrait – dont le pathos délirant est savamment mis en scène – comme on pourrait écouter l'Acte III du *Tristan et Isolde* de Wagner, quand le héros mortellement blessé lance son épuisant chant du cygne pendant près d'une heure ? Qui, parmi nous, irait en conclure que Wagner croyait une telle prouesse physique réellement possible ? Mais le grand air funèbre de Tristan constitue une prouesse techniquement plus exigeante que celle du malheureux Kang… Peut-être nous faut-il imaginer ce dernier en train de chanter une aria avant de rouler sous le tank, dans l'un de ces moments de grâce dramatique où le temps suspend son vol tandis que le héros médite l'acte qu'il s'apprête à accomplir.

Du ressentiment terroriste

Le poème « La Seconde Venue » de William Butler Yeats semble illustrer parfaitement la situation dans laquelle nous sommes : « Les meilleurs ne croient plus à rien, les pires se gonflent de l'ardeur des passions mauvaises [10].» Voilà une excellente description de la fracture qui oppose actuellement les libéraux anémiques et les intégristes fougueux. Les « meilleurs » ne sont plus capables de s'engager, tandis que les « mauvais » s'adonnent au fanatisme raciste, religieux et sexiste.

Mais ces terroristes fondamentalistes, qu'ils soient chrétiens ou musulmans, sont-ils vraiment fondamentalistes au sens premier du terme? *Croient*-ils vraiment? Ce qui leur manque, c'est ce trait essentiel qu'on retrouve chez tous les fondamentalistes authentiques, depuis les bouddhistes tibétains jusqu'aux amish des États-Unis : une absence de ressentiment et de jalousie, une indifférence profonde à l'égard du mode de vie des non-croyants. Si les pseudo-fondamentalistes d'aujourd'hui croient réellement avoir trouvé la voie de la vérité, pourquoi se sentent-ils menacés par les non-croyants? Pourquoi devraient-ils les envier? Lorsqu'un bouddhiste rencontre un hédoniste occidental, il ne le condamne pas; il se contente d'observer avec bienveillance que sa quête de bonheur est vouée à l'échec. Contrairement aux vrais fondamentalistes, les terroristes pseudo-fondamentalistes sont profondément agacés, intrigués et fascinés par le mode de vie des impies. On sent bien qu'en luttant contre l'Autre mécréant, c'est leur propre tentation qu'ils combattent. Ces pseudo-fondamentalistes

10. « La Seconde Venue », extrait de W. B. Yeats, *Quarante-cinq poèmes*, Gallimard, 1993 (traduction d'Yves Bonnefoy). (N.D.T.)

chrétiens ou musulmans sont le déshonneur du fondamentalisme véritable.

Et c'est là que le diagnostic de Yeats diverge de notre situation actuelle : l'intensité passionnée de la foule trahit en réalité un manque de conviction. Au fond d'eux, les terroristes fondamentalistes manquent de conviction authentique ; leurs éclats de violence en sont bien la preuve. Faut-il que la foi d'un musulman manque de profondeur pour qu'il se sente à ce point menacé par une caricature idiote publiée dans un obscur quotidien danois ! La terreur islamiste fondamentaliste ne repose nullement sur un prétendu sentiment de supériorité de terroristes désireux de préserver leur identité religieuse et culturelle des assauts du consumérisme globalisé. Le problème des fondamentalistes n'est pas tant que nous les traitions en inférieurs, mais qu'ils se sentent *eux-mêmes* inférieurs à nous. Voilà pourquoi nos déclarations condescendantes et politiquement correctes visant à les assurer que nous n'éprouvons aucun sentiment de supériorité à leur égard ne font qu'alimenter leur colère et leur ressentiment. Le problème ici n'est pas de l'ordre de la différence culturelle (leurs efforts pour préserver leur identité), mais au contraire lié au fait que les fondamentalistes sont déjà comme nous ; secrètement, ils ont déjà intériorisé nos critères au point de s'y mesurer eux-mêmes. (Cela vaut tout aussi bien pour le dalaï-lama, qui explique le bouddhisme tibétain en termes occidentaux de quête du bonheur et d'évitement de la douleur.) Le paradoxe, c'est que ce qui manque réellement aux fondamentalistes, ce serait une bonne dose de cette authentique conviction « raciste » qu'est le sentiment de supériorité.

Le plus troublant à propos des attentats « terroristes », c'est qu'ils ne correspondant pas vraiment à nos critères d'opposition classique entre le mal, synonyme d'égoïsme et de non-respect d'autrui, et le bien, qu'incarne l'esprit de sacrifice au nom d'une noble cause. On ne peut s'empêcher de penser au Satan de John Milton, avec son « Ô Mal, sois mon Bien[11] » : tandis que les terroristes poursuivent (ce que nous jugeons être) leurs sinistres fins par des moyens qui le sont tout autant, la *forme* même de leur activité s'apparente aux plus hauts critères du bien. Or la résolution de cette énigme n'est pas bien difficile ; on en trouve déjà la clé chez Rousseau. L'égoïsme, ou le souci de son propre bien-être, ne s'oppose en rien au bien commun, puisque les normes altruistes se déduisent facilement des intérêts égoïstes[12]. L'opposition « individualisme contre communautarisme », ou « utilitarisme contre assertion de normes universelle » est un *faux* antagonisme, dans la mesure où ces notions reviennent strictement au même. Les critiques qui se plaignent de l'absence de vraies

11. Shakespeare n'avait-il pas déjà donné, avant Milton, la définition du mal diabolique dans *Titus Andronicus,* lorsque Aaron le non-repenti lâche ces dernières paroles : « Si jamais il m'arriva, dans le cours de ma vie, de faire une seule bonne action, je m'en repens du fond de mon âme » ?

12. Le meilleur exemple nous en est donné par Robert AXELROD, *Comment réussir dans un monde d'égoïstes : théorie du comportement coopératif,* Odile Jacob, 2006 (traduit de l'anglais par Michèle Garène).

valeurs dans nos sociétés égoïstes et hédonistes sont à côté de la plaque. Le véritable contraire de l'amour de soi égoïste n'est pas l'altruisme, le souci du bien commun, mais l'envie, le *ressentiment* par quoi je suis conduit à agir *contre* mes propres intérêts. Freud ne le savait que trop bien : la pulsion de mort s'oppose autant au principe de plaisir qu'au principe de réalité. Le mal véritable, la pulsion de mort, est inséparable de cette dimension d'autosabotage qui nous pousse à agir *contre* nos propres intérêts [13].

Le problème avec le désir humain est que, pour reprendre les termes de Lacan, il est toujours le « désir de l'Autre » dans tous les sens du terme : je désire l'Autre, je désire être désiré par l'Autre et surtout, je désire ce que désire l'Autre [14]. Cela donne lieu à la jalousie, et donc au ressentiment, éléments constitutifs du désir humain, comme le soulignait déjà saint Augustin. Souvenons-nous de cet extrait des *Confessions*, souvent cité par Lacan, dans lequel un bébé est jaloux de voir son frère téter le sein de sa

13. Dupuy se trompe lorsqu'il inscrit la psychanalyse lacanienne au cœur du processus actuel de « mécanisation de l'esprit » permanent ; au contraire, la psychanalyse réintroduit les notions de mal et de responsabilité dans notre vocabulaire moral ; la « pulsion de mort » est ce qui vient perturber le mécanisme homéostatique de la quête rationnelle du plaisir, cet étrange inversement qui voit le sujet saboter ses propres intérêts. Si cela constitue le mal véritable, alors non seulement les théories éthiques pragmatiques séculières d'aujourd'hui mais également la « mécanisation de l'esprit » dans le cadre des sciences cognitives ne sauraient être considérées comme « mauvaises » en tant que telles, mais plutôt comme une défense contre le mal.

14. LACAN, *Écrits (op.cit.)*

mère : « J'ai vu de mes yeux *un bébé en proie à la jalousie; il ne parlait pas encore* mais fixait, pâle et amer, *son frère de lait.* »

Partant de cette idée, Jean-Pierre Dupuy propose une critique pertinente de la théorie de la justice selon John Rawls [15]. Dans le modèle rawlsien de société juste, les inégalités sont tolérées dans la mesure où elles stimulent les franges inférieures de la population et reposent non pas sur une hiérarchie atavique mais sur des inégalités naturelles et contingentes, hors de tout mérite [16]. Même les conservateurs britanniques semblent désormais prêts à embrasser la notion de la justice rawlsienne : en décembre 2005, David Cameron, le nouveau chef du Parti conservateur [17], faisait part de son intention de transformer le Parti conservateur en défenseur des plus pauvres en déclarant : « Il me semble que le vrai test pour notre politique serait de nous demander ce que nous faisons pour ceux qui possèdent le moins, ceux qui sont en bas de l'échelle ? » Mais ce que Rawls ne voit pas, c'est comment une telle société risque de créer les conditions d'une explosion de *ressentiment* sans précédent : en tant que membre de cette société, je saurais que mon statut inférieur est pleinement « justifié » et me verrais ainsi privé du prétexte consistant à imputer mon échec à l'injustice sociale.

15. Voir Dupuy, *op. cit.*

16. John Rawls, *A Theory of Justice*, Cambridge, MA, Harvard University Press, 1971.

17. David Cameron est depuis devenu Premier ministre de Grande-Bretagne en 2010. (N.D.T.)

Rawls nous propose donc un terrifiant modèle de société dans laquelle la hiérarchie serait légitimée par des propriétés naturelles, passant ainsi totalement à côté de la leçon que nous enseigne la petite histoire du paysan slovène auquel une gentille sorcière laisse le choix entre deux vœux : soit elle lui donne deux vaches et en donne une à son voisin, soit elle lui prend deux vaches et en prend une à son voisin. Sans hésiter, le paysan choisit la seconde option[18]. Ce que Gore Vidal résume ainsi : « Il ne me suffit pas de gagner, il faut que l'autre perde. » La clé du mécanisme jalousie / ressentiment, c'est qu'il ne se résume pas à la logique du jeu de somme nulle, où ma victoire est égale à la perte de l'autre. Il implique un écart entre les deux parties : écart non pas positif (nous pouvons tous gagner sans qu'il y ait le moindre perdant), mais négatif. Si j'ai à choisir entre mon gain et la perte de mon rival, je préfère la seconde possibilité, même si cela signifie que j'y perds aussi. Comme si le gain que je tirais de la perte de mon rival fonctionnait comme une sorte d'élément pathologique souillant la pureté de ma victoire.

Friedrich Hayek savait qu'il est bien plus facile d'accepter les inégalités lorsqu'on affirme qu'elles résultent d'une force impersonnelle aveugle : l'avantage de l'« irrationalité » du marché susceptible de générer le succès ou l'échec dans le monde capitaliste, c'est

18. Dans une version plus morbide, la sorcière lance au paysan : « Je te ferai tout ce que tu veux, mais je ferai le double à ton voisin ! », ce à quoi le paysan répond avec un sourire cruel : « Alors arrache-moi un œil ! »

qu'elle m'autorise précisément à percevoir mon succès ou mon échec comme quelque chose de contingent, d'immérité[19]. Souvenons-nous de la vision classique du marché comme version moderne du destin impondérable. Le fait que le capitalisme ne soit pas « juste » contribue à le rendre plus acceptable aux yeux de la majorité. Je peux plus facilement assumer mon échec si je sais qu'il n'est pas dû à mes faiblesses personnelles, mais aux vicissitudes du hasard.

Nietzsche et Freud partagent l'idée selon laquelle la justice en tant qu'égalité se fonde sur la jalousie – jalousie de l'Autre qui possède ce que je n'ai pas et qui en tire de la satisfaction. L'appel à la justice est donc au final un appel à la limitation de la satisfaction excessive de l'Autre, afin que l'accès à la *jouissance** soit le même pour tous. L'inévitable aboutissement à cela étant, bien sûr, l'ascétisme. Puisqu'il est impossible d'imposer la *jouissance**, c'est la *prohibition* qui sera imposée à sa place pour être partagée en toute égalité. Mais aujourd'hui, dans notre société prétendument permissive, cet ascétisme prend la forme de son contraire, c'est-à-dire d'une injonction surmoïque *généralisée* dont nous subissons tous l'emprise : « Jouis ! » Le résultat, c'est que notre satisfaction est plus contrainte qu'elle ne l'a jamais été. Prenons l'exemple du yuppie, qui associe la « réalisation de soi » narcissique à l'adoption de pratiques ultra-ascétiques comme le jogging, le manger sain, etc. Peut-être est-ce là ce que Nietzsche avait à l'esprit lorsqu'il

19. Voir Friedrich HAYEK, *La Route de la servitude*, PUF, 2010.

formula son concept de dernier homme, même si celui-ci ne semble véritablement prendre tout son sens qu'aujourd'hui. Nietzsche n'appelait pas seulement à une réaffirmation de la vie contre l'ascétisme : il était conscient qu'un certain ascétisme est le corollaire à une sensualité excessive et décadente. Sa critique du *Parsifal* de Wagner et, plus généralement, de la décadence de la fin du romantisme, qui oscilla entre sensualité moite et spiritualisme obscur, illustre parfaitement son propos[20].

Alors, qu'est-ce que la *jalousie ?* Revenons à la scène décrite par saint Augustin, où un enfant est jaloux du frère qui tète le sein de leur mère. Le sujet n'envie pas à l'Autre la possession de l'objet convoité, mais plutôt la manière dont l'Autre jouit de cet objet, ce qui explique pourquoi il ne suffirait pas au sujet jaloux de le lui voler pour en reprendre possession. Son véritable objectif est de détruire la capacité / possibilité de l'Autre à jouir de l'objet. Si bien que la jalousie doit ici être replacée au sein de la triade jalousie, économie et mélancolie, qui regroupe les trois formes d'impossibilité de jouissance de l'objet et, à l'inverse, de jouissance de cette impossibilité. Contrairement au sujet jaloux, qui envie chez l'autre la possession et / ou la jouissance de l'objet, l'avare possède l'objet mais ne peut en jouir / le consommer. Il tire sa satisfaction de la possession même de l'objet élevé au rang d'entité sacrée et intouchable / prohibée ne devant pas être

20. Voir Alenka ZUPANCIC, *The Shortest Shadow*, Cambridge, MA, MIT Press, 2006.

consommée. Le cliché de l'avare solitaire montre un homme seul rentrant chez lui, verrouillant soigneusement sa porte et ouvrant son coffre-fort pour jeter secrètement un regard émerveillé à son « trésor ». Ce qui empêche la consommation de l'objet est précisément ce qui préserve son statut comme objet de désir. Quant au sujet mélancolique, il possède l'objet, comme l'avare, mais la raison l'ayant conduit à le désirer lui échappe. Plus tragique encore : il peut accéder à tout ce qu'il désire mais n'en tire aucune satisfaction [21].

Cet excès de jalousie est le fondement de la distinction fameuse, quoique jamais pleinement exploitée, établie par Rousseau entre l'égoïsme, l'*amour de soi** et l'*amour-propre**, cette préférence perverse de soi aux autres qui voit l'individu se concentrer non pas sur la réalisation d'un objectif, mais sur la destruction de l'obstacle qui l'en sépare :

> Les passions primitives, qui toutes tendent directement à notre bonheur, ne nous occupent que des objets qui s'y rapportent, et, n'ayant que l'amour de

21. Est-il possible de s'envier soi-même, et non d'envier nécessairement autrui ? Des sujets qui, incapables de savourer leur chance ou leur bonheur, s'obstinent à se saboter eux-mêmes, on peut dire en termes purement freudiens que leur surmoi envie le succès de leur moi. La scission entre ce que Lacan appelle « le sujet de l'énoncé » (la façon dont « je », en tant que sujet parlant, me représente moi-même dans le discours) et le « sujet de l'énonciation » (le « je » parlant en tant que tel) atteint ici son point culminant : le sujet devient son propre Autre, il occupe une position dans laquelle il s'envie lui-même.

> soi pour principe, sont toutes aimantes et douces par leur essence ; mais quand, détournées de leur objet par des obstacles, elles s'occupent plus de l'obstacle pour l'écarter que de l'objet pour l'atteindre, alors elles changent de nature et deviennent irascibles et haineuses ; et voilà comment l'amour de soi, qui est un sentiment bon et absolu, devient amour-propre, c'est-à-dire un sentiment relatif par lequel on se compare, qui demande des préférences, dont la jouissance est purement négative, et qui ne cherche plus à se satisfaire par notre propre bien, mais seulement par le mal d'autrui[22].

Un être mauvais n'est donc *pas* un égoïste qui « ne pense qu'à ses propres intérêts ». Le véritable égoïste est trop accaparé par son bien-être personnel pour avoir le temps de faire du mal à autrui. Le vice premier de l'être malveillant est précisément de s'intéresser davantage aux autres qu'à lui-même. Rousseau décrit avec précision le mécanisme libidinal, cette inversion qui génère le glissement de l'investissement libidinal dans l'objet vers l'obstacle lui-même. Cela pourrait tout à fait s'appliquer à la violence fondamentaliste, qu'il s'agisse de l'attentat d'Oklahoma City en 1995 ou des événements du 11 septembre 2001. Dans les deux cas, nous avons affaire à un déploiement de haine pure et simple : l'objectif suprême était la destruction de l'obstacle (bâtiment fédéral d'Oklahoma City ou

22. Voir Jean-Jacques Rousseau, *Dialogues de Rousseau juge de Jean-Jacques* (italique ajouté) : http://gallica.bnf.fr/ark:/12148/bpt6k2069932/f10.image.r=.langFR.

Word Trade Center), non l'avènement idéaliste d'une société chrétienne ou musulmane[23].

Voilà pourquoi l'égalitarisme en soi ne devrait jamais être pris pour argent comptant : la notion de justice égalitaire (comme sa pratique), dans la mesure où elle est nourrie par la jalousie, repose sur l'inversion du renoncement classique au bénéfice des autres : « Je suis prêt à renoncer à cela pour que *les autres ne puissent* PAS *l'avoir (non plus) !* » Loin de s'opposer à l'esprit de sacrifice, le mal apparaît ici comme l'esprit même de sacrifice, la volonté d'ignorer mon propre bien-être si, à travers mon sacrifice, je peux priver l'Autre de sa *satisfaction*…

Le sujet supposé violer et piller

L'un des héros populaires de la guerre d'Irak s'appelait Mohammed Saïd al-Sahhaf. Ministre de l'Information de Saddam Hussein, il connut son petit quart d'heure de gloire médiatique grâce aux conférences de presse au cours desquelles, jour après jour, il niait héroïquement les faits les plus évidents pour asséner la version officielle irakienne. Alors que les chars ennemis n'étaient qu'à une centaine de mètres de son bureau, il continua à marteler que les images diffusées par la télé américaine montrant des tanks dans les rues de Bagdad n'étaient que des trucages

23. Voir Jean-Pierre Dupuy, *Petite métaphysique des tsunamis*, Éditions du Seuil, 2005, p. 68.

hollywoodiens. Pourtant, sans le vouloir, il finit par dire une chose très juste : quand des journalistes affirmèrent que certaines parties de la capitale étaient sous contrôle américain, il leur rétorqua : « Ils ne contrôlent rien du tout – même pas eux-mêmes ! »

En voyant les images montrant la descente en enfer de La Nouvelle-Orléans, on aurait cru assister à une inversion du vieil adage marxiste voulant que les événements de l'histoire surviennent toujours deux fois, d'abord comme tragédie, puis comme farce : la répartie comique du ministre de l'Information s'était bel et bien muée en tragédie. Les États-Unis, cette police mondiale soucieuse d'endiguer les menaces contre la paix, la liberté et la démocratie aux quatre coins de la planète, avaient perdu le contrôle d'une partie de son propre territoire : l'espace de quelques jours, La Nouvelle-Orléans parut régresser à l'état de réserve naturelle du pillage, du meurtre et du viol. Elle s'était métamorphosée en une cité de morts et de mourants, une zone postapocalyptique peuplée d'*homines sacri*, ces êtres exclus de l'ordre civil remis au goût du jour par Giorgio Agamben. Nous vivons tous dans la peur d'assister un jour à cette désintégration du tissu social, à l'accident technologique ou naturel (tremblement de terre, panne d'électricité ou fameux bug du millénaire) qui réduira notre civilisation à un état sauvage et primitif. Là où on attendrait à l'émergence d'un vaste élan de solidarité face au désastre, on craint d'assister à la pire explosion d'égoïsme, comme ce fut le cas à La Nouvelle-Orléans.

L'heure n'est pas au *Schadenfreunde*[24] indécent façon « Les USA n'ont eu que ce qu'ils méritent. » La tragédie de La Nouvelle-Orléans était sans précédent. Or l'analyse des événements tarde à venir. Les scènes diffusées par la télévision rappelaient tout un corpus médiatique et culturel « d'images chocs » nous renvoyant aussitôt aux reportages sur les pays ou les villes du tiers-monde (Kaboul, Bagdad, Somalie, Liberia...) ravagés par la guerre civile. D'où la véritable surprise générée par la catastrophe de La Nouvelle-Orléans : ce que nous avions l'habitude de voir là-bas se déroulait à présent ici. L'ironie, c'est que la Louisiane est souvent qualifiée de « république bananière des USA », autant dire le tiers-monde des États-Unis. C'est sans doute l'une des raisons expliquant la réaction si tardive des autorités. Même si, sur un plan purement rationnel, nous étions conscients qu'une telle chose pouvait se produire, nous n'avions jamais vraiment osé y croire. Un peu comme la menace du cataclysme écologique : nous en sommes tous conscients et pourtant, nous n'y croyons pas vraiment[25]...

---

24. En allemand, « joie provoquée par le malheur d'autrui » (terme très couramment employé en anglais des États-Unis). (N.D.T.)

25. Pourtant, cela s'était déjà produit aux États-Unis... mais au cinéma, avec la série des *Escape from...* réalisée par John Carpenter (*Escape from New York* et *Escape from Los Angeles*, rebaptisés en français *New York 1997* et *Los Angeles 2013*) dans laquelle une mégalopole américaine se retrouve transformée en une zone de non-droit et investie par des gangs criminels. Autre exemple encore plus intéressant : *Réactions en chaîne* (David Koepp, 1996), où une panne d'électricité générale plonge une ville entière dans le chaos et l'anarchie ; le scénario porte à un niveau subliminal sur les relations raciales et sur nos préjugés

Qu'était au juste cette catastrophe qui s'est déroulée à La Nouvelle-Orléans ? À bien y regarder, le premier détail qui nous frappe est son étrange temporalité, comme une sorte de réaction à retardement. Aussitôt après le passage de la tempête, il y eut d'abord un bref moment de soulagement : l'œil du cyclone était passé à plus de trente-cinq kilomètres et on ne déplorait que dix morts. Le pire tant redouté avait donc été évité. Mais le contrecoup fut terrible : une partie des digues qui protégeaient la ville céda, déclenchant une vaste inondation qui entraîna à son tour un chaos social épouvantable. La catastrophe naturelle – l'ouragan – avait donc été « relayée socialement »... et à plus d'un titre. Premièrement, il y a toutes les raisons de penser que le nombre croissant d'ouragans qui frappent les États-Unis est lié au réchauffement climatique. Deuxièmement, la conséquence immédiate du passage de l'ouragan – l'inondation de la ville – était, dans une large mesure, liée à l'incompétence

---

envers les étrangers. Pour reprendre le slogan publicitaire du film : « Quand plus rien ne fonctionne, tout est permis. » En ce qui concerne La Nouvelle-Orléans, on sent également l'influence de l'aura mystique de la ville comme la cité des vampires, des morts-vivants et du vaudou où des forces spirituelles occultes menacent à chaque instant de désintégrer le tissu social. C'est pourquoi, comme avec le 11 septembre 2001, la surprise fut double : non pas que la tour d'ivoire des États-Unis fût pulvérisée par la brutale intrusion de la réalité du tiers-monde (synonyme de chaos social, de violence et de famine), mais, au contraire, qu'un élément (perçu comme) n'appartenant pas à notre réalité, et dont nous n'avions conscience que sous la forme d'une présence fictionnelle à la télé ou au cinéma, pénétra brutalement notre réalité.

humaine : les digues protectrices n'étaient pas assez bien conçues, et les autorités pas assez bien préparées pour parer aux besoins humanitaires (pourtant prévisibles) provoqués par la tragédie. Mais le véritable choc eut lieu *après l'événement*, lorsque se manifestèrent les conséquences sociales de la catastrophe. La dislocation de l'ordre social arriva comme une sorte d'effet secondaire, comme si la catastrophe naturelle se répétait elle-même sous forme de catastrophe sociale.

Comment interpréter cet effondrement des structures de la société ? La première analyse possible est celle des conservateurs : les événements de La Nouvelle-Orléans démontrent une fois de plus la fragilité de l'ordre social, la nécessité d'une stricte mise en application de la loi et d'une pression morale vigoureuse pour empêcher le déchaînement des passions violentes. La nature humaine étant par définition mauvaise, le chaos social constitue une menace de tous les instants... Cet argument classique peut même s'orner ici d'une petite touche raciste : les individus qui se sont adonnés à la violence étant quasiment tous noirs, nous avons donc une nouvelle fois la preuve que les Noirs ne sont pas vraiment civilisés. Les catastrophes naturelles font rejaillir la lie qui, en temps normal, est tout juste dissimulée et maîtrisable.

Naturellement, la réponse la plus évidente à cela est que la désintégration sociale de La Nouvelle-Orléans ne faisait que mettre en lumière la fracture raciale encore prédominante aux États-Unis. La population de la ville comptait 68 % de Noirs, lesquels comptent eux-mêmes parmi les franges les plus défavorisées de la société. N'ayant aucun moyen d'évacuer la ville à temps, ils se retrouvèrent donc abandonnés sur place, en proie à la faim, dans l'indifférence générale. Pas étonnant qu'ils aient « craqué ». Leur réaction devrait donc être mise en parallèle avec les émeutes déclenchées par l'affaire Rodney King à Los Angeles ou avec les débordements de Detroit et Newark à la fin des années 1960.

Plus spécifiquement, ne pourrait-on pas affirmer que la tension sociale ayant provoqué l'implosion de La Nouvelle-Orléans n'était pas celle opposant la « nature humaine » à la force de la civilisation qui la maintient sous contrôle, mais plutôt celle opposant les deux principaux aspects de notre civilisation elle-même ? Et si, en tâchant d'endiguer les flambées de violence comme celle de La Nouvelle-Orléans, la loi et les forces de l'ordre se retrouvaient confrontées à la nature même du capitalisme pur, à la logique de compétition individualiste et d'affirmation de soi générée par les dynamiques capitalistes, « nature » bien plus violente et menaçante que tous les cyclones et tous les tremblements de terre réunis ?

Dans sa théorie du sublime (*das Erhabene*), Emmanuel Kant interprétait notre fascination pour les manifestations du pouvoir de la nature comme une preuve négative de la supériorité de l'esprit sur cette dernière : quelle que soit la brutalité du déchaînement naturel, il ne peut atteindre la loi morale qui nous habite. La catastrophe de La Nouvelle-Orléans ne fournit-elle pas un autre exemple de cette théorie du sublime ? Quelle que soit la brutalité du vortex de l'ouragan, rien ne peut venir perturber le vortex de la dynamique capitaliste.

Les événements de La Nouvelle-Orléans présentent cependant un autre aspect tout aussi crucial, lié cette fois aux mécanismes idéologiques qui régulent notre existence. D'après une célèbre anecdote d'anthropologue, les « primitifs » auxquels on attribuait certaines croyances superstitieuses (qu'ils descendraient d'un poisson ou d'un oiseau, par exemple) offrent la réponse suivante lorsqu'on leur demande s'ils y croient vraiment : « Bien sûr que non – nous ne sommes pas stupides ! Mais certains de nos ancêtres, eux, y croyaient... » En résumé, ils transfèrent leurs croyances sur quelqu'un d'autre. Nous faisons pareil avec nos enfants. Nous jouons le jeu au moment de Noël puisqu'ils sont *supposés* croire au Père Noël et que nous ne voulons pas les décevoir. Quant à eux, ils font semblant d'y croire pour ne pas décevoir notre croyance en leur naïveté... et aussi pour avoir des cadeaux, bien sûr. N'est-ce pas également la vieille rengaine du politicien véreux reconverti en honnête homme ? « Je refuse de décevoir les honnêtes gens qui y croient (ou qui croient en moi). » Osons faire un pas supplémentaire : ce besoin de trouver un autre qui « croit vraiment » ne repose-t-il pas sur les mêmes ressorts que celui qui nous pousse à stigmatiser l'Autre comme un « fondamentaliste » ethnique ou religieux ? Bizarrement, certaines croyances semblent toujours fonctionner « à distance » : pour que la croyance opère, elle doit avoir une sorte de garant suprême, bien que celui-ci soit toujours différé, déplacé, jamais présent *in persona*.

L'idée, bien sûr, étant que cet autre sujet qui croit vraiment n'a pas besoin d'exister pour que la croyance opère. Il suffit de *présupposer* son existence, autrement dit d'y *croire*, soit sous les traits de l'Autre primitif, sois à travers le « on » impersonnel (« on croit à… »).

Ce déplacement ou ce délestage ne vaut-il pas également pour nos sentiments et nos attitudes les plus intimes, y compris rire et pleurer ? Des fameuses « pleureuses » engagées pour sangloter aux enterrements des sociétés dites « primitives » aux « rires enregistrés » des sitcoms (où le réflexe de rire devant une scène comique est intégré à la bande-son) en passant par l'adoption d'un avatar dans le cyberespace, c'est le même type de phénomène qu'on retrouve. Quand je présente une « fausse » image de moi au sein d'une communauté virtuelle (dans le cadre de jeux sexuels, par exemple, un homme timide aura souvent tendance à se cacher derrière l'image d'une femme séduisante et totalement désinhibée), il est inexact de dire que les sentiments que j'éprouve et que je « feins » d'éprouver à travers mon personnage en ligne sont faux. Bien que mon « vrai » moi ne ressente pas ces émotions, elles n'en sont pas moins « réelles » d'une certaine manière. Même chose lorsque je regarde une sitcom truffée de rires préenregistrés : j'ai beau ne pas rire et me contenter de regarder l'écran, après une rude journée de travail, l'expérience me détendra quand même[26].

26. Pour approfondir le concept du « sujet supposé croire », voir Slavoj Žižek, *The Plague of Fantasies*, Londres, Palgrave, 2003, chapitre 3.

Avec les événements de La Nouvelle-Orléans, une nouvelle occurrence vient s'ajouter à la longue liste des « sujets supposés... » : *le sujet supposé violer et piller*. Nous avons tous gardé en mémoire ces reportages et ces articles décrivant la désintégration de l'ordre social et ces terribles scènes de chaos, de viols et de pillages au sein de la population noire. Pourtant, plusieurs enquêtes menées par la suite ont révélé que, dans l'immense majorité des cas, ces soi-disant orgies de violence n'avaient tout simplement *jamais eu lieu :* il s'agissait de simples rumeurs colportées par les médias. Ainsi, le 4 septembre 2005, le *New York Times* publiait une déclaration d'Eddie Compass, chef de la police de La Nouvelle-Orléans, à propos des conditions de vie des réfugiés au Convention Center[27] : « Si des touristes ont le malheur de passer par là, ils se jettent sur eux, les agressent et les violentent en pleine rue. » Deux semaines plus tard, dans une autre interview, Compass reconnut que certaines de ses déclarations chocs s'étaient révélées inexactes : « Nous n'avons aucun rapport officiel faisant état de meurtres. Aucun rapport officiel faisant état de viols ni d'agressions sexuelles[28]. »

27. Après le passage de Katrina, des milliers de sans-abri se réfugièrent au New Orleans Morial Convention Center (le Palais des congrès de la ville) où ils passèrent plusieurs jours dans des conditions sanitaires épouvantables, privés d'électricité, d'alimentation et d'eau potable. (N.D.T.)
28. Voir Jim Dwyer et Christopher Drew, « Fear Exceeded Crime's Reality in New Orleans », *New York Times*, 29 septembre 2005.

À la réalité de ces Noirs pauvres, abandonnés sans moyens de survie, s'est donc substitué le spectre d'une explosion de violence raciale : touristes agressés et assassinés en pleine rue, ville entièrement livrée à l'anarchie, Superdome assailli par des gangs violant femmes et enfants, etc. Or ces récits n'étaient pas de simples paroles prononcées en l'air, mais des mots aux *retombées matérielles* concrètes. Ils eurent pour effet de générer des peurs qui incitèrent les autorités à modifier le déploiement des troupes et à retarder les évacuations médicales; des responsables de la police furent poussés à la démission, et les hélicoptères restèrent cloués au sol. Ainsi, les ambulances de l'Acadian Ambulance Company demeurèrent confinées dans leur hangar lorsque se répandit la rumeur qu'une caserne de pompiers du quartier de Covington avait été prise d'assaut par des pillards armés venus chercher de l'eau – affirmation qui se révéla complètement fausse.

Bien sûr, ce sentiment de menace avait été déclenché par des faits attestés : des pillages avaient *réellement* eu lieu juste après le passage de l'ouragan. Cela allait du vol bête et méchant à la quête désespérée de produits de première nécessité. Cependant, la réalité (limitée) de ces délits n'excuse en rien les « récits » faisant état du délabrement chaotique de la ville; non parce que ces récits étaient « exagérés », mais pour une raison bien plus radicale. Jacques Lacan affirmait que même si l'épouse d'un patient trompait réellement son mari, la jalousie de celui-ci n'en demeurait pas moins une pathologie à soigner. De même, les juifs fortunés d'Allemagne auraient-ils « réellement » exploité les travailleurs allemands, séduit leurs filles, dominé la presse populaire et j'en passe, l'antisémitisme nazi n'en demeurerait pas moins une aberration et une pathologie idéologique. Pourquoi ? À cause de l'investissement libidinal nié dans la figure du juif. La cause de tous les antagonismes sociaux était projetée sur le « juif », objet d'un amour / haine pervers, figure spectrale d'un mélange de fascination et de dégoût. C'est le même phénomène qui s'applique aux pillages de La Nouvelle-Orléans : *quand bien même* TOUS *les récits faisant état de scènes de pillages et de viols auraient été fondés, ils n'en demeureraient pas moins racistes et « pathologiques »*, dans la mesure où ils n'étaient pas tant motivés par des faits que par des préjugés racistes et par la satisfaction de ceux qui se réjouissaient de pouvoir affirmer : « Vous voyez, c'est ça les Noirs, des barbares violents sous une couche de vernis civilisé ! » En d'autres termes, nous aurions affaire à ce que l'on pourrait appeler *le mensonge sous les traits de la vérité :* même si ce que je dis est vrai sur le plan factuel, les motivations qui m'incitent à en parler sont biaisées.

Comment répondre, alors, au classique contre-argument populiste de droite consistant à affirmer : si énoncer des vérités factuelles implique un mensonge subjectif, un racisme latent, est-ce à dire que, sous prétexte du politiquement correct, nous n'avons pas le droit de dire les choses lorsqu'un Noir commet un crime ? La réponse est claire : il ne s'agit pas de mentir, ni de falsifier ou d'ignorer les faits au nom d'une quelconque vérité politique supérieure, mais

– et cela est bien plus difficile – de modifier notre positionnement subjectif afin que l'énoncé des faits ne soit en aucun cas relié au caractère mensonger du positionnement subjectif de l'énonciation. C'est là qu'apparaît la limite du politiquement correct : au lieu de modifier le positionnement subjectif à partir duquel nous nous exprimons, il nous impose une série de règles quant au contenu de nos propos. Ne surtout pas dire que des Noirs ont commis des crimes. Ne surtout pas mentionner que des couples de lesbiennes ont maltraité leurs enfants. Ne pas s'attarder sur les brutalités faites aux femmes et aux enfants dans les minorités défavorisées… Mais ces règles sur le contenu de nos propos ne modifient nullement notre positionnement subjectif.

Bien sûr, nous n'admettons pas ouvertement de telles arrière-pensées. Mais de temps à autre, elles resurgissent dans l'espace public sous une forme censurée, sous couvert de dénégation, offertes comme de simples hypothèses que l'on rejetterait aussitôt. Prenons l'exemple de William Bennet, ce politicien néoconservateur, accro aux jeux de hasard et auteur en 2003 de l'ouvrage *The Book of Virtues* [Le Livre des vertus], qui s'exprima ainsi le 28 septembre 2005 dans son talk-show radiophonique *Morning in America :* « Je sais que si on voulait réduire la criminalité, on pourrait le faire. Si c'était vraiment notre objectif, il suffirait de faire avorter toutes les femmes noires enceintes de ce pays et le taux de criminalité diminuerait. Ce serait une folie totale, répréhensible sur le plan moral, mais le taux de criminalité diminuerait. » La Maison Blanche réagit aussitôt : « Le Président considère que ces déclarations sont inappropriées. » Deux jours plus tard, Bennet commenta lui-même ses propos : « Je n'ai fait qu'émettre une simple hypothèse [...] avant d'ajouter qu'il serait moralement répréhensible d'appeler à l'avortement d'un pan entier de la population. Mais c'est ça, lorsqu'on dit que la fin justifie les moyens. » C'est exactement ce que voulait dire Freud en déclarant que l'inconscient ignore la négation : le discours officiel (chrétien, démocrate...) s'accompagne et se nourrit de toute une série de fantasmes racistes, sexistes, brutaux ou obscènes ne pouvant être admis que sous une forme censurée.

Mais nous ne sommes pas juste confrontés ici au bon vieux racisme habituel. Il y a autre chose en jeu – un trait fondamental de notre société « globale » émergente. Le 11 septembre 2001, un double attentat frappait le World Trade Center. Douze ans plus tôt, le 9 novembre 1989, c'était la chute du mur de Berlin. Cette date marquait le début des « happy 90s » (les « joyeuses années 90 ») et ouvrait la voie à l'illusion, théorisée par le philosophe économiste Francis Fukuyama, de la « fin de l'Histoire » : la certitude que la démocratie libérale avait pour ainsi dire gagné, que la quête était terminée, que l'avènement d'une communauté libérale à l'échelle planétaire n'était plus qu'une formalité et que les obstacles à ce *happy end* hollywoodien étaient d'ordre purement empirique et contingent (comme ces poches de résistance locales dont les leaders n'avaient pas encore compris que leur temps était compté). Par contraste, le 11 septembre 2001 sonna le glas de cette joyeuse décennie clintonienne. Ce fut le début d'une ère marquée un peu partout par la construction de nouveaux murs : entre Israël et la Cisjordanie, autour de l'Union européenne, le long de la frontière mexico-étatsunienne. La montée de la nouvelle droite populiste n'est que l'exemple le plus frappant de cet empressement à l'érection de nouveaux murs.

En 2006, une décision inquiétante de l'Union européenne est passée presque inaperçue : il s'agissait d'instaurer une police des frontières chargée de renforcer l'isolement du territoire de l'Union et d'empêcher tout afflux d'immigrants. Le voilà, le vrai visage de la globalisation : construire de nouveaux murs de protection autour de la prospère Europe pour contenir l'invasion des immigrés. On est tenté de ressortir ici la vieille opposition marxiste « humaniste » des « relations entre les choses et des « relations entre les personnes » : dans le cadre de la libre circulation tant vantée et facilitée par le capitalisme global, ce sont les « choses » (les marchandises) qui circulent librement tandis que la circulation des « personnes » est de plus en plus contrôlée. Nous n'avons plus affaire désormais à la « globalisation » comme un chantier en cours, mais à une véritable « dialectique de la globalisation » : la ségrégation des individus *est* la réalité de la globalisation économique. Ce nouveau racisme des pays développés est, d'une certaine manière, encore plus brutal que ses incarnations précédentes : sa légitimation implicite n'est ni naturaliste (la supériorité

« naturelle » de l'Occident développé) ni culturelle (« nous autres Occidentaux voulons préserver notre identité ») mais repose sur un égoïsme économique éhonté. La division fondamentale s'opère entre ceux qui font partie de la sphère de (relative) prospérité économique et ceux qui en sont exclus.

Cela nous ramène aux rumeurs et prétendus témoignages concernant les « sujets supposés violer et piller ». La Nouvelle-Orléans figure parmi les villes des États-Unis les plus lourdement marquées par le mur interne séparant les riches des Noirs ghettoïsés. Et c'est sur ceux qui se trouvent de l'autre côté du mur que se portent nos fantasmes : de plus en plus, ils vivent dans un autre monde, une zone non définie qui s'offre à nous tel un écran sur lequel nous projetons nos peurs, nos angoisses et nos désirs enfouis. *Le « sujet supposé violer et piller » se trouve de l'autre côté du mur.* C'est sur son dos que William Bennet peut se permettre un écart verbal dévoilant tout en les niant ses fantasmes racistes secrets. Plus que tout le reste, les fausses rumeurs et les récits fictifs décrivant les conséquences de l'ouragan Katrina attestent la profonde division de classes de la société américaine.

Quand, au début du mois d'octobre 2005, la police espagnole se pencha sur le problème de l'afflux d'immigrés africains cherchant à pénétrer la minuscule enclave espagnole de Melilla, sur la côte nord-ouest de l'Afrique, la solution proposée fut la construction d'un mur entre le territoire espagnol et le Maroc. Les images présentées au public – une structure complexe équipée d'un système électronique – évoquaient étrangement une nouvelle mouture du mur de Berlin, mais dont la fonction serait inversée : ce mur était destiné à empêcher les gens d'entrer, et non de sortir. Cruelle ironie du sort, ce fut le gouvernement de José Zapatero, considéré à l'époque comme le plus tolérant et antiraciste de toute l'Europe, qui se vit contraint d'entériner le projet. C'est bien la preuve des limites de l'approche multiculturaliste « tolérante » qui prêche pour l'ouverture des frontières et l'acceptation des autres. Si l'on ouvrait les frontières, les premiers à se plaindre seraient les classes laborieuses locales. Il apparaît donc de plus en plus clairement que la solution n'est pas d'« abattre les murs et de laisser entrer tout le monde », comme le scandent dans leur idéalisme simpliste les gentils « gauchistes » à la mode libérale. Non, la seule solution viable serait d'abattre le *vrai* mur : non pas celui érigé par les services de l'Immigration, mais le mur socio-économique. Autrement dit, de changer la société afin que les gens ne cherchent plus désespérément à fuir de chez eux.

4

Presto

Antinomies de la raison tolérante

Libéralisme ou fondamentalisme ? La peste soit de leurs deux maisons !

C'est à Kant que l'on doit la notion d'« antinomies de la raison pure ». La raison humaine étant finie, elle en vient inévitablement à se contredire elle-même lorsqu'elle tente de répondre, par exemple, à la question de savoir si l'univers a un commencement dans le temps, une limite dans l'espace, une cause initiale, ou s'il est infini. L'antinomie naît du fait qu'il est possible d'avancer des arguments valides des deux côtés : nous pouvons tout aussi bien démontrer de façon probante que l'univers est limité *et* qu'il est infini. D'après Kant, si ce conflit de la raison n'est pas résolu, l'humanité sombrera dans un scepticisme maussade qu'il qualifie d'« euthanasie de la raison pure[1]. » Les réactions à

1. Voir Emmanuel Kant, « L'Antinomie de la raison pure » dans *Critique de la raison pure : dialectique transcendantale,* t. 2, chapitre 2.

l'indignation musulmane suscitée par la publication des caricatures de Mahomet (l'autre manifestation de violence qui agita l'opinion publique occidentale à l'automne 2005) semblent nous mettre face à une similaire antinomie de la raison *tolérante :* il est possible d'avancer deux argumentations contraires à propos de ces caricatures, toutes deux aussi convaincantes et solides l'une que l'autre, et sans aucun rapprochement possible entre elles.

Aux yeux de l'Occident libéral, pour qui la liberté de la presse représente une valeur essentielle, il n'y a aucun doute possible : même si ces caricatures nous inspirent dégoût et rejet, leur publication ne justifie en rien la violence haineuse de la foule et la stigmatisation d'un pays tout entier. Ceux qui ont été offensés par ces images auraient dû porter l'affaire devant les tribunaux, au lieu d'exiger des excuses d'un État qui défend la liberté de la presse. La réaction des musulmans dénote d'un manque de compréhension flagrant de l'attachement occidental au principe de société civile indépendante.

L'attitude des musulmans est directement liée à leur sacralisation traditionnelle de l'écrit (ce qui explique pourquoi, par exemple, ils n'utilisent pas de papier toilette). L'idée d'un texte entièrement séculier – sans même parler d'une « Vie de Mahomet » façon Monty Python – est tout simplement inimaginable dans la culture islamique, et cela induit des conséquences bien plus profondes qu'on ne l'imagine. À l'inverse, depuis la Grèce antique et la caricature rituelle des dieux de l'Olympe, tourner la divinité en dérision fait partie intégrante de la tradition européenne. Cela n'a rien d'une démarche subversive ou athéiste : cette dérision est juste profondément ancrée dans la vie religieuse. Dans le christianisme, les paraboles et les énigmes du Christ sont pleines d'ironie carnavalesque. Même la crucifixion porte en elle sa propre parodie blasphématoire, avec la scène du Christ déguisé en roi monté sur un âne et coiffé d'une couronne d'épines. Le christianisme met à mal la notion païenne d'inversion parodique des relations d'autorité au cours de laquelle, pour un temps limité, le bouffon est fêté comme un roi. Dans la chrétienté, le « vrai » roi se révèle comme son propre blasphème. Il est un bouffon, un Seigneur du Désordre. C'est pourquoi, lorsqu'en décembre 2006, un groupe de parlementaires polonais nationalistes et conservateurs proposa, on ne peut plus sérieusement, de faire proclamer Jésus-Christ roi de Pologne, ils ne firent pas que brouiller la frontière entre le religieux et le politique ; leur proposition était franchement *païenne*, antichrétienne et totalement à côté de l'ironie contenue au sein même du christianisme.

Le libéral occidental se heurte également à la question des caricatures antisémites et antichrétiennes présentes dans la presse et les manuels scolaires des pays musulmans. Il n'y a là pas seulement un problème de manque de respect envers les autres peuples et leurs religions – respect qu'on exige pourtant de l'Occident – mais aussi un manque de respect de ces autorités envers leur propre peuple, comme le montre un cas plus singulier : celui du cheik Taj Aldin al-Hilali, le plus haut représentant de l'islam en Australie. À l'automne 2006, ce dernier déclencha un scandale en déclarant, à la suite de l'incarcération d'un groupe de musulmans reconnus coupables de viol en réunion : « Si vous laissez un bout de viande crue dans la rue et que les chats se précipitent pour le manger, à qui la faute : aux chats, ou à la viande ? » La nature éminemment provocatrice de la comparaison entre une femme non voilée et de la viande détourna l'attention publique de l'autre sous-entendu édifiant contenu dans ces propos : si les femmes sont tenues pour responsables du comportement des hommes, cela ne revient-il pas à dire que les hommes sont totalement désarmés face à ce qu'ils perçoivent comme une tentation sexuelle, qu'ils sont incapables d'y résister, esclaves de leur appétit tel le chat avisant un morceau de viande[2] ? Par contraste avec cette affirmation de l'absence totale de responsabilité masculine, l'érotisation extrême de la femme en Occident repose au contraire sur le postulat que les

2. La responsabilité totale de la femme dans l'acte sexuel s'est vue légalement confirmée en Iran quand, le 3 janvier 2006, une jeune femme de 19 ans a été condamnée à la pendaison après avoir avoué qu'elle avait poignardé à mort l'un des trois hommes ayant tenté de la violer. Le paradoxe est le suivant : si elle avait choisi de ne pas se défendre, et laissé ses agresseurs la violer, elle aurait été condamnée à 100 coups de fouet comme l'exige la loi iranienne sur la chasteté ; si elle avait été mariée au moment du viol, elle aurait pu être jugée coupable d'adultère et condamnée à mort par lapidation. Bref, dans tous les cas, elle aurait été tenue pour seule responsable des faits.

hommes *sont* capables de retenue sexuelle et ne sont pas juste esclaves de leurs pulsions[3].

Certains des partisans occidentaux de la tolérance multiculturelle s'efforçant de « comprendre » l'indignation des musulmans font valoir que leur réaction excessive à la publication des caricatures avait en réalité une cause plus profonde. La violence des manifestants a d'abord été dirigée contre le Danemark avant de s'étendre au reste de l'Europe et de l'Occident, signe que les protestations n'étaient pas vraiment liées à la parution de ces dessins mais aux humiliations et aux frustrations associées à l'attitude impérialiste des Occidentaux. Dans les semaines qui suivirent les manifestations, les journalistes rivalisèrent à qui saurait le mieux énumérer la liste des « vraies raisons » à l'origine de ces émeutes : occupation israélienne, rejet du régime Musharraf

3. Il existe cependant une interprétation plus sombre de cette déresponsabilisation masculine : cette capacité de pouvoir se livrer à l'acte sexuel n'importe où, n'importe quand, ne relève-t-elle pas d'un fantasme purement féminin ? Souvenons-nous de cette loi ridicule promulguée par les talibans, lorsqu'ils étaient encore au pouvoir en Afghanistan, interdisant les talons métalliques pour les femmes – comme si, même entièrement cachées sous un voile, elles risquaient quand même de provoquer les hommes par le seul claquement de leurs talons. Cela ne présuppose-t-il pas, là encore, d'une vision sur-érotisée de l'homme capable d'être sexuellement excité par un simple bruit sous prétexte qu'il annonce la présence d'une femme ? Le contrepoint de la tolérance occidentale à une sexualité féminine extravertie serait que dans nos sociétés permissives, les hommes s'intéresseraient de moins en moins à l'acte sexuel et le considéreraient davantage comme un devoir que comme un plaisir.

pro-USA au Pakistan, antiaméricanisme iranien, etc. Or le problème de cette ligne de défense saute aux yeux dès lors qu'on l'applique à l'antisémitisme : l'antisémitisme musulman ne serait pas « vraiment » dirigé contre les juifs, mais le simple déplacement d'une réaction à l'exploitation capitaliste. Or ce prétexte ne fait qu'aggraver le cas des musulmans et devrait, très logiquement, nous inspirer la question suivante : pourquoi ne s'attaquent-ils donc pas à la VÉRITABLE cause du problème ?

D'un autre côté, on peut trouver dans cette affaire des arguments tout aussi convaincants à charge contre l'Occident. Il s'avère que le fameux journal danois ayant publié les caricatures de Mahomet avait précédemment rejeté – décision éminemment partiale – des caricatures du Christ jugées trop offensantes. En outre, avant de recourir aux manifestations publiques, les musulmans du Danemark avaient, en vain, tenté pendant des mois d'ouvrir le dialogue « à l'européenne » et d'obtenir un rendez-vous auprès du gouvernement. La triste réalité derrière tout cela, c'est bien la montée de la xénophobie au Danemark, signe que le mythe de la tolérance scandinave a fait long feu. Enfin, penchons-nous sur les interdictions et les tabous qui conditionnent la soi-disant liberté de la presse en Occident. L'Holocauste n'est-il pas un fait sacré, intouchable ? Au moment même où la protestation musulmane était à son comble, l'historien David Irving purgeait une peine de trois ans de prison en Autriche pour avoir exprimé des doutes sur l'Holocauste dans un article publié quinze années auparavant[4].

Comment analyser cette prohibition légale interdisant de mettre (publiquement) en doute les données, voire la réalité même, de l'Holocauste ? Notre bon sens moral ne s'y trompe pas lorsqu'il nous souffle qu'il y a là quelque chose qui cloche : la légalisation du statut intouchable de l'Holocauste incarne, d'une certaine manière, la forme de révisionnisme la plus sophistiquée et la plus perverse qui soit[5]. Tout en voulant affirmer les faits de l'Holocauste, ces lois neutralisent leur efficacité symbolique. À travers elles, la mémoire de l'Holocauste est externalisée, si bien que l'individu s'en trouve exempté. Qu'on m'interpelle sur le sujet, il me suffira de répondre tranquillement : « Le devoir de mémoire est inscrit dans, et réglementé par, nos textes de lois. Le problème est donc pris en charge. Qu'est-ce que vous voulez de plus ? Laissez-moi vivre en paix ! » Il ne s'agit pas, bien sûr, de suggérer que nous avons de temps à autre besoin d'un David Irving pour raviver notre

4. Cela, bien sûr, ne justifie en rien les propos d'Irving, lequel s'était rendu en Autriche à l'invitation d'un groupe d'extrême droite en sachant pertinemment qu'il ferait l'objet d'une arrestation.
5. Sachant qu'il est de toute façon interdit de revenir sur le calcul du nombre de victimes, on pourrait imaginer l'obscénité ultime consistant à débattre du nombre officiel de victimes à partir duquel placer la barre du « tolérable » (en un curieux écho au débat concernant le taux d'alcool autorisé sur la route) : la limite se situe-t-elle à 5,5 millions, ou risquez-vous d'être considéré comme un immonde révisionniste si vous affirmez, en tant qu'historien, qu'il y a eu « seulement » 5,3 millions de morts ?

mémoire historique de l'Holocauste et nous sortir de cette léthargie dogmatique consistant à nous appuyer sur la mémoire officielle extern(alisé)e. Mais parfois, reconnaître sans détour un crime peut constituer le moyen le plus efficace d'en fuir la responsabilité.

Chez les musulmans, le pendant à cette hypocrisie est l'étrange incohérence qui prévaut dans leur manière de se référer à l'Holocauste. Le 19 octobre 2003, le journal jordanien *Ad-Dustour* publia un dessin satirique montrant un train arrivant devant l'entrée célèbre du camp d'Auschwitz et orné de drapeaux israéliens au lieu de croix gammées. La pancarte, en arabe, indiquait : « Bande de Gaza, ou Camp d'extermination israélien. » (Notons au passage que cette assimilation de l'armée israélienne aux nazis rappelle étrangement le parallèle établi par les colons de Gaza lorsque, évacués de force, ils comparèrent les bus et les camions affrétés par Tsahal aux trains de la mort et affirmèrent qu'on assisterait à un nouvel Holocauste et à une nouvelle destruction de la nation juive si un terme n'était pas mis à ces convois… Nous avons bien affaire à deux exemples à la fois symétriques et opposés d'instrumentalisation éhontée de l'Holocauste.) Cette idée que la politique israélienne envers les Palestiniens soit comparable aux exactions des nazis envers les juifs paraît bizarrement incompatible avec certaines tendances négationnistes. L'amusante démonstration de Freud sur l'étrangeté de la logique des rêves nous apporte un éclairage utile sur la mécanique qui semble ici à l'œuvre : 1) Je ne t'ai jamais emprunté ta bouilloire ; 2) je te l'ai rendue en parfait état ; 3) elle était déjà cassée quand je te l'ai empruntée. Cette énumération incohérente ne fait bien sûr que confirmer par l'absurde ce qu'elle s'efforce de nier : je t'ai rendu une bouilloire cassée… Ne retrouve-t-on pas cette même incohérence dans la position des islamistes radicaux vis-à-vis de l'Holocauste ? 1) L'Holocauste n'a jamais eu lieu ; 2) il a eu lieu, mais les juifs l'ont bien mérité ; 3) les juifs ne méritaient pas ça, mais ils n'ont plus le droit de se plaindre dès lors qu'ils font subir aux Palestiniens ce que leur ont imposé les nazis.

En décembre 2005, le président iranien Ahmadinejad, qui s'exprimait à La Mecque, laissa entendre que c'était la culpabilité de l'Holocauste qui avait conduit les pays européens à soutenir la fondation de l'État d'Israël :

> Certains pays européens s'entêtent à affirmer qu'Hitler a tué des millions de juifs innocents dans des fourneaux, au point que si quiconque apporte le moindre élément de preuve tendant à démentir ces affirmations, ils condamnent cette personne et la jettent en prison… Bien que nous n'acceptions pas cette affirmation, à supposer qu'elle soit vraie, notre question à l'attention des Européens serait la suivante : l'assassinat de millions de juifs innocents par Hitler est-il la raison de leur soutien à l'occupation de Jérusalem ? […] Si les Européens étaient honnêtes, ils légueraient certaines de leurs provinces – en Allemagne, en Autriche ou ailleurs – aux sionistes, qui pourraient alors établir leur État en Europe. Léguez une part de l'Europe, et alors nous serons derrière vous.

Cette déclaration est à la fois révoltante et instructive. Révoltante bien sûr dans son déni de l'Holocauste et, pire encore, parce qu'elle suggère que les juifs ont mérité leur sort. («Nous n'acceptons pas cette affirmation» : laquelle? qu'Hitler a tué des millions de juifs, ou que les juifs *étaient innocents* et ne méritaient pas d'être tués?) Elle est juste, par contre, en ce qu'elle met le doigt sur l'hypocrisie européenne : toute la manœuvre des Européens visait à se décharger de leur propre culpabilité sur le territoire d'un autre peuple. Ainsi, quand le porte-parole du gouvernement israélien, Raanan Gissin, rétorqua au président iranien : «Au cas où M. Ahmadinejad l'aurait oublié, nous étions déjà là bien avant ses ancêtres. Par conséquent, c'est notre droit de naissance d'être ici, sur la terre de nos pères, et d'y vivre», il se référait à un droit historique qui, s'il était universellement appliqué, entraînerait un massacre planétaire. Peut-on imaginer un monde dans lequel des groupes ethniques «rappelleraient» constamment à leurs voisins que «nous étions là avant vous» – quand bien même cela remonterait à plus d'un millénaire – et utiliseraient cet argument pour s'emparer du territoire voisin? Juive elle-même, l'auteur française Cécile Winter propose une petite projection mentale très intéressante. Imaginez Israël tel qu'il est actuellement, et sa trajectoire depuis la seconde moitié du xxe siècle, en *ignorant* délibérément le fait que les juifs sont arrivés là marqués par le signifiant de la victime absolue, c'est-à-dire au-delà de tout reproche moral : vous obtiendriez un scénario de colonisation classique[6].

Mais pourquoi devrions-nous nous *abstraire* de l'Holocauste lorsque nous jugeons la politique israélienne envers les Palestiniens ? Non parce que les deux sont comparables, mais précisément parce que l'Holocauste *était* un crime incomparablement plus grave. Le simple besoin d'invoquer l'Holocauste pour défendre l'action israélienne sous-entend qu'Israël commet des actes si odieux que seul « l'alibi » de l'Holocauste permet de les excuser. Est-ce à dire qu'il faudrait écarter l'Holocauste lorsqu'on évoque la politique actuelle, puisque la moindre mention de l'Holocauste pour légitimer une action politique équivaut à son instrumentalisation obscène ? À l'inverse, cette attitude s'apparente un peu trop à l'obscénité (pseudo)gauchiste selon laquelle toute allusion à l'Holocauste dans le discours politique serait un piège, une manipulation pour mieux dissimuler les crimes d'Israël à l'égard des Palestiniens (ou, plus généralement, pour minimiser la non moins terrifiante souffrance des peuples du tiers-monde en permettant aux colonisateurs de se présenter comme les seules vraies victimes). Nous voici donc pris dans une antinomie kantienne (même s'il serait là encore trop obscène de parler d'une « antinomie de la raison de l'Holocauste ») : si la moindre référence à l'Holocauste équivaut à son instrumentalisation, la réduction

6. Voir Alain Badiou et Cécile Winter, *Circonstances*, vol. 3, *Portées du mot « Juif »*, Éditions Léo Scheer, 2005.

de toute référence à l'Holocauste à une telle instrumentalisation (c'est-à-dire la prescription d'un silence total sur l'Holocauste dans le discours politique) n'en est pas moins inacceptable.

Toutefois, cette référence à Kant nous met peut-être sur une piste : sur le modèle de la notion kantienne d'usage *négatif* de la raison comme seul usage légitime de celle-ci face aux objets nouménaux, il faudrait se limiter ici aussi à un usage strictement négatif. La seule référence autorisée à l'Holocauste devrait être négative. L'Holocauste ne devrait jamais être utilisé dans le but de justifier / légitimer une mesure politique, mais au contraire afin de délégitimer (certaines de) ces mesures et imposer des limites à nos actes politiques : on a le droit de condamner des actes lorsqu'ils témoignent d'un orgueil dont l'Holocauste fut l'expression la plus extrême.

Et si, finalement, les vraies caricatures de l'islam résidaient plutôt dans ces violentes manifestations antidanoises elles-mêmes, offrant des musulmans une image ridicule, en parfaite adéquation avec les clichés occidentaux ? L'ironie suprême, c'est que l'ire des foules musulmanes s'est tournée contre cette Europe qui, parce qu'elle fustige ceux qui font profession de dénoncer l'islamisme (comme la journaliste italienne Oriana Fallaci décédée en septembre 2006), est perçue par certains comme trop tolérante à l'égard de l'islam et capitulant déjà sous sa pression ; et, au sein de cette Europe, contre le Danemark, autrement dit l'archétype de la tolérance scandinave. Cette constellation reproduit parfaitement le paradoxe du surmoi :

plus vous obéirez à ce que l'Autre exige de vous, plus vous serez coupable. En quelque sorte, le plus tolérant vous serez envers l'islam, plus sa pression se fera fortement sentir.

Oriana Fallaci était la femme intolérante servant de symptôme aux hommes tolérants. Dans ses derniers livres, elle enfreignit allègrement deux règles d'or : en laissant libre cours à une conviction passionnée, farouche, et en délaissant le mantra politiquement correct du respect envers l'Autre[7]. Selon elle, la « Guerre contre la Terreur » n'illustre pas le choc des civilisations, mais celui entre civilisation et barbarie. L'ennemi ne serait pas la déformation politique de l'islam, mais l'islam en tant que tel. Le vrai danger, celui qui vient de l'intérieur, résiderait dans l'attitude trop laxiste qui prédomine en Europe. La théorie d'Oriana Fallaci est que l'Europe a déjà capitulé spirituellement, trop timorée pour affirmer son identité culturelle et politique, et se considère elle-même comme une province de l'islam. Fallaci insiste notamment sur l'asymétrie de la tolérance : l'Europe passe son temps à s'excuser, à soutenir la construction de nouvelles mosquées, à appeler au respect, etc., alors que dans certains pays musulmans, le seul fait de quitter les rangs de l'islam pour se convertir au christianisme est passible de mort. L'absence de demi-mesure de la journaliste explique sans doute pourquoi ses ouvrages sont tant décriés et marginalisés : après

7. Voir Oriana Fallaci, *La Force de la raison*, Éditions du Rocher, 2004 (traduit de l'italien par Victoire Simon).

chacun de leurs appels pour mobiliser la population contre la menace fondamentaliste, Bush, Blair et même Sharon ont toujours pris soin de louer l'islam comme une grande religion d'amour et de tolérance n'ayant rien à voir avec les actes terroristes abjects commis en son nom.

Fallaci était une athée libérale éclairée, non une chrétienne fondamentaliste. Il serait par trop simpliste de rejeter en bloc ses derniers ouvrages comme d'hystériques pamphlets racistes. Son incroyable succès l'a quasiment transformée en objet excrémentiel « intouchable » : l'embarras qu'elle a provoqué au sein des défenseurs du multiculturalisme montre bien à quel point elle avait mis le doigt sur leur point sensible – leur propre « refoulé ».

Mais l'erreur de Fallaci était de prendre trop au sérieux ce « respect » multiculturaliste asservi à l'Autre musulman. Elle n'a pas compris en quoi ce « respect » était artificiel, signe d'un racisme enfoui et paternaliste. En d'autres termes, loin de seulement s'opposer à la tolérance multiculturaliste, Fallaci ne faisait que mettre au jour son noyau dur refoulé. Le 18 novembre 2005, dans une interview pour le journal israélien *Haaretz*, Alain Finkielkraut commentait ainsi les émeutes des banlieues parisiennes : « Si un Arabe incendie une école, c'est une révolte. Si un homme blanc fait la même chose, c'est du fascisme… Petit à petit, l'idée généreuse d'une guerre contre le racisme prend monstrueusement la forme d'une idéologie mensongère. L'antiracisme sera au XXIe siècle ce que le communisme fut au XXe. Une source de violence. »

Finkielkraut dit juste, mais pas pour les bonnes raisons : le problème de la lutte multiculturaliste politiquement correcte contre le racisme n'est pas son antiracisme excessif, mais son racisme dissimulé.

Comparons à cet égard deux déclarations de George W. Bush. Lors de son discours d'investiture à la Maison Blanche en février 2005, il déclarait : « Les États-Unis d'Amérique n'iront jamais prétendre que les dissidents enchaînés préfèrent leurs chaînes, ni que les femmes acceptent volontiers l'humiliation et la servitude. » Souvenons-nous maintenant de ses tirades multiples sur l'islam comme grande religion de paix *déformée* par les fondamentalistes. Pour les libéraux multiculturalistes, la première déclaration de Bush incarne l'expression même de l'impérialisme culturel, tandis que ses propos bienveillants sur l'islam sont acceptables même s'ils ne sont qu'un masque hypocrite. Peut-être faudrait-il retourner ces affirmations et ne pas craindre de suivre leur logique jusqu'au bout. Le problème des déclarations de Bush à propos de son « respect envers l'islam » ne réside pas tant dans leur hypocrisie, autrement dit dans le racisme rampant et l'impérialisme culturel occidental qu'elles dissimulent, mais dans leur contenu même. Le petit jeu consistant à mettre en valeur la vérité intrinsèque d'une religion ou d'une idéologie pour la séparer de son exploitation politique est une erreur. C'est une démarche non philosophique. Il faut se montrer impitoyable sur de tels sujets, sans égards pour l'islam, le christianisme… ou le marxisme. La véritable hypocrisie résidait en réalité dans la première des deux professions de foi de Bush : il aurait fallu pouvoir pleinement adhérer à son contenu tout en prenant acte du fait que la politique du président américain n'a jamais suivi.

Le cercle de craie de Jérusalem

Mais il serait trop facile de marquer des points dans ce débat en procédant à d'habiles renversements rhétoriques sans fin ; cessons donc ces joutes verbales imaginaires, et risquons-nous plutôt jusqu'au « cœur conradien » du conflit moyen-oriental. De nombreux penseurs politiques conservateurs (mais pas seulement), de Blaise Pascal à Emmanuel Kant en passant par Joseph de Maistre, ont développé la notion d'origines illégitimes du pouvoir, de « crimes fondateurs » étatiques justifiant la création de « nobles mensonges » servis au public sous forme d'épopées. À ce titre, ce qui a souvent été dit à propos d'Israël est exact : son malheur est d'avoir été établi en tant qu'État-nation un siècle ou deux trop tard, dans des conditions où ces crimes fondateurs avaient cessé d'être admissibles. Ironie suprême, c'est en grande partie sous l'influence intellectuelle juive que ce caractère inadmissible a été établi !

Lors de mon dernier séjour en Israël, j'ai été approché par un intellectuel qui, conscient de mes sympathies propalestiniennes, m'a demandé d'un ton railleur : « N'avez-vous donc pas honte d'être ici, en Israël, dans cet État illégal et criminel ? Ne craignez-vous pas que votre présence souille votre crédibilité gauchiste et vous fasse apparaître comme un complice ? »

En toute honnêteté, je dois reconnaître qu'à chacun de mes séjours en Israël, j'ai ressenti un léger frisson à l'idée de fouler un territoire interdit une zone de violence illégitime. Est-ce à dire que je suis secrètement (ou pas tant que ça) antisémite ? À moins que mon malaise provienne justement du fait que je me trouve dans un État n'ayant pas encore oblitéré la « violence fondatrice » de ses origines « illégitimes », la refoulant dans un passé intemporel. Dans ce sens, on peut dire que l'État d'Israël nous renvoie au passé oblitéré de *toute* puissance étatique.

Pourquoi, aujourd'hui, sommes-nous plus sensibles à cette violence ? Précisément parce que, dans un monde globalisé qui s'autolégitime par une morale globalisée, les États souverains n'échappent désormais plus à tout jugement moral, si difficile soit-il de s'entendre sur qui doit exercer la justice, et qui jugera le juge. La souveraineté de l'État n'est donc pas illimitée. Voilà pourquoi le conflit au Moyen-Orient a pris une telle valeur emblématique : il nous met face à la fragilité et à la perméabilité de la frontière qui sépare le pouvoir non étatique « illégitime » du pouvoir étatique « légitime ». Dans le cas d'Israël, ces origines « illégitimes » ne sont pas encore totalement oubliées. Leurs effets se font encore sentir de nos jours. La fameuse citation de Brecht dans *L'Opéra de Quat'Sous* nous revient ici en mémoire : qu'est-ce que braquer une banque, comparé à l'acte de fonder une banque ? En d'autres termes, il y a pire qu'un braquage illégal – un braquage couvert par la loi. Il est donc tentant de proposer ici une nouvelle variante : qu'est-ce qu'un acte de terreur, face à un État qui pratique la guerre contre la terreur ?

Quand les observateurs occidentaux désemparés se demandent pourquoi les Palestiniens s'obstinent dans leur attachement borné à leur pays et refusent de diluer leur identité dans la vaste mer arabe, ils voudraient que les Palestiniens renoncent précisément à ce qui nourrit la violence fondatrice « illégitime » d'Israël. En un bel exemple de justice divine et d'ironie de l'histoire, les Palestiniens renvoient aux Israéliens leur propre message dans sa forme inversée et réelle : attachement pathologique à la terre des origines, droit revendiqué au retour après des millénaires (cela constituant un déni *de facto* de la déterritorialisation censée caractériser le capitalisme global actuel). Mais le message inversé va encore plus loin. Imaginez qu'en lisant le journal, vous tombiez sur le texte suivant :

> Nos ennemis nous traitent de terroristes [...] Des gens qui ne sont ni nos amis, ni nos ennemis [...] utilisèrent également ce mot latin [...] Pourtant, nous ne sommes pas des terroristes... Les origines historiques et linguistiques du terme politique de « terreur » prouvent qu'il ne peut être appliqué à une guerre révolutionnaire de libération [...] Les combattants de la liberté doivent s'armer, sans quoi ils seraient balayés en une nuit [...] En quoi la lutte pour la dignité de l'homme contre l'oppression et

l'asservissement aurait-elle quoi que ce soit à voir avec le « terrorisme » ?

On serait tenté d'attribuer ces propos à un groupe terroriste islamiste et à les condamner sévèrement. Pourtant, l'auteur de ces lignes n'est autre que Menachem Begin, du temps où la Haganah[8] combattait les forces britanniques en Palestine dans les années 1940[9]. On notera au passage qu'à l'époque, le mot « terroriste » pouvait prendre une connotation positive. Autre petite expérience mentale : imaginez-vous aujourd'hui en train de lire, toujours dans le journal, une lettre ouverte intitulée « Lettre aux terroristes de Palestine » et contenant les propos suivants :

> Mes courageux amis. Vous risquez de ne pas croire ce que je vous écris, tant il y a de fertilisant dans l'air en ce moment. Mais vous avez ma parole d'ancien reporter que ce que j'écris est vrai. Les Palestiniens d'Amérique sont derrière vous. Vous êtes leurs héros. Vous êtes le sourire qu'ils affichent. Vous êtes la plume de leurs chapeaux. Vous êtes la première réponse qui fasse sens – pour le Nouveau Monde. Chaque fois que vous dynamitez un arsenal israélien, que vous démolissez une prison israélienne, que vous faites dérailler un train israélien, que vous braquez une banque israélienne, que vous

8. Menachem Begin était un homme politique israélien, ancien chef de l'Irgoun (organisation armée sioniste créée en 1931 en Palestine) puis Premier ministre de 1977 à 1983. La Haganah était une organisation clandestine sioniste fondée en 1920 pour soutenir la communauté juive émigrée en Palestine. (N.D.T.)
9. Menachem Begin, *La Révolte d'Israël,* La Table Ronde, 1971.

vous déchaînez avec vos armes et vos bombes contre les traîtres israéliens envahisseurs de votre patrie, les Palestiniens d'Amérique marquent ce jour d'une pierre blanche dans leur cœur.

Cette lettre, publiée à l'origine vers la fin des années 1940 dans certains journaux des États-Unis, est signée du célèbre scénariste hollywoodien Ben Hecht. Je n'ai fait qu'y remplacer les mots « juif » par « palestinien », et « britannique » par « israélien [10]. » Il est presque rafraîchissant d'entendre la première génération d'Israéliens confesser ouvertement le fait que leurs revendications sur la terre de Palestine ne peuvent s'inscrire dans la justice universelle, et que nous avons ici affaire à une simple guerre de conquête entre deux parties irréconciliables. Voici ce qu'a écrit pour sa part David Ben Gourion, le tout premier homme politique juif à être élu Premier ministre d'Israël :

> Tout le monde voit le poids des problèmes qui pèse sur les relations entre Juifs et Arabes. Mais personne ne voit qu'il n'y a aucune solution à ces problèmes. Aucune ! Il s'agit d'un abîme aux deux bords impossibles à recoller… En tant que peuple, nous voulons que cette terre soit la nôtre ; les Arabes, en tant que peuple, veulent que cette terre soit la leur [11].

10. Cette lettre fut publiée en pleine page sous forme d'encart publicitaire dans l'édition du *New York Post* datée du 14 mai 1947 (p. 42). Le texte (en version originale) est disponible en ligne à l'adresse suivante : http://scotland.indymedia.org/newswire/display/3510/index.php.
11. Extrait du magazine *Time*, 24 juillet 2006.

Aujourd'hui, le problème de cette déclaration saute aux yeux : on ne peut plus accepter qu'un conflit territorial ethnique soit exempté de toute considération morale. Voilà pourquoi la théorie du célèbre chasseur de nazis Simon Wiesenthal dans son livre *Justice n'est pas vengeance* paraît si discutable :

> Il faudra bien que l'on comprenne un jour qu'il est impossible de fonder un État sans toucher aux droits des individus qui étaient établis auparavant dans cette région. (En effet, là où aucun homme n'a encore vécu, tout donne à penser que personne ne peut vivre.) Il faut se féliciter lorsque ces empiétements restent modérés et ne concernent que peu d'habitants. [...] Il faut reconnaître que la fondation d'Israël s'est faite dans des conditions relativement favorables à cet égard. N'existait-il pas une population juive installée de longue date ? La population palestinienne n'était-elle pas relativement réduite, et ne disposait-elle pas de solutions de repli relativement nombreuses[12] ?

Ce que Wiesenthal défend ici, c'est tout simplement le concept de violence fondatrice à visage humain ; autrement dit, une violence aux violations limitées. (Quant au nombre « relativement réduit » d'habitants palestiniens, rappelons que la population de la Palestine dans les années 1880 comptait 25 000 juifs

12. Simon WIESENTHAL, *Justice n'est pas vengeance*, Robert Laffont, 1989 (traduit de l'allemand par Odile Demange), p. 242.

pour 620 000 Palestiniens.) Mais de notre point de vue contemporain, la phrase la plus intéressante de l'essai de Wiesenthal intervient quelques lignes plus haut, lorsqu'il écrit : « L'État d'Israël, qui enregistre victoire sur victoire, ne peut compter indéfiniment sur la sympathie que l'on accorde aux *victimes*[13]. » Wiesenthal semble insinuer que l'État d'Israël victorieux n'a plus besoin de se comporter en victime, mais peut au contraire déployer pleinement sa force. Cela est peut-être vrai, tant qu'on n'omet pas d'ajouter que cette position de pouvoir implique également des responsabilités nouvelles. Le problème actuel est que l'État d'Israël, même s'il multiplie les « victoires », s'appuie encore sur la victimisation des juifs pour légitimer sa politique et dénoncer ses détracteurs comme de crypto-partisans de l'Holocauste. Arthur Koestler, célèbre converti à la cause anticommuniste, nous livre ici un éclairage intéressant : « Si le pouvoir corrompt, l'inverse est tout aussi vrai ; la persécution corrompt les victimes, quoique de manière sans doute plus subtile et tragique. »

C'est la faille d'un des principaux arguments en faveur de la création d'un État-nation juif après l'Holocauste : en créant leur propre État, les juifs ne seraient plus livrés à la merci des États de la diaspora, ni dépendants de la tolérance (ou de l'intolérance) de la majorité au pouvoir dans leurs pays hôtes. Quoique cette ligne de défense s'éloigne

13. *Ibid.*, p. 242.

de l'argument religieux, elle a pourtant besoin de s'appuyer sur cette même tradition religieuse pour justifier la situation géographique du nouvel État – sans quoi l'on se retrouve dans la situation du fou qui a perdu son portefeuille dans la rue et le cherche non pas dans le recoin sombre où il l'a égaré, mais au pied du lampadaire, sous prétexte qu'il y voit plus clair : parce que c'était plus simple, les Juifs ont pris le territoire des Palestiniens et non celui de ceux qui leur étaient pourtant redevables en raison des souffrances qu'ils leur avaient causées.

Robert Fisk, journaliste britannique installé au Liban, a réalisé un documentaire sur la crise au Moyen-Orient qui raconte la chose suivante :

> Ses voisins arabes, des réfugiés palestiniens, lui ayant montré la clé de la maison qu'ils possédaient jadis à Haïfa avant d'en être dessaisis par les Israéliens, il a donc rendu visite à la famille juive qui vivait dans la maison et leur a demandé d'où ils venaient. Ils lui répondirent qu'ils étaient originaires de Chrzanów, une petite bourgade non loin de Cracovie, en Pologne, et lui montrèrent même une photo de leur ancienne maison qu'ils avaient perdue pendant la guerre. Il se rendit donc jusqu'en Pologne, et rechercha la femme qui habitait leur maison à Chrzanów. C'était une « rapatriée » de Lemberg, ville aujourd'hui située dans l'ouest de l'Ukraine. La suite de l'histoire n'était pas bien difficile à deviner. Cette femme avait été chassée de chez elle à l'arrivée des Soviétiques et sa maison probablement saisie par les civils russes amenés là

par le régime d'après-guerre dans le cadre d'une vaste campagne pour soviétiser la ville[14].

L'histoire, bien sûr, ne s'arrête pas là : les civils russes en question avaient sans doute fui leur ville d'origine en Ukraine orientale après sa destruction par les Allemands lors des terribles affrontements sur le front de l'Est... Et c'est là qu'intervient l'Holocauste : la référence à la Shoah permet aux Israéliens de s'extraire de cette chaîne de substitutions. Mais ceux qui évoquent l'Holocauste de cette manière ne font que le manipuler et l'instrumentaliser à des fins politiques.

Le grand mystère du conflit israélo-palestinien demeure surtout celui de sa longévité, alors que tout le monde connaît déjà la seule solution viable au problème : retrait israélien de Cisjordanie et de la Bande de Gaza, établissement d'un État palestinien assorti de quelques compromis concernant la situation particulière de Jérusalem. Chaque fois que l'issue semble enfin proche, tout s'écroule comme un château de cartes. Combien de fois, alors que la signature d'un traité de paix ne semblait plus dépendre que d'une poignée d'alinéas, le processus s'est-il brusquement interrompu, preuve de la fragilité des compromis négociés ? Le conflit au Moyen-Orient a fini par prendre l'allure d'une bonne vieille névralgie : tout le monde sait comment y mettre un terme, mais

14. Norman Davies, *Europe at War*, Londres, Macmillan, 2006, p. 346.

personne ne veut se résoudre à le faire, comme s'il y avait un profit libidinal pathologique à tirer de la persistance du problème.

Voilà pourquoi la crise israélo-palestinienne constitue un point sensible pour les adeptes de la politique pragmatique qui aiment à résoudre les problèmes étape par étape et en suivant une approche réaliste. Dans ce cas précis, c'est l'idée même d'une « approche réaliste » permettant l'émergence d'une « solution réaliste » qui paraît utopique, là où l'unique solution « réaliste » consisterait à voir grand pour traiter le mal à la racine. Pour reprendre le vieux slogan soixante-huitard : *Soyons réalistes, demandons l'impossible !** Seul un geste radical, en apparence « impossible » compte tenu des paramètres existants, permettra de régler la question. Peut-être la « seule solution viable » évoquée plus haut – à savoir le retrait israélien de Gaza et de Cisjordanie et la création d'un État palestinien – ne fera-t-elle pas l'affaire et faudra-t-il alors tout reprendre de zéro, quitte à envisager la création d'un État unique.

On est ici tenté de parler de *nœud* symptomatique : les rôles traditionnels ne semblent-ils pas s'être inversés ? Israël – incarnation de la modernité libérale occidentale dans la région – s'appuie sur son identité ethnico-religieuse pour se justifier, tandis que les Palestiniens – décriés comme les « fondamentalistes » prémodernes – revendiquent au contraire leur citoyenneté laïque. (Il serait d'ailleurs presque tentant de se hasarder à une hypothèse : et si c'était l'occupation israélienne de la Palestine qui avait poussé ses habitants à se percevoir comme une nation privée d'État, au lieu de se fondre dans la masse arabe ?) Nous avons ici affaire au paradoxe d'un État d'Israël, îlot de prétendue modernité démocratique libérale au Moyen-Orient, tenant tête aux Arabes en s'appuyant sur des arguments « fondamentalistes » ethnico-religieux. Comble de l'ironie, à en croire certains sondages, Israël serait la nation la plus athée au monde : près de 70 % des Israéliens ne revendiquent aucune croyance religieuse particulière. Leur référence à la Terre sainte relève donc du pur déni fétichiste : « Je sais pertinemment que Dieu n'existe pas, mais je crois quand même qu'il nous a donné la terre du Grand Israël... » Comme nous l'a enseigné l'histoire du nœud gordien, la seule manière de résoudre le problème n'est pas de défaire le nœud, mais de le trancher. Comment ? Badiou s'est récemment efforcé de penser cette impasse :

> La fondation d'un État sioniste était une réalité ambivalente et extrêmement complexe. D'un côté, c'était un événement qui s'inscrivait au sein d'un autre événement plus large : l'avènement de grands projets révolutionnaires, sociaux et communistes, le projet de fondation d'une société entièrement nouvelle. De l'autre, c'est un contre-événement qui s'inscrit au cœur d'un contre-événement plus vaste : le colonialisme, la brutale conquête par un peuple venu d'Europe d'un territoire déjà habité par un autre. Israël est un mélange extraordinaire de révolution et de réaction, d'émancipation et d'oppression. L'État sioniste doit devenir ce qu'il

portait en lui de juste et de novateur. Il doit devenir le moins racial, le moins religieux et le moins nationaliste des États. Le plus universel d'entre tous[15].

Bien qu'il y ait une certaine vérité dans cette déclaration, le problème n'en demeure pas moins : peut-on vraiment séparer aussi nettement les deux facettes d'Israël, autrement dit remplir les conditions du projet révolutionnaire de l'État sioniste sans son ombre colonisatrice ? C'est un peu comme la réponse légendaire de ce politicien américain à qui l'on demandait dans les années 1920 s'il était pour ou contre la prohibition du vin : « Si, par vin, vous entendez cette boisson effroyable responsable de la destruction de milliers de foyers, de la descente aux enfers de milliers de maris qui battaient leurs femmes et négligeaient leurs familles, alors je soutiens totalement la prohibition. Mais si vous voulez parler de ce divin nectar qui fait de chaque repas une fête, alors je suis contre ! »

Ce qu'il faudrait, ce n'est peut-être pas tant séparer le bon Israël du mauvais que de procéder à une transformation radicale des paramètres actuels. L'ancien Premier ministre israélien Yitzhak Rabin fit un premier pas décisif en ce sens en reconnaissant l'OLP comme représentant légitime des Palestiniens, et donc comme seul interlocuteur valable d'Israël. Lorsqu'il annonça le renversement de la politique israélienne

15. Alain Badiou, « The Question of Democracy », *Lacanian Ink* 28 (automne 2006), p. 59.

du « pas de négociations avec les terroristes de l'OLP » et déclara simplement qu'il était temps « d'en finir avec cette mascarade consistant à ne négocier qu'avec les Palestiniens n'ayant aucun lien public avec l'OLP afin d'ouvrir enfin le dialogue avec nos vrais partenaires », la situation au Moyen-Orient changea du tout au tout. On voit là toute la portée de l'acte politique véritable : il rend envisageable l'inenvisageable. Par ce geste, le travailliste Rabin rejoignait la grande tradition des politiciens conservateurs dans ce qu'ils ont de meilleur : seul un de Gaulle pouvait accorder l'indépendance à l'Algérie ; seul un conservateur comme Nixon pouvait instaurer des relations avec la Chine[16].

Quel serait donc, aujourd'hui, l'équivalent d'un tel *acte* pour les Arabes ? Suivre l'exemple du personnage d'Edward Norton [17] dans *Fight Club*... et *se retourner d'abord contre eux-mêmes*. Cesser d'accuser uniquement les juifs, comme si l'expansion sioniste en Palestine était l'origine (et le symbole) de tous leurs maux et que la victoire sur Israël était la condition *sine qua non*

16. De même, il faudrait saluer la réponse d'Ehud Barak à Gideon Levy dans *Ha'aretz*. À la question du journaliste qui lui demandait ce qu'il aurait fait s'il était né Palestinien, Barak rétorqua : « J'aurais rejoint une organisation terroriste » (citation disponible en ligne sur http://www.monabaker.com/quotes.htm).
17. Dans *Fight Club* (David Fincher, 1999), le personnage d'Edward Norton se tabasse lui-même devant son patron pour le faire chanter. (Notons que ce passage, qui voit l'auteur appeler de ses vœux une révolte des peuples arabes, a été rédigé bien avant les événements de 2011 en Tunisie, en Égypte ou en Lybie.) [N.D.T.]

de l'affirmation de l'identité arabe. Les Palestiniens qui considèrent la libération des territoires occupés par les Israéliens comme seul déclencheur possible de la démocratisation du monde arabe ont tout faux. C'est même le contraire. Il faudrait *d'abord* aborder la question des régimes gouvernementaux ou militaires corrompus, de la Syrie à l'Arabie saoudite, qui utilisent l'occupation israélienne comme un prétexte pour légitimer leur existence. Le paradoxe, c'est que cette focalisation extrême sur Israël est la raison pour laquelle les Arabes sont en train de perdre. La signification réelle du mot *jihad* dans l'islam n'est pas la guerre comme l'ennemi extérieur, mais l'effort de purification intérieure. Pour le croyant, la bataille se joue donc au niveau de ses propres faiblesses et de ses défaillances morales. C'est pourquoi les musulmans devraient passer de la signification publique, détournée, du mot *jihad*, à son sens premier. Les trois principaux agents de la Guerre contre la Terreur (les États-Unis après le 11 Septembre, Israël et les pays arabes) se considèrent comme des victimes et abusent de ce statut pour justifier leur politique expansionniste. D'une certaine manière, on peut dire que le 11 Septembre est arrivé à point nommé pour justifier l'expansionnisme militaire agressif des États-Unis : maintenant que nous sommes nous aussi des victimes, nous pouvons nous défendre et riposter. L'alliance américano-israélienne, ce curieux attelage unissant la nation la plus religieuse et développée au monde (mais soucieuse de séparer la religion de l'État) au peuple le moins religieux au monde (mais attaché à la nature religieuse de son État) peut désormais se présenter comme l'axe des victimes.

Mais pour en revenir à notre grande question, quel serait aujourd'hui l'acte éthico-politique véritablement radical à accomplir au Moyen-Orient ? Pour les Israéliens comme pour les Arabes, cela consisterait à renoncer au contrôle (politique) de Jérusalem, pour permettre la transformation de sa Vieille Ville en un lieu de culte échappant au contrôle de l'État et placé (provisoirement) sous la tutelle d'une force internationale neutre. Les deux parties devraient prendre conscience du fait qu'en renonçant au contrôle politique de Jérusalem, elles ne renonceraient en réalité à rien. Au contraire, elles *gagneraient* l'élévation de Jérusalem au rang de site sacré, véritablement extrapolitique. Tout ce qu'elles ont à perdre, c'est précisément ce qui mériterait de ne plus exister : la réduction de la religion à un simple pion sur l'échiquier du pouvoir politique. Ce serait un véritable événement au Moyen-Orient, l'avènement d'une authentique universalité politique au sens paulinien du terme (« Il n'y a pour nous ni Juifs ni Palestiniens »). Chacune des deux parties devrait réaliser que ce renoncement à l'État-nation ethniquement « pur » serait une libération pour elle-même, et pas seulement un sacrifice à faire pour l'autre.

Mais revenons-en à l'histoire du cercle de craie caucasien, qui inspira à Bertolt Brecht l'une de ses dernières pièces. Il y a fort longtemps, quelque part au Caucase, la mère biologique et la belle-mère d'un enfant firent appel à un juge pour déterminer laquelle des deux aurait la garde du bébé. Le juge traça un cercle à la craie sur le sol, plaça le petit au milieu et demanda aux deux femmes de le tirer chacune par un bras ; la première qui l'attirerait en dehors du cercle aurait le droit de repartir avec lui. Voyant son enfant souffrir, la mère biologique le relâcha aussitôt. Naturellement, le juge lui accorda la garde, puisque sa réaction était la preuve de son amour maternel. De la même manière, on pourrait tout à fait imaginer un cercle de craie à Jérusalem : celui qui aime vraiment Jérusalem préférera renoncer à sa ville plutôt que de la voir ravagée par le conflit. Comble de l'ironie, cette anecdote brechtienne s'inspire librement de l'épisode du jugement du roi Salomon dans l'Ancien Testament. Estimant qu'il n'y avait aucun moyen de résoudre ce dilemme maternel, Salomon proposa une solution pour satisfaire les deux parties : le bébé serait coupé en deux, et chaque mère repartirait avec une moitié. Naturellement, la vraie mère préféra renoncer.

Ce que les Juifs et les Palestiniens ont en commun, c'est l'expérience de la diaspora inscrite au cœur même de leur identité et de leur histoire. Pourquoi ne pourraient-ils donc pas se rassembler sur *ce* terrain d'entente : non pas celui de l'occupation, de la possession ou de la division d'une même terre, mais de la préservation de leur territoire partagé, comme un refuge ouvert à tous ceux condamnés à l'errance ? Et si Jérusalem, au lieu de leur revenir « de droit », devenait une terre d'accueil ouverte à tous ceux qui n'en ont pas ? Cette solidarité commune est la seule base possible d'une réconciliation véritable : la prise de conscience qu'en se combattant l'un l'autre, ils combattent chacun la part la plus vulnérable d'eux-mêmes. C'est la raison pour laquelle, devant la gravité du conflit et de ses conséquences potentielles, il faudrait plus que jamais insister sur le fait que nous avons ici affaire à un *faux* conflit, c'est-à-dire un conflit qui brouille et obscurcit la vraie ligne de front.

La religion anonyme de l'athéisme

Face à la foule musulmane en colère, nous nous heurtons aux limites de la tolérance multiculturelle libérale, de sa tendance à l'autoculpabilisation et de ses efforts pour « comprendre » autrui. L'Autre, ici, est devenu un autre véritable, réel dans sa haine. C'est bien le paradoxe de la tolérance dans son expression la plus pure : jusqu'à quel point la tolérance devrait-elle tolérer l'intolérance ? Les belles formules libérales et politiquement correctes dénonçant à la fois l'insulte faite aux musulmans à travers les caricatures du prophète et leurs réactions de violence inacceptables, mais affirmant aussi que la liberté s'accompagne de certaines responsabilités incontournables, montrent d'elles-mêmes leurs propres limites. Et si le fameux slogan « liberté et responsabilités » n'était autre qu'une nouvelle version du bon vieux paradoxe du choix forcé ? Nous vous donnons la liberté de choisir à condition que vous fassiez le bon choix ; nous vous accordons la liberté, à condition que vous ne vous en serviez pas vraiment.

Comment, alors, briser ce cercle vicieux de l'hésitation permanente entre le pour et le contre qui paralyse et abrutit le raisonnement tolérant ? Il n'y a qu'une seule solution : rejeter les termes mêmes dans lesquels le problème est posé. Comme Gilles Deleuze l'a souligné à plusieurs reprises, il n'existe pas seulement de bonnes et de mauvaises solutions aux problèmes : il existe aussi de bons et de mauvais problèmes. Considérer que le problème se résume à celui de la juste mesure à trouver entre respect de l'autre et liberté d'expression est une duperie. Guère étonnant qu'à y regarder de plus près, ces deux pôles opposés dévoilent une solidarité secrète. Le langage du respect est celui de la tolérance libérale : le respect n'a de sens que s'il s'applique à ceux avec qui je ne suis *pas* d'accord. Quand les musulmans offensés exigent le respect de leur altérité, ils acceptent le cadre du discours libéral tolérant. D'un autre côté, le blasphème n'est pas seulement une attitude de haine, une tentative de toucher l'autre là où ça fait mal, c'est-à-dire au cœur fondamental de sa foi. Au sens strict, le blasphème est un problème religieux ne fonctionnant qu'au sein d'un espace religieux.

La perspective qui nous attend faute d'une sérieuse remise en question est celle, cauchemardesque, d'une société régulée par un pacte pervers entre fondamentalistes religieux et prêcheurs politiquement corrects de la tolérance et du respect envers les croyances d'autrui : une société paralysée par le souci de ne surtout pas heurter l'autre, quel que soit son degré de superstition et de cruauté, et dont les individus s'appliquent rituellement à être les « témoins » de leur propre victimisation. Lors de ma visite à l'université de Champaign dans l'Illinois, je fus invité dans un restaurant proposant des « frites toscanes ». Quand je demandai des explications à mes amis, ils me répondirent que le patron souhaitait montrer son patriotisme et protester contre la condamnation de la guerre d'Irak par la France ; il avait donc suivi l'exemple de la cantine du Congrès américain et remplacé sur son menu les « French fries[18] » par des « *freedom* fries » – les « frites de la liberté ». Mais certains membres progressistes du corps enseignant de l'université, qui constituait l'essentiel de sa clientèle, menacèrent alors de boycotter son établissement. Soucieux de ne pas contrarier ses clients, mais d'afficher quand même ses convictions patriotiques, le patron coupa la poire en deux et inventa les fameuses « frites toscanes ». Cette solution présentait le double avantage de « faire européen » et de surfer sur la vague des comédies romantiques ayant les paysages de Toscane pour toile de fond.

Dans un esprit analogue à celui du Congrès étatsunien, les autorités iraniennes ordonnèrent aux pâtissiers de changer le nom « Danish pastry[19] » en « rose de Mahomet ». Quelle joie ce serait de vivre dans un monde où le Congrès américain rebaptiserait

18. Aux États-Unis, les frites s'appellent communément « French fries » (littéralement : « frites françaises »). (N.D.T.)
19. Un « Danish » ou « Danish pastry » (littéralement : « pâtisserie danoise ») est une sorte de beignet à la pâte d'amandes. (N.D.T.)

les « French fries » frites de Mahomet et où les autorités iraniennes transformeraient les « Danish pastries » en roses de la liberté ! Mais compte tenu de l'actuel climat de tolérance, tout porte à croire que c'est la frite toscane et ses variantes qui l'emporteraient dans nos magasins et nos restaurants.

Ces dernières années, un débat public a fait rage dans ma Slovénie natale : les musulmans, notamment les travailleurs immigrés de l'ex-Yougoslavie, devraient-ils avoir le droit de construire une mosquée à Ljubljana, la capitale ? Alors que les conservateurs s'y opposaient pour des raisons culturelles, politiques et architecturales, l'hebdomadaire *Mladina* défendit farouchement le projet, fidèle à son combat en faveur des droits civils et sociaux des peuples issus des ex-républiques yougoslaves. Sans surprise, compte tenu de son positionnement résolument libertaire, *Mladina* fut également le seul journal slovène à reproduire les fameuses caricatures de Mahomet. À l'inverse, ceux qui exprimèrent la plus grande « compréhension » vis-à-vis des protestations musulmanes étaient ceux-là mêmes qui faisaient régulièrement état de leur inquiétude pour le sort de l'Europe chrétienne.

Le cas le plus souvent évoqué en guise de comparaison par les conservateurs locaux était celui du scandale qui, deux ans auparavant, avait secoué la Slovénie. Un groupe de rock, Strelnikoff, avait fait imprimer des affiches de concert montrant une *Vierge à l'Enfant* détournée : sur ses genoux, Marie tenait un rat au lieu d'un bébé. En ressortant cet exemple, les conservateurs cherchaient bien sûr à dénoncer les caricatures raillant le christianisme tout comme celles qui s'en étaient prises à Mahomet. Mais ils en profitèrent pour souligner les différences de réaction entre les deux communautés religieuses et insister sur la différence entre les civilisations en insinuant que l'Europe était supérieure, puisque les chrétiens se limitaient à une simple protestation verbale là où les musulmans n'hésitaient pas à tuer et à incendier.

Ces drôles d'alliances mettent les musulmans d'Europe face à un choix ardu qui illustre bien le paradoxe de leur situation : la seule voix politique qui ne les réduit pas au rang de citoyens de seconde zone et leur accorde un espace pour déployer leur identité religieuse est celle des libéraux « impies », tandis que ceux qui se rapprochent le plus de leur pratique sociale de la religion – leur véritable reflet chrétien – sont leurs plus grands ennemis politiques. Le paradoxe est que ce sont ceux qui ont réimprimé les caricatures de Mahomet au nom de la liberté d'expression (et non les premiers à les avoir publiées) qui constituent leurs seuls véritables alliés.

L'analyse marxiste de l'imbroglio politique ayant suivi en France la révolution de 1848 est intéressante dans ce contexte. Le parti de l'Ordre était né de la coalition des deux ailes royalistes (partisans des Bourbon et orléanistes) lesquelles étaient, par définition, incapables de se trouver un dénominateur commun au niveau du royalisme – nul n'étant jamais royaliste dans l'absolu, mais forcément en faveur d'une maison royale ou d'une autre. Leur seul terrain d'entente possible était l'union sous la bannière du

« royaume anonyme de la République ». Autrement dit, le seul moyen d'être royaliste dans l'absolu est d'être républicain [20]. Le même principe s'applique à la religion : nul ne peut être religieux dans l'absolu. On croit forcément en un dieu (ou plusieurs) au détriment des autres. L'échec de tous les efforts en faveur d'une union des religions prouve que la seule façon d'être religieux dans l'absolu est de se ranger sous la bannière de la « religion anonyme de l'athéisme ». Comme le montre l'exemple des communautés musulmanes occidentales, c'est seulement sous cette bannière qu'elles survivent. Il y a donc une sorte de justice divine dans le fait que la colère musulmane à l'encontre du Danemark impie fut immédiatement suivie par une flambée de violence entre sunnites et chiites, les deux factions musulmanes d'Irak. La leçon du totalitarisme s'inscrit ici en lettres capitales : tôt ou tard, le combat contre l'ennemi extérieur se mue en fracture interne et en lutte contre l'ennemi intérieur.

Après avoir eu notre compte des discours proclamant le retour « postséculier » du religieux, dénonçant les limites du désenchantement et affirmant le besoin de redécouverte du sacré, peut-être avons-nous surtout besoin d'une bonne dose d'athéisme à l'ancienne. L'ire de la communauté musulmane à cause des caricatures danoises semble prouver une fois de plus que la croyance religieuse est une force avec laquelle il faut compter. Si critiquable la violence des foules

20. Voir Karl Marx, *Les Luttes des classes en France*, Gallimard, coll. Folio Histoire, 2002.

musulmanes soit-elle, elle semble surtout souligner le fait que les libertaires occidentaux, dans leur cynisme et leur insouciance, ont omis un détail : voici les limites du désenchantement séculier. Du moins, c'est ce qu'on nous explique.

Mais est-ce vraiment la leçon à tirer des scènes de meurtres, de pillage et d'incendie auxquelles se livrent les foules au nom de la religion ? Longtemps, on nous a expliqué que, sans la religion, nous n'étions que de vulgaires animaux égoïstes luttant pour la défense de notre territoire, que notre pseudo-moralité était celle d'une meute de loups et que seule la religion pouvait nous élever à un niveau spirituel supérieur. Aujourd'hui, alors que la religion apparaît comme la principale source de violence meurtrière à travers le monde, le discours lénifiant consistant à nous assurer que les fondamentalistes chrétiens, musulmans ou hindous ne font que pervertir le message spirituel de leur credo commence à lasser. Le moment n'est-il pas venu de restaurer la dignité de l'athéisme, notre – peut-être – unique chance de paix ? En général, lorsqu'il est question de violence inspirée par la religion, nous blâmons la violence elle-même : c'est l'agent politique violent ou « terroriste » qui « détourne » une religion noble de son cœur authentique, si bien que l'objectif serait de séparer sa vérité intrinsèque de son instrumentalisation politique. Mais que se passerait-il si nous prenions le risque d'inverser ce rapport ? Si ce qui nous apparaissait comme une force modératrice nous incitant à contrôler notre violence était en réalité son moteur secret ? Si, au lieu de renoncer à la violence, nous renoncions à la religion, y compris dans ses échos sécularisés (comme le communisme stalinien, qui s'appuie sur le grand Autre historique) pour nous adonner à la violence en tant que telle, et en assumer pleinement la responsabilité sans nous abriter derrière la figure du grand Autre ?

On dit souvent des conflits ethniques contemporains qu'ils reposent en réalité sur un conflit entre Darwin et le pape. D'un côté, la morale (amorale) séculière juge acceptable et souhaitable l'exploitation et le sacrifice des individus. De l'autre, la morale chrétienne affirme que chaque être humain est sacré car il possède une âme immortelle. Dans ce contexte, il est intéressant d'observer qu'après l'éclatement de la première guerre mondiale certains darwinistes sociaux se positionnèrent comme pacifistes au nom de ce même darwinisme antiégalitaire ; Ernst Haeckel, grand défenseur du darwinisme social, s'opposait ainsi à la guerre parce qu'elle tuait les mauvaises personnes : « Plus un jeune homme est normal, fort et en bonne santé, plus il a de chances d'être tué par une baïonnette, un canon ou autres instruments de la culture[21]. » Le problème, c'était que les hommes malades ou de faible constitution n'étaient pas acceptés dans l'armée. Ils étaient donc libres d'avoir des enfants, et de contribuer ainsi au déclin biologique de la nation. L'une des solutions envisagées fut d'obliger tout ce petit monde à servir sous les drapeaux et, une fois

21. Citation empruntée à Edward T. Oakes, « Darwin's Graveyards », *Books & Culture*, novembre / décembre 2006, p. 36.

sur le front, d'utiliser les faibles et les malades comme chair à canon pour les commandos suicides.

Ce qui devient compliqué, aujourd'hui, c'est que les massacres sont de plus en plus souvent justifiés en termes religieux alors que le pacifisme est largement athéiste. C'est la croyance en une divinité supérieure qui nous permet d'instrumentaliser les individus. L'athéisme, qui ne revendique aucune ambition de ce type, refuse toute forme de sacrifice en son nom. Par conséquent, on ne s'étonnera guère de lire des propos comme ceux d'Elton John, lequel affirmait dans un communiqué relayé par l'Associated Press le 12 novembre 2006 qu'en dépit de son admiration pour les enseignements du Christ et autres guides spirituels il s'opposait à toute forme de religion organisée : « Pour moi, la religion a toujours tenté de diriger la haine contre les gays, déclarait-il dans le supplément musical du journal britannique *The Observer*. La religion promeut la haine et le mépris envers les homosexuels… Si ça ne tenait qu'à moi, je l'interdirais complètement. De toute évidence, la religion organisée est quelque chose qui ne fonctionne pas. Ça transforme les gens en lemmings pleins de haine, et je ne vois pas où est la compassion là-dedans. » De toute manière, les leaders religieux sont impuissants à contenir les tensions et les conflits autour du monde. « Pourquoi n'organisent-ils pas un conclave ? Pourquoi ne se réunissent-ils pas ? » s'interrogeait ainsi le chanteur.

La prédominance de la violence légitimée par la religion (ou l'ethnicité) s'explique peut-être par le fait que nous vivons à une époque se percevant elle-même comme une ère postidéologique. Puisqu'on ne peut plus mobiliser le grand public pour participer à la violence de masse (la guerre) et que notre idéologie hégémonique nous incite plutôt à profiter de la vie et à nous réaliser en tant qu'individus, la plupart des gens ont du mal à dépasser leur révulsion pour la torture et le meurtre. L'écrasante majorité de la population est spontanément « morale » : tuer un autre être humain lui apparaît comme un acte traumatisant. C'est pourquoi, afin de nous aider à dépasser cette répulsion, il faut invoquer une cause supérieure « sacrée » qui rendra nos petits scrupules dérisoires. La religion ou l'appartenance ethnique remplissent ce rôle à merveille. Bien sûr, on a déjà vu des athées endurcis capables de se livrer au meurtre de masse par simple plaisir, mais cela demeure une exception. La majorité des individus ont besoin d'être « anesthésiés » pour occulter leur sensibilité naturelle à la souffrance d'autrui. Et pour cela, il faut une cause sacrée.

Il y a plus d'un siècle, dans *Les Frères Karamazov*, Dostoïevski mettait en garde contre les dangers du nihilisme moral impie : « *Si Dieu n'existe pas, alors tout est permis.* » Le « nouveau philosophe » français André Glucksmann appliqua cette critique aux événements du 11 Septembre, comme le suggère le titre de son livre *Dostoïevski à Manhattan*[22]. Et il n'aurait pu être davantage dans l'erreur : la leçon du terrorisme actuel,

22. André Glucksmann, *Dostoïevski à Manhattan*, Robert Laffont, 2002.

c'est que s'il y *a* un Dieu, alors tout – y compris faire mourir des centaines de civils dans un attentat – est permis aux yeux de ceux qui affirment agir en Son nom et n'être que les instruments de Sa volonté, puisque leur lien direct avec Dieu justifie la violation de toutes les lois et autre considérations « bassement humaines ». Les communistes staliniens « impies » en sont la preuve ultime : tout leur était permis puisqu'ils se percevaient eux-mêmes comme les instruments directs de leur propre divinité, à savoir la nécessité historique du progrès vers le communisme.

Saint Augustin énonça la formule de la suspension de l'éthique exercée par le fondamentalisme religieux : « Aime Dieu et fais comme il te plaît. » Mais cela peut aussi vouloir dire : « Aime et fais tout ce que tu voudras » puisque, du point de vue chrétien, les deux reviennent au même. Dieu, après tout, est amour. Et quand on aime vraiment Dieu, on veut la même chose que lui – ce qui lui fait plaisir nous fait plaisir, ce qui lui déplaît nous déplaît également. Il ne s'agit donc pas de faire tout ce qui nous passe par la tête : notre amour de Dieu, s'il est sincère, est la garantie suprême que nos actes respecteront les plus hauts critères éthiques. Un peu comme la fameuse blague : « Ma fiancée n'est jamais en retard à nos rendez-vous, sans quoi elle ne serait plus ma fiancée. » Si vous aimez Dieu, vous êtes libre d'agir à votre guise car si vous faites quelque chose de mal, c'est la preuve que vous n'aimez pas vraiment Dieu… Toutefois, l'ambiguïté demeure : nul ne possède jamais la moindre garantie, hormis sa propre foi, de ce que Dieu attend de lui.

En l'absence de véritables critères éthiques extérieurs à votre croyance religieuse, il y a toujours le risque que votre amour de Dieu vous serve à justifier les actes les plus abominables.

Pendant la croisade de Saint Louis, Yves le Breton décrivit une vieille femme qui errait dans les rues avec une poêlée de braises rougeoyantes dans une main et une carafe d'eau dans l'autre. Lorsqu'il l'interrogea, elle lui répondit que les braises étaient destinées à mettre le feu au Paradis et l'eau à éteindre les flammes de l'Enfer « car nul ne devrait faire le bien pour monter au Paradis ou par peur d'aller en Enfer, mais uniquement par amour de Dieu[23]. » Je ne vois qu'une chose à ajouter : pourquoi ne pas carrément supprimer Dieu et faire le bien… juste pour faire le bien ? Pas étonnant qu'aujourd'hui, ce positionnement éthique typiquement chrétien ne survive que dans l'athéisme.

Les fondamentalistes font (ce qu'ils perçoivent comme) de bonnes actions parce qu'ils souhaitent accomplir la volonté divine et obtenir le salut de leur âme ; les athées le font parce que ce sont de bonnes actions. Le même principe ne s'applique-t-il pas également à la morale ? Quand j'accomplis une bonne action, je ne le fais pas dans le but de plaire à Dieu, mais parce qu'il m'est impossible de faire autrement

23. Il existe l'équivalent dans le soufisme : « Ô, Seigneur, si je te vénère de crainte d'aller en Enfer, brûle-moi en Enfer. Si je te vénère dans l'espoir d'accéder au Paradis, interdis-le moi. Et si je te vénère pour toi, ne me prive pas de ta beauté éternelle » (Rabi'a al-Adawiyya, 713-801).

– sans quoi je n'oserais même plus me regarder dans une glace. L'acte moral induit, par définition, sa propre récompense. Le philosophe économiste David Hume, qui était croyant, écrivit magnifiquement à ce sujet que le seul moyen de prouver notre respect envers Dieu était de faire le bien en ignorant délibérément Son existence.

L'histoire de l'athéisme européen, depuis ses racines grecques et romaines dans le *De rerum natura* de Lucrèce jusqu'aux classiques modernes comme Spinoza, est une leçon de dignité et de courage. Bien plus que par de simples manifestations ponctuelles d'hédonisme, elle est marquée par la conscience de l'aboutissement forcément amer de l'expérience humaine puisqu'il n'existe aucune autorité supérieure veillant sur notre sort et nous garantissant une issue heureuse. Dans le même temps, les promoteurs de l'athéisme s'efforcent de formuler un message de joie qui s'appuierait non pas sur le déni mais sur l'acceptation de cette réalité – ou comment l'assimiler de manière créative. La particularité unique de cette tradition matérialiste, c'est la manière dont elle associe l'humble prise de conscience que nous ne sommes pas les maîtres de l'Univers (nous faisons partie d'un tout qui nous dépasse, soumis que nous sommes aux vicissitudes du hasard) à la capacité d'accepter la lourde responsabilité de ce que nous faisons de notre existence. En ces temps où la menace d'une catastrophe imprévisible semble pointer de toutes parts, ne s'agit-il pas, plus que jamais, d'une attitude salutaire ?

Il y a quelques années, une question a agité l'Europe : le christianisme devait-il être mentionné comme élément clé de l'héritage européen dans le préambule au projet de Constitution européenne ? Un compromis a finalement été trouvé : le christianisme y serait cité au même titre que le judaïsme, l'islam et l'héritage de l'Antiquité. Mais où était donc passé le plus précieux héritage de l'Europe – celui de l'athéisme ? La particularité véritablement unique de l'Europe moderne, c'est qu'elle est la première civilisation à accepter l'athéisme comme une option parfaitement légitime, et non comme un frein à une carrière publique. Pour dire les choses un peu pompeusement, voilà un héritage européen qui mérite qu'on se batte pour lui.

Si le véritable athée n'éprouve nullement le besoin de tomber dans la vulgarité blasphématoire pour choquer le croyant, il refuse également de réduire le problème des caricatures de Mahomet à celui du respect envers les croyances d'autrui. Le respect des croyances d'autrui élevé au rang de dogme intouchable ne peut qu'entraîner l'un des deux travers suivants : soit nous traitons l'autre avec paternalisme afin d'éviter de le heurter et de ruiner ses illusions, soit nous adoptons le point de vue relativiste consistant à accepter plusieurs « régimes de vérité » et à considérer toute aspiration revendiquée à la vérité comme une prescription violente. Cela dit, pourquoi ne pas soumettre l'islam – et les autres religions – à une analyse critique qui, quoique parfaitement respectueuse, n'en serait pas moins sans concessions ? Ce serait pourtant la seule et unique manière de montrer notre respect envers les musulmans : les traiter en adultes sérieux et pleinement responsables de leurs croyances.

5

Molto adagio – Andante

La tolérance, une catégorie idéologique

La culturalisation de la politique

Pourquoi tant de nos problèmes actuels sont-ils perçus comme liés à l'intolérance plutôt qu'à l'inégalité, l'exploitation ou l'injustice ? Pourquoi le remède proposé est-il toujours la tolérance, non l'émancipation ou la lutte politique, voire armée ? La réponse tient dans l'opération idéologique pratiquée par le multiculturalisme libéral : la « culturalisation de la politique ». Les divergences politiques – conditionnées par l'inégalité politique ou l'exploitation économique – sont naturalisées et neutralisées sous forme de différences « culturelles », autrement dit de divergences de « modes de vie » constituant des éléments immuables et irrécusables ne pouvant qu'être « tolérés ». Cela exige, en retour, une réponse dans les termes proposés par Walter Benjamin : *de la culturalisation de la politique à la politisation de la culture*. La cause de ce phénomène est le retrait et l'échec des solutions politiques directes comme l'État-providence et autres projets socialistes dont la tolérance est devenue l'ersatz postpolitique [1].

C'est au chercheur en sciences politiques Samuel Huntington que l'on doit la meilleure formulation de cette « culturalisation de la politique » ; il attribue en effet l'origine principale des conflits d'aujourd'hui au « choc des civilisations », que l'on est presque tenté de qualifier de maladie de Huntington de notre époque. Selon lui, à la fin de la guerre froide, le « rideau de fer idéologique » s'est vu remplacé par le « rideau de velours de la culture [2]. » Cette sombre vision du « choc des civilisations » peut sembler à l'opposé de la perspective optimiste proposée par Francis Fukuyama, lequel a prophétisé l'avènement d'une démocratie libérale mondiale censée marquer la fin de l'Histoire. Qu'y a-t-il de plus éloigné de ce concept pseudo-hégélien de « fin de l'Histoire » (grosso modo : la formule suprême du meilleur ordre social possible ayant été trouvée grâce à la démocratie libérale capitaliste, il n'y a désormais plus de place pour le progrès conceptuel – seulement des obstacles empiriques à surmonter [3]) que la thèse du « choc des civilisations » comme lutte politique principale

1. Je m'appuie ici très largement sur l'ouvrage de Wendy Brown, *Tolerating Aversion : Tolerance in the Age of Identity and Empire*, Princeton University Press, 2008.
2. Voir Samuel Huntington, *Le Choc des civilisations,* Odile Jacob, 2000.
3. Voir Francis Fukuyama, *La Fin de l'histoire et le dernier homme,* Flammarion, 2009.

au XXIe siècle? *Le* «choc des civilisations», c'est *la politique à la fin de l'Histoire.*

La vision libérale tout entière s'appuie sur le contraste entre ceux qui sont dominés par la culture – ces êtres entièrement déterminés par le monde vécu dans lequel ils sont nés – et ceux qui «profitent» de leur culture, se sont élevés au-dessus d'elle et sont libres de la choisir. Ce qui nous amène au paradoxe suivant : la source suprême de la barbarie n'est autre que la culture elle-même, puisque c'est notre identification à une culture particulière qui nous rend intolérants envers les autres. L'opposition se joue donc ici entre le collectif et l'individuel : la culture est par définition collective et particulière, traditionaliste, refermée sur elle-même, alors que – paradoxe supplémentaire – c'est l'individu qui incarne l'universel, le site de l'universalité, au sens où il s'extrait et s'élève au-dessus de sa propre culture. Mais chaque individu devant se singulariser d'une manière ou d'une autre et évoluer dans le monde vécu qui lui est donné, le seul moyen de sortir de cette impasse est de scinder l'individu entre l'universel et le particulier, le public et le privé (le «privé» recouvrant à la fois le cocon familial *et* la sphère publique non étatique de la société civile – c'est-à-dire l'économie).

Avec le libéralisme, la culture survit, mais sous une forme privatisée – en tant que mode de vie, ensemble de croyances et de pratiques, et non plus en tant que dispositif public de normes et de règles. La culture devient ainsi, littéralement, «transsubstantialisée» : le même dispositif de règles et de coutumes cesse d'incarner une force rassemblant le collectif pour devenir l'expression d'idiosyncrasies privées et personnelles. Dans la mesure où la culture elle-même est source de barbarie et d'intolérance, l'inévitable conclusion à cela est que le seul moyen de surmonter la violence et l'intolérance est d'extraire le noyau même de l'être du sujet – son essence universelle – de la culture : le noyau fondamental du sujet doit être *kulturlos*[4] (sans culture). La base philosophique de cette idéologie du sujet libéral universel est le sujet cartésien (en particulier dans sa variante kantienne) capable de s'éloigner de ses racines socioculturelles pour affirmer son universalité et son autonomie. L'expérience fondatrice du doute universel de Descartes s'appuie sur la prise de conscience « multiculturelle » que la tradition que nous connaissons n'est pas forcément supérieure aux traditions « excentriques » des autres :

> [...] ayant appris, dès le collège, qu'on ne saurait rien imaginer de si étrange et si peu croyable, qu'il n'ait été dit par quelqu'un des philosophes ; et depuis, en voyageant, ayant reconnu que tous ceux qui ont des sentiments fort contraires aux nôtres ne sont pas pour cela barbares, ni sauvages, mais que plusieurs usent, autant ou plus que nous, de raison[5]...

---

4. Ce qui, incidemment, jette une lumière nouvelle sur la fameuse phrase attribuée à tort à Hermann Göring : « Quand j'entends le mot *culture*, je sors mon revolver » – mais pas quand j'entends le mot *civilisation*, bien sûr.
5. René DESCARTES, *Discours de la Méthode*, Vrin, 1999, p. 65.

Voilà pourquoi, pour le philosophe cartésien, les racines ethniques, l'identité nationale, etc., ne sont tout simplement *pas une catégorie de la vérité*. Pour le dire en termes kantiens, quand nous méditons sur nos racines ethniques, nous nous livrons à un *usage privé de la raison* contraint par des présupposés dogmatiques contingents. Autrement dit : nous nous comportons en individus « immatures », non en êtres humains libres évoluant dans la dimension de l'universalité de la raison. La différence de conception entre Kant et Richard Rorty à propos de ce qui distingue public et privé est rarement soulignée, mais n'en demeure pas moins essentielle ; s'ils établissent l'un comme l'autre une distinction nette entre ces deux domaines, leurs démarches divergent radicalement. Pour Rorty, l'incarnation du libéral contemporain par excellence, le privé est l'espace de nos idiosyncrasies dominé par la créativité et l'imagination en dehors (ou presque) de toutes considérations morales, tandis que le public est l'espace d'interaction sociale où nous sommes tenus d'obéir aux règles pour ne pas blesser les autres ; en d'autres termes, le privé est l'espace de l'ironie, le public celui de la solidarité.

Pour Kant, l'espace public de la « société civile universelle » illustre le paradoxe de la singularité universelle, du sujet singulier qui, en une sorte de court-circuit, contourne la médiation du particulier et participe directement de l'universel. C'est ce que le philosophe allemand, dans un extrait célèbre de *Qu'est-ce que les Lumières ?*, définit comme le « public » par opposition au « privé ». Le « privé » désigne non la sphère de l'individu dégagé des liens communautaires, mais l'ordre institutionnel communautaire de son identification particulière ; le « public », quant à lui, renvoie à l'universalité transnationale de son exercice de la raison. Le paradoxe de l'injonction sous-jacente « Pensez librement, mais obéissez ! » (qui semble déjà problématique en soi, puisqu'elle suppose de faire la distinction entre le niveau « performatif » de l'autorité sociale et le niveau de libre pensée où la performativité se trouve suspendue) est donc que l'individu participe de la dimension universelle de la sphère « publique » précisément en tant qu'individu singulier extrait de – voire opposé à – son identification communautaire substantielle ; l'individu n'est véritablement universel que lorsqu'il est radicalement singulier, logé dans les interstices des identités communautaires. Kant devrait ici être lu comme le critique de Rorty. Dans sa vision de l'espace public de libre exercice de la Raison, il affirme la dimension d'universalité émancipatrice *en dehors* des contraintes de l'identité sociale, et de la position dans l'ordre de l'être (social). C'est cette dimension qui fait défaut à Rorty.

L'universalité effective

Rien de plus facile que de révéler la nature problématique du concept libéral de tolérance tout en rendant palpable la violence qui la sous-tend. Premièrement, une telle notion n'est pas véritablement universelle et *kulturlos*. Puisque, dans nos sociétés, la division sexuée toujours prédominante dans le monde du travail confère un caractère masculin aux catégories libérales élémentaires (autonomie, activité publique, concurrence) et relègue les femmes à la sphère privée de la solidarité familiale, le libéralisme en tant que tel, dans son opposition du privé et du public, entretient la domination masculine. En outre, seule la culture capitaliste moderne occidentale considère l'autonomie et la liberté individuelle comme des valeurs supérieures à la solidarité collective, au lien social, à la responsabilité envers les personnes dépendantes et au respect des traditions communautaires. Le libéralisme privilégie donc un certain type de culture : la culture occidentale moderne. Quant à la question de la liberté de choix, le libéralisme fait ici encore preuve d'une nette partialité. Il est intolérant quand les cultures autres privent les individus de leur liberté de choix – comme le montrent à l'évidence les débats passionnés autour de l'excision, du mariage forcé des fillettes, de l'infanticide, de la polygamie et de l'inceste – mais il ignore la pression sociale énorme qui, par exemple, pousse les femmes de nos sociétés occidentales à subir des interventions de chirurgie esthétique, à se faire poser des implants ou injecter du Botox afin de rester compétitives sur le marché du sexe.

La notion libérale de « libre choix » conduit donc toujours à une impasse. Si le sujet le souhaite, il pourra opter pour la tradition « d'origine » dans laquelle il est né, mais non sans avoir d'abord procédé à une étude comparative de toutes les alternatives possibles. D'un autre côté, les jeunes amish sont officiellement libres de choisir eux-mêmes leur mode de vie, mais les conditions dans lesquelles ils sont censés effectuer ce choix font qu'il n'a plus rien de libre. Il faudrait pour cela que ces adolescents soient correctement informés des différentes options qui s'offrent à eux et éduqués en conséquence. Impossible, sauf à les extraire de leur communauté amish pour les « américaniser ».

On voit bien aussi les limites de l'attitude libérale traditionnelle envers les femmes voilées. On accepte que les musulmanes portent le voile s'il s'agit d'un choix personnel, non d'une décision imposée par leur époux ou leur famille. Cependant, dès lors que ces femmes choisissent de se voiler, par exemple dans le cadre d'une démarche spirituelle personnelle, la signification de ce voile change radicalement : il n'est plus le signe de leur appartenance à la communauté musulmane, mais l'expression de leur individualité idiosyncratique. Même différence entre un paysan chinois qui se nourrit à la chinoise parce que cela a toujours été la tradition dans son village, et le citoyen d'une mégalopole occidentale qui décide d'aller dîner dans un restaurant chinois. Voilà pourquoi, dans nos sociétés séculières basées sur le libre choix, les individus qui continuent à pratiquer une religion se retrouvent dans une position d'infériorité. Si on les autorise à conserver leurs croyances, celles-ci sont « tolérées » tant qu'elles paraissent le fruit d'un choix ou d'une opinion personnelle. Mais dès qu'ils revendiquent publiquement leurs croyances pour ce qu'elles sont (une question d'appartenance culturelle, par exemple), on les taxe de « fondamentalisme ». Par conséquent, le « sujet du libre choix » au sens multiculturel occidental « tolérant » du terme ne peut émerger qu'au terme d'un *violent* processus d'arrachement de l'individu à son monde vécu, à se couper de ses racines.

Il ne faudrait pas pour autant oublier l'aspect éminemment libérateur de cette violence qui nous permet de considérer notre propre culture comme un élément contingent. Rappelons que le libéralisme a émergé en Europe au lendemain de la terrible guerre de Trente Ans entre catholiques et protestants, en réponse à la question pressante de la cohabitation entre croyants d'obédiences religieuses différentes. Cette cohabitation exigeait davantage de la part des individus qu'un simple compromis de tolérance condescendante ou temporaire. Il était impératif que chacun respecte la religion de l'autre non pas *en dépit* de ses convictions religieuses intimes, mais bien *en leur nom* – le respect de l'autre étant dès lors considéré comme l'apanage du bon croyant. Pour citer Abou Hanîfa, le grand intellectuel musulman du XVIIIe siècle : « La différence d'opinions au sein de la communauté est une preuve de miséricorde divine[6]. » C'est seulement au sein de cet espace idéologique que l'individu peut vivre son identité comme

6. Ziauddin SARDAR et Merryl Wyn DAVIES, *The No-Nonsense Guide to Islam,* Londres, New Internationalist / Verso, 2004, p. 77.

une contingence, une « construction » discursive. En résumé, philosophiquement parlant, Judith Butler[7] – et sa théorie sur le caractère performatif de l'identité de genre – n'existerait pas sans le sujet cartésien. On peut accuser le multiculturalisme libéral de bien des choses, mais reconnaissons-lui au moins son profond anti-« essentialisme » : c'est cet Autre barbare qui est perçu comme essentialiste *et donc dans le faux.* Le fondamentalisme « naturalise » ou « essentialise » les données contingentes conditionnées par l'histoire. Aux yeux des Européens modernes, les autres civilisations sont empêtrées dans leurs cultures singulières, alors qu'eux-mêmes se considèrent à l'inverse comme ouverts d'esprit et toujours disposés à remettre en cause leurs *a priori.*

La critique « postcoloniale » aime souligner le refus chronique du libéralisme de voir ses propres limites : en défendant les droits de l'homme, le libéralisme tend en effet à imposer sa propre vision aux autres. Cependant, un tel recul sur soi ne peut émerger que dans le cadre des notions d'autonomie et de rationalité justement promues par le libéralisme. On pourrait bien sûr objecter que, d'une certaine manière, la situation occidentale n'en est que pire, puisque l'oppression elle-même y est oblitérée et déguisée en libre choix (de quoi vous plaignez-vous ?

7. Philosophe féministe américaine née en 1956, Judith BUTLER est notamment l'auteur de l'ouvrage de référence *Gender Trouble* (1990) dans lequel elle analyse le genre sexuel comme une performance sociale apprise et répétée, non comme un élément naturel. (N.D.T.)

vous avez choisi de faire cela !). Le plus souvent, notre liberté de choix se résume à un simple geste de consentement formel à notre oppression et notre exploitation propres. Toutefois, la leçon de Hegel sur l'importance de la forme est ici essentielle : la forme possède une autonomie et une efficacité bien à elle. Ainsi, lorsque nous comparons une fillette du tiers-monde contrainte au mariage ou à l'excision à une femme du premier-monde « libre de choisir » de subir une lourde opération de chirurgie esthétique, la forme même de cette liberté n'est pas sans importance ; elle ouvre un espace à la réflexion critique.

En outre, la tendance à qualifier d'autres cultures d'intolérantes ou de barbares a pour contrepartie la reconnaissance un peu naïve de leur supériorité. Souvenons-nous de ces colons britanniques en Inde qui se pâmaient d'admiration devant la profondeur de la spiritualité indienne, inaccessible à nous autres Occidentaux en raison de notre obsession de la rationalité et du confort matériel. L'un des *topoi* du libéralisme occidental ne consiste-t-il pas à porter aux nues l'Autre censé mener une vie plus harmonieuse, plus naturelle, moins compétitive, et aspirer à la coopération plutôt qu'à la domination ? Or cette opération en entraîne une autre : le refus de voir l'oppression au nom du « respect » de la culture de l'Autre. Même la liberté de choix est souvent invoquée de façon pervertie : ces gens ont choisi leur mode de vie – même si celui-ci implique que des femmes veuves soient brûlées vives ; aussi déplorable et répugnant cela puisse-t-il nous sembler, nous devons respecter ce choix.

La critique postcoloniale « de gauche » du libéralisme se cantonne ainsi à une dénonciation marxiste du faux universalisme : l'adoption d'un point de vue qui se prétend neutre et universel privilégie bel et bien une certaine culture (hétérosexuelle, mâle et chrétienne). Plus précisément, c'est ce que l'on retrouve dans la position postmoderne et antiessentialiste classique, sorte de version politique de l'idée de Foucault pour qui le sexe était généré par la multitude des pratiques sexuelles : ici, l'« homme » porteur des droits de l'homme est généré par un ensemble de pratiques politiques qui matérialisent la citoyenneté. Les droits de l'homme apparaissent comme une fausse universalité idéologique masquant et légitimant les politiques impérialistes et dominatrices de l'Occident, ses interventions militaires et son néocolonialisme. La question est : cela suffit-il à constituer une critique ?

Une lecture marxiste symptomale de la notion de droits de l'homme permet de mettre au jour son penchant idéologique bourgeois : les droits de l'homme universels consacrent en réalité les droits du propriétaire blanc à échanger librement ses produits sur le marché, à exploiter les travailleurs des deux sexes et à exercer sa domination politique. Mais l'identification du contenu particulier qui hégémonise la forme universelle n'est que la première moitié du chemin. La seconde, indispensable, consiste à poser une question supplémentaire bien plus complexe – celle de l'émergence de la forme même de l'universalité. Comment, et dans quelles conditions historiques, l'universalité abstraite devient-elle un « fait de vie (sociale) » ?

Dans quelles conditions les individus se reconnaissent-ils en tant que sujets des droits de l'homme universels ? Tel est le propos de Marx dans son analyse du fétichisme de la marchandise : dans une société dominée par l'échange des biens de consommation, les individus eux-mêmes, au quotidien, s'envisagent les uns les autres, ainsi que les objets qu'ils rencontrent, comme autant d'incarnations contingentes de notions abstraites et universelles. Mon identité mais aussi le milieu social ou culturel auquel j'appartiens sont vécus comme autant d'éléments contingents puisque ce qui me définit, en fin de compte, est ma capacité universelle abstraite à penser et / ou travailler. Je considère tout objet capable de satisfaire mon désir comme une contingence, puisque je conçois mon désir comme une capacité formelle abstraite, indifférente à la multitude d'objets particuliers susceptibles – quoique sans jamais y parvenir – de le satisfaire. De la notion moderne de profession découle que je ne me vis pas moi-même comme un individu directement « né dans » son rôle social. Mon devenir dépend de l'interaction entre ces circonstances sociales contingentes et mon libre choix. Dans ce sens, l'individu contemporain a une profession. Il est électricien, professeur ou serveur. Mais déclarer qu'un serf médiéval exerçait la profession de paysan n'a aucun sens. Là encore, le point essentiel est que, dans certaines conditions sociales spécifiques d'échange des marchandises et au sein d'une économie de marché globale, l'« abstraction » devient une composante immédiate de la vie sociale réelle. Elle impacte la manière dont les individus se comportent, dont ils appréhendent leur destin et leur entourage social. Marx partage ici le point de vue d'Hegel : l'universalité ne devient « pour soi » que dans la mesure où les individus cessent de pleinement identifier le noyau fondamental de leur être à leur situation sociale. La conséquence, c'est que ces mêmes individus en retirent un sentiment de « décalage » permanent : l'existence concrète et effective de l'universalité a pour effet de produire un individu sans place réelle au sein de l'édifice global. Dans une structure sociale donnée, l'universalité devient « pour soi » chez ces individus qui n'ont pas trouvé leur place véritable. Le mode d'apparition d'une universalité abstraite, son irruption dans l'existence réelle, produit ainsi la violence : elle perturbe violemment l'ordre organique préexistant.

Il ne suffit plus, comme cela est fréquent parmi les critiques politiquement corrects de gauche, de ressortir le vieil argument marxiste sur l'écart entre l'apparence idéologique de la forme légale universelle et les intérêts particuliers qui la sous-tendent. Le contre-argument avancé par des théoriciens comme Claude Lefort et Jacques Rancière, affirmant que la forme n'est jamais une forme « pure » mais qu'elle induit une dynamique intrinsèque laissant des traces dans la matérialité de la vie sociale, est parfaitement recevable[8]. Après tout, c'est la « liberté formelle » de la

8. Voir Claude LEFORT, *The Political Forms of Modern Society : Bureaucracy, Democracy, Totalitarianism* (anthologie en anglais publiée par MIT Press, 1986) ; Jacques Rancière, *La Haine de la démocratie*, La Fabrique, 2005.

bourgeoisie qui met en marche le processus de revendications et de pratiques politiques « matérielles » comme le syndicalisme et le féminisme. Rancière a raison d'insister sur *l'ambiguïté* radicale de la notion marxiste d'écart entre la démocratie formelle, avec son discours sur les droits de l'homme et la liberté politique, et la réalité économique de l'exploitation et de la domination. Cet écart entre l'« apparence » de l'égalité-liberté et la réalité sociale des différences culturelles et économiques peut donner lieu à deux lectures différentes : soit l'interprétation symptomatique habituelle consistant à dire que la forme des droits universels (égalité, liberté et démocratie) n'est que l'expression nécessaire mais illusoire de son contenu social concret, à savoir l'univers de l'exploitation et de la domination de classe ; soit une interprétation plus subversive faisant intervenir une tension où l'« apparence » de l'*égaliberté** n'est *précisément pas* une « apparence pure », mais possède un pouvoir intrinsèque. Ce pouvoir permet de mettre en mouvement le processus de réarticulation des rapports socio-économiques réels par le biais de leur « politisation » progressive : pourquoi les femmes n'auraient-elles pas aussi le droit de vote, pourquoi les conditions de travail ne relèveraient-elles pas du débat politique public, et ainsi de suite. On est tenté ici d'employer le vieux terme d'« efficacité symbolique » cher à Lévi-Strauss : l'apparence de l'*égaliberté** est une fiction symbolique qui, en tant que telle, induit sa propre efficacité. Il faudrait résister à la tentation cynique de la réduire à une simple illusion masquant une réalité bien différente. Cela reviendrait à tomber dans le piège de l'hypocrisie stalinienne consistant à railler la liberté bourgeoise « purement formelle » : si elle était purement formelle et ne perturbait en rien les relations de pouvoir, pourquoi le régime stalinien l'avait-il interdite et la craignait-il à ce point ?

Le moment clé de toute lutte théorique – éthique, politique et même, comme l'a démontré Badiou, esthétique – est *l'émergence de l'universalité à partir du monde vécu spécifique.* Il faut retourner le lieu commun affirmant que nous sommes tous enracinés dans un monde vécu contingent et spécifique, et que toute universalité est irrémédiablement teintée par, et inscrite au sein de, ce monde vécu. Le moment authentique de découverte, la percée, se produit lorsqu'une dimension proprement universelle *explose au sein d'un contexte particulier, devient « pour soi » et directement vécue comme universelle.* L'« universalité pour soi » n'est pas simplement externe à, ou au-dessus de, son contexte particulier : elle s'y inscrit. Elle le perturbe et l'affecte de l'intérieur, si bien que l'identité du singulier se scinde entre ses aspects particuliers et universels. Marx a déjà souligné à propos d'Homère que la vraie question n'était pas de retrouver les racines de ses récits épiques dans la société grecque antique mais de déterminer pourquoi, malgré leur profond ancrage dans leur contexte historique d'origine, ces récits étaient capables de transcender ces origines pour parler à toutes les époques. Le vrai test herméneutique de la grandeur d'une œuvre d'art réside peut-être dans sa capacité à survivre à l'arrachement à son contexte d'origine. Une œuvre véritablement puissante est redécouverte et réinventée à chaque époque. Il y a un Shakespeare romantique, et un Shakespeare réaliste.

Les opéras de Richard Wagner en sont un parfait exemple. Certains travaux d'historiens récents tentent de faire ressortir la « vraie signification » contextuelle des personnages et des thèmes wagnériens : le pâle Hagen serait un juif adepte de la masturbation, la blessure d'Amforta serait en réalité la syphilis, et ainsi de suite. Le postulat de départ est que Wagner mobilisait des codes historiques bien connus de ses contemporains. Quand quelqu'un titubait, chantait d'une voix haut perchée ou faisait des gestes nerveux, « tout le monde » savait qu'il s'agissait d'un juif ; le personnage de Mime dans *Siegfried* serait donc la caricature d'un juif. La maladie vénérienne contractée à la suite d'un rapport sexuel avec une femme « impure » constituait la grande obsession de la seconde moitié du XIXe siècle, la femme étant synonyme de syphilis ; par conséquent, « tout le monde » comprenait qu'Amforta avait attrapé la syphilis à cause de Kundry. Le premier problème de cette lecture c'est que, quel que soit son degré de véracité factuelle, elle ne contribue pas vraiment à nous fournir une analyse plus intéressante de l'œuvre. Du reste, les lieux communs historiques peuvent brouiller notre rapport à l'art. Afin de correctement appréhender *Parsifal*, il faut justement *s'abstraire* de ces trivialités historiques et *décontextualiser* l'œuvre. La structure formelle de *Parsifal*, qui autorise différentes contextualisations historiques, contient plus de vérité que son contexte original. Nietzsche, grand critique de Wagner, fut le premier à procéder à cette décontextualisation et à proposer une nouvelle image du compositeur : le grand poète de la mythologie teutonne et de la grandeur héroïque démesurée cédait la place au Wagner « miniaturiste », celui de la féminité hystéricisée, des passages ciselés et de la décadence de la famille bourgeoise.

De la même manière, Nietzsche a été réinventé à plusieurs reprises tout au long du XXe siècle : le Nietzsche conservateur héroïque protofasciste est devenu le Nietzsche français, puis le Nietzsche des *cultural studies*. Certaines analyses historiques fort pertinentes montrent bien à quel point la théorie de Nietzsche s'inscrivait dans son expérience politique. Son attaque virulente de la « révolte des esclaves » fut une réaction à la Commune de Paris. Mais cela n'empêche pas qu'il y ait davantage de vérité dans le Nietzsche français « décontextualisé » de Deleuze ou Foucault que dans le Nietzsche historique. Ici, l'argument n'est pas seulement pragmatique. Il ne s'agit pas d'affirmer que la lecture deleuzienne de Nietzsche, quoique incorrecte sur le plan historique, est plus pertinente que les autres, mais plutôt que la tension entre le cadre universel de la pensée nietzschéenne et sa contextualisation historique s'inscrit dans l'édifice même de la pensée de Nietzsche et participe de son identité, tout comme la tension entre la forme universelle des droits de l'homme et leur « signification réelle » au moment historique de leur commencement participe de leur identité.

L'herméneutique marxiste classique consistant à souligner le parti pris de l'universalité abstraite devrait donc être complétée par son opposé – à savoir la procédure proprement hégélienne consistant à révéler l'*universalité* de ce qui s'affirme comme une position particulière. Il peut être utile de se repencher sur l'analyse faite par Marx de la révolution française de 1848 et du parti de l'Ordre conservateur républicain uni sous la bannière du « royaume anonyme de la République[9]. » Ses députés considéraient eux-mêmes leur républicanisme affiché comme une vaste blague : lors des débats parlementaires, ils multipliaient les lapsus royalistes et ridiculisaient la République pour bien montrer que leur véritable objectif était la restauration de la monarchie. Pourtant, ils se berçaient d'illusions quant à l'impact social réel de leur action et contribuaient, sans le savoir, à la mise en place des conditions même de l'ordre républicain bourgeois qu'ils méprisaient – notamment en garantissant la sécurité de la propriété privée. On ne peut donc pas vraiment parler, dans ce cas précis, de royalistes arborant le masque du républicanisme, même s'ils se considéraient comme tels. C'est leur intime conviction royaliste qui masquait l'impact véritable de leur rôle social. Loin de constituer une vérité cachée derrière un républicanisme de façade, leur royalisme authentique était le soutien fantasmatique

9. Voir MARX, *Les Luttes des classes en France*.

de leur républicanisme réel, le moteur passionnel qui nourrissait leur action.

N'est-ce pas là le cœur même du concept hégélien de « ruse de la raison » ? Le particulier peut être le masque de l'universel. Les royalistes français de 1848 étaient des victimes de la ruse de la raison, incapables de voir quelle fin universelle (républicaine, capitaliste) servaient leurs petites ambitions royalistes. Ils étaient comme le *valet de chambre** de Hegel, insensible à la dimension universelle et pour qui il n'existe point de héros. Plus généralement, le capitaliste qui croit agir pour son seul profit personnel ignore à quel point il contribue à la reproduction élargie du capital universel. Ce n'est pas seulement que chaque universalité est hantée par tel contenu spécifique qui la corrompt ; chaque position particulière est hantée par son universalité implicite, qui la mine. Le capitalisme n'est pas seulement universel en soi, il l'est pour soi, en tant que pouvoir éminemment corrosif sous-tendant chacun des mondes vécus, des cultures et des traditions, les traversant de part en part, les aspirant dans son tourbillon. La question « cette universalité est-elle réelle ou juste un masque dissimulant des intérêts particuliers ? » n'a aucun sens. Cette universalité est directement réelle en tant qu'universalité, c'est-à-dire en tant que force négative modifiant et détruisant tout contenu spécifique.

C'est le moment de vérité de la prétention libérale à une universalité *kulturlos :* le capitalisme, qui repose sur l'idéologie libérale, est en effet *universel*, et non ancré dans une culture ou un « monde » particulier.

Voilà pourquoi Badiou affirmait récemment que notre époque est *dépourvue de monde :* l'universalité du capitalisme réside dans le fait qu'il n'est pas le nom d'une « civilisation » ou d'un monde symbolico-culturel spécifique, mais celui d'une machine symbolico-économique véritablement neutre capable de se combiner aussi bien aux valeurs asiatiques qu'à d'autres. Dans ce sens, le triomphe mondial de l'Europe constitue sa défaite et son oblitération. Le cordon ombilical reliant le capitalisme à l'Europe a été coupé. Les critiques de l'eurocentrisme cherchant à dénoncer le biais européen secret enfoui au cœur du capitalisme se heurtent ici à un mur : le problème du capitalisme n'est pas tant qu'il serait un cheval de Troie de la culture européenne, mais plutôt qu'il est *réellement universel*, comme une matrice neutre des relations sociales.

La même logique s'applique à la lutte émancipatrice : toute culture qui s'efforce de défendre son identité doit réprimer la dimension universelle active en son sein, c'est-à-dire l'écart séparant le particulier (son identité) de l'universel qui la déstabilise de l'intérieur. Voilà pourquoi l'argument « laissez-nous notre culture » n'a aucun sens. Au sein de chaque culture, des individus *souffrent*, des femmes *protestent* contre l'excision forcée, et *ces protestations face aux contraintes traditionnelles de chaque culture sont formulées du point de vue de l'universalité.* La véritable universalité n'est pas le sentiment profond qu'au-delà de leurs différences, toutes les civilisations partagent les mêmes valeurs essentielles. *L'universalité avérée s'actualise en tant qu'expérience de la négativité et de l'auto-inadéquation d'une identité particulière.* La formule de la solidarité révolutionnaire n'est pas « tolérons nos différences » ; il ne s'agit pas d'un pacte entre les civilisations, mais plutôt d'un pacte entre les luttes qui transcendent les civilisations – entre ce qui, au sein de chaque civilisation, sape son identité de l'intérieur et combat son noyau oppresseur. C'est la même lutte qui nous rassemble. Par conséquent, la meilleure formule serait : en dépit de nos différences, nous pouvons identifier l'antagonisme, ou la lutte antagoniste fondamentale, dans lequel nous sommes pris l'un comme l'autre ; voilà pourquoi nous devrions partager notre *intolérance* et joindre nos forces dans un même combat. En d'autres termes, la lutte émancipatrice ne réunit pas les cultures dans leur identité mais plutôt les opprimés, les exploités et les nécessiteux, la « part des sans parts » au sein de chaque culture qui se retrouve dans une lutte commune.

On demandait souvent à Primo Levi s'il se considérait essentiellement comme juif ou humain. Il hésitait souvent entre les deux. La réponse évidente, à savoir qu'en tant que juif, il était humain dans la mesure où chacun de nous est humain et participe de l'humanité universelle à travers son identification ethnique, n'a pas vraiment de sens. La seule solution cohérente ne consiste pas à dire que Levi était un humain se trouvant être juif, mais qu'il était humain (il participait « pour lui » à la fonction universelle de l'humanité) justement dans la mesure où il avait du mal à se reconnaître pleinement dans sa *judaïté :* « être juif» lui posait problème car cela ne constituait pas pour lui un fait, un refuge sûr où s'abriter.

Acheronta movebo : les régions infernales

La substance ethnique particulière – notre « monde connu » – qui résiste à l'universalité est régie par les usages. Mais qu'est-ce que l'usage ? L'ordre légal de tout système de normativité explicite s'appuie sur un dispositif complexe de règles tacites nous disant comment appréhender ces normes explicites : comment doit-on s'y conformer, dans quelle mesure faut-il les prendre ou non au pied de la lettre, quand / comment sommes-nous autorisés (voire incités) à ne pas les respecter ? C'est l'ensemble de ces règles informelles qui constitue le domaine des usages. Connaître les usages d'une société, c'est connaître les métarègles qui régissent l'application de ses normes explicites : quand les respecter ou les transgresser, quand refuser une proposition qui nous est faite, quand se plier à une obligation tout en prétendant le faire de notre plein gré (comme à l'occasion du *potlach*) [10]. Songez à toutes ces offres de politesse qui, par définition, sont censées être refusées : il est « d'usage » de les décliner car les accepter serait considéré comme une bourde magistrale. Même chose dans le cadre des scrutins

10. Rite culturel basé sur le don, pratiqué à l'origine dans les tribus amérindiennes ou certaines ethnies de l'océan Pacifique. (N.D.T.)

électoraux où on veut bien nous laisser le choix *à condition que nous fassions le bon :* on nous rappelle officiellement que nous pouvons toujours dire non, mais l'on attend de nous que nous rejetions cette option pour répondre par un oui enthousiaste. Dans le cas des interdits sexuels, la situation est souvent inverse : le « non » explicite fonctionne en réalité comme une injonction implicite à y aller quand même, mais discrètement !

L'une des stratégies des régimes totalitaires consiste à instaurer des lois (criminelles) si sévères que, si on les prenait au pied de la lettre, *tout le monde* serait coupable de quelque chose. Mais ces règles ne sont jamais pleinement appliquées, et le régime peut alors se vanter de sa clémence : « Voyez, si nous le voulions, nous pourrions vous arrêter et vous condamner, mais n'ayez crainte, nous sommes compréhensifs ! » En même temps, le régime agite la menace permanente de la discipline : « Ne jouez pas trop avec le feu, souvenez-vous qu'à tout moment nous pouvons… » En ex-Yougoslavie, le fameux article 113 du code pénal servait à poursuivre les journalistes et les écrivains en interdisant tout texte mettant en doute les bénéfices de la révolution socialiste ou *susceptible de provoquer des troubles et du mécontentement parmi la population* dans sa manière d'aborder les sujets sociaux, politiques ou autres. De toute évidence, ce second critère est non seulement extrêmement flou mais très commode pour le régime : le fait même d'être accusé par les autorités n'est-il pas la preuve que vous avez « *provoqué des troubles et du mécontentement parmi la population*» ? À l'époque, je me rappelle avoir demandé à un politicien slovène comment il justifiait cette loi. Il m'avait adressé un sourire assorti d'un clin d'œil avant de me répondre : « Il nous faut bien un truc pour discipliner les enquiquineurs quand on en a besoin. » On voit donc s'entrecroiser ici la culpabilité totale potentielle (tout ce que vous faites *peut* constituer un crime) et la clémence (le fait que vous soyez autorisé à mener votre vie en paix n'est ni le signe, ni le résultat de votre innocence, mais la preuve de la clémence, de la bienveillance et de la « conscience des réalités quotidiennes » de vos dirigeants). Par définition, les régimes totalitaires sont bien des régimes de clémence : ils tolèrent l'infraction puisqu'en définissant eux-mêmes le cadre de la vie sociale, ils sont responsables du fait que la désobéissance, les pots-de-vin et autres petits arrangements avec la loi deviennent des éléments essentiels à la survie.

Le problème que connut la Russie pendant l'ère Eltsine, période chaotique de transition postsoviétique, vient essentiellement de là : à peu de chose près, les lois officielles étaient restées les mêmes qu'avant. C'est l'ensemble de règles tacites soutenant l'édifice social qui s'est effondré d'un seul coup. Si, du temps de l'Union soviétique, vous souhaitiez être soigné dans un meilleur hôpital, inscrire votre enfant dans une meilleure école ou trouver un nouvel appartement, si vous étiez convoqué devant un tribunal, si vous vouliez vous plaindre des autorités ou si, en tant que directeur d'usine, vous vouliez que les fournisseurs d'État vous livrent vos matières premières en temps et en heure, vous saviez ce qu'il vous restait à faire. Tout le monde savait à qui s'adresser, quelle patte graisser, ce qu'il était d'usage de faire ou de ne pas faire.

Après l'effondrement du pouvoir soviétique, la frustration au quotidien des gens ordinaires naquit du brouillage de ces règles officieuses. Les gens ne savaient plus quoi faire, comment réagir, comment se positionner par rapport à la loi. L'une des fonctions du crime organisé était de fournir une sorte d'ersatz de légalité : si vous possédiez un petit commerce et qu'un client vous devait de l'argent, vous n'aviez qu'à vous tourner vers votre protecteur mafieux afin qu'il règle le problème, l'État en étant incapable. La stabilisation sous l'ère Poutine coïncida avec la restauration de la transparence de ces règles officieuses : désormais, les gens savent à nouveau comment gérer le jeu complexe des interactions sociales.

Cela souligne bien à quel point le niveau le plus élémentaire d'échanges symboliques est constitué de « gestes vides » – ces fameuses propositions émises pour être rejetées. Brecht l'a exprimé de façon poignante dans ses pièces d'apprentissage, notamment *Celui qui dit oui*, où un jeune garçon doit accepter qu'on le jette dans le vide. Comme l'explique son professeur, la tradition exige que l'on demande préalablement son accord à la victime et que celle-ci réponde par l'affirmative. Notre appartenance à la société implique fatalement ce paradoxe : nous devons accepter de notre plein gré ce qui nous est de toute façon imposé. Nous *devons* aimer notre pays ou nos parents. Ce paradoxe du libre choix de ce qui nous est imposé, du maintien de l'illusion que nous usons de notre libre arbitre alors que nous n'en avons aucun, est strictement codépendant du concept de geste symbolique – ou d'offre – fait pour être rejeté.

Ne retrouve-t-on pas quelque chose de très similaire dans nos mœurs quotidiennes ? Au Japon, les salariés ont droit chaque année à quelques jours de congés qu'ils ne sont pas censés réclamer dans leur intégralité : une convention tacite leur impose de n'en prendre que la moitié. Dans *Une prière pour Owen* de John Irving, le jeune Owen est bouleversé d'avoir provoqué la mort accidentelle de la mère de son ami John, le narrateur du roman. Pour se faire pardonner, il lui offre son bien le plus précieux : sa collection complète de cartes de base-ball. Dan, le beau-père de John, un homme très sensible, explique au garçon qu'il lui faut rendre le cadeau.

Imaginons une situation encore plus concrète. En concurrence avec mon meilleur ami pour l'obtention d'un poste, je l'emporte et décroche la promotion tant convoitée ; la bienséance voudrait que je me retire afin de lui laisser la place et qu'en retour il décline poliment mon offre. Ainsi, peut-être, notre amitié sera préservée. Nous avons ici affaire à un cas typique d'échange symbolique, ou de proposition faite pour être refusée. La magie de l'échange symbolique est que les deux parties ont beau se retrouver à la case départ, leur pacte de solidarité mutuel en sort renforcé. C'est la même logique qui opère lorsqu'on s'excuse : si je blesse quelqu'un au détour d'une phrase maladroite, l'usage exige que je lui présente des excuses sincères et qu'il me réponde alors quelque chose comme : « Je vous en prie, je sais que vous ne l'avez pas fait exprès, je ne vous en tiens pas rigueur ! » Bien que mon interlocuteur juge mes excuses superflues, je suis obligé de jouer le jeu : son « inutile de vous excuser » ne peut intervenir que *si je lui ai déjà présenté mes excuses* afin que (même s'il ne se passe rien sur le plan formel, mon interlocuteur dédramatisant lui-même la situation) les deux parties gagnent quelque chose au terme de l'échange et que leur amitié soit peut-être préservée.

Mais que se passe-t-il si l'offre symbolique est acceptée ? Si, après m'être fait coiffer au poteau par mon ami, je le prends au mot et accepte le poste qu'il prétend vouloir me céder ? Ce type de situation est proprement catastrophique, car il provoque la désintégration de l'apparence de liberté attachée à l'ordre social, ce qui équivaut à la désintégration du tissu social lui-même, autrement dit à la dissolution des liens sociaux. C'est en cela que les grandes figures égalitaristes révolutionnaires, de Robespierre à John Brown, sont – du moins potentiellement – *des figures dépourvues d'usages :* elles refusent de tenir compte des us et coutumes particuliers qui qualifient le fonctionnement d'une règle universelle. Si tous les hommes sont égaux, alors ils sont égaux et doivent tous être traités comme tels ; si les Noirs sont aussi des humains, ils doivent bénéficier des mêmes droits.

À un degré moins radical, au début des années 1980, un journal yougoslave (un hebdomadaire étudiant et semi-dissident) voulut protester contre les élections « libres » organisées dans le pays. Conscients de l'impact limité du slogan « Dire la vérité au pouvoir » (« Le problème de ce slogan, c'est qu'il semble ignorer que le pouvoir n'écoute jamais rien et que le peuple connaît déjà la vérité, comme il le montre par le biais de son humour[11] »), les membres de la rédaction, au lieu de dénoncer le résultat faussé du scrutin, décidèrent de traiter ces élections *comme si elles étaient vraiment libres* et que le résultat n'était pas fixé à l'avance. La veille du vote, ils publièrent une édition spéciale proclamant : « Les urnes ont parlé : les communistes restent au pouvoir ! » Ce simple geste brisait un « usage » officieux : nous savons tous que les élections sont truquées, mais nous n'en parlons pas ouvertement... En parlant des élections comme si elles étaient libres, le journal rappelait publiquement au peuple son absence de liberté.

Dans la deuxième saison de la série télévisée *Nip/ Tuck*, le chirurgien Sean apprend que le vrai père biologique de son fils adolescent, Matt, n'est autre que son associé Christian. Il réagit d'abord violemment. Puis, au terme d'une intervention ratée pour tenter de séparer deux sœurs siamoises, il accepte de retravailler avec Christian et lui fait une grande déclaration solennelle au chevet de la table d'opération : « Je ne te pardonnerai jamais ce que tu as fait. Mais Matt

11. Moustapha SAFOUAN, *Pourquoi le monde arabe n'est pas libre : politique de l'écriture et terrorisme religieux*, Denoël, 2008 (traduit de l'anglais par Catherine et Alain Vanier).

est la prunelle de mes yeux, le plus beau résultat de notre collaboration, alors tâchons de ne pas perdre cela… » Le message est évident, trop évident. Une solution plus élégante aurait consisté à lui faire dire simplement : « Je ne te pardonnerai jamais pour ce que tu as fait. » Le message sous-entendu dans cette phrase est celui de l'acceptation : on s'adresse ainsi à quelqu'un lorsqu'on a déjà décidé de le réaccepter. Le problème de cette réplique, c'est donc que Sean *en dit trop*. Pourquoi ajoute-t-il la seconde phrase ? Voilà une question intéressante. Les téléspectateurs étatsuniens seraient-ils trop stupides ? Non. Alors pourquoi ? Un simple geste de réconciliation aurait-il été trop violent, trop intense, d'où ce besoin d'y accoler une brochette de platitudes pour en atténuer l'effet ? *Nip/Tuck* étant une série américaine, cet excès de paroles s'explique peut-être par la différence entre l'Europe et les États-Unis. En Europe, le rez-de-chaussée d'un immeuble est le niveau 0 tandis qu'aux États-Unis, le rez-de-chaussée s'appelle « 1er étage ». En résumé, les Américains commencent à compter à partir du 1 alors que les Européens savent que le 1 vient déjà en remplacement du 0. Pour transposer cela en termes historiques, les Européens ont conscience qu'avant de commencer à compter, il doit d'abord y avoir un « socle » constitué par la tradition, un niveau préexistant qui nous est donné d'emblée et qui, par conséquent, ne peut être comptabilisé, tandis que l'Amérique, territoire dépourvu de toute tradition historique prémoderne à proprement parler, ignore l'existence de ce socle. Tout commence directement avec l'avènement de la liberté autolégiférée. Le passé est gommé ou transposé en Europe [12]. L'absence de ce niveau préexistant doit donc être compensée par un excès de discours : Sean ne peut s'appuyer sur aucun socle symbolique lui garantissant que Christian comprendra le message sans qu'il ait à l'expliciter.

Les usages sont la matière première de notre identité. À travers eux, nous mettons en actes et définissons ce que nous sommes en tant qu'êtres sociaux, le plus souvent en contradiction avec notre propre perception de nous-mêmes. Dans leur transparence même, ils sont le vecteur de la violence sociale. En 1937, George Orwell évoquait l'ambiguïté de l'attitude de gauche prédominante envers les différences de classes :

> Nous daubons tous allègrement sur les particularismes de classe, mais bien peu nombreux sont ceux qui souhaitent vraiment les abolir. On en arrive ainsi à constater ce fait important que toute opinion révolutionnaire tire une partie de sa force de la secrète conviction que rien ne saurait être changé.

12. Cela explique peut-être un autre phénomène étrange : dans (presque) tous les hôtels des États-Unis situés dans des immeubles de plus de douze étages, il n'y a pas de 13e étage – question de superstition, bien sûr. Autrement dit, l'on passe directement du 12e au 14e étage. Aux yeux d'un Européen, c'est tout simplement absurde : comment croire à de telles sornettes ? Comme si Dieu ne savait pas que le soi-disant 14e étage de l'hôtel était en réalité le 13e ! Les Américains peuvent jouer à ce petit jeu précisément parce qu'ils perçoivent leur Dieu comme le prolongement de leur *ego*, et non comme le véritable terrain de l'être.

> [...] Tant qu'il ne s'agit que d'améliorer le sort des travailleurs, les honnêtes gens sont unanimes. [...] Malheureusement, c'est à cela et rien de plus qu'on aboutit quand on se borne à souhaiter que disparaissent les distinctions de classe. Plus exactement, il est nécessaire de souhaiter qu'elles s'effacent, mais votre souhait demeure parfaitement vain si vous ne saisissez pas tout ce qu'il implique. Il faut regarder en face la réalité : abolir les distinctions de classe, c'est abolir une partie de soi-même. Me voilà par exemple – moi, typique représentant de la classe moyenne. Rien de plus facile que d'affirmer mon désir de faire table rase des particularismes de classe ; mais la quasi-totalité de ce qui forme ma pensée et mon être repose sur des particularismes de classe. [...] Je dois opérer en moi une transformation si profonde qu'au bout du compte il ne restera pratiquement rien de la personne que j'étais [13].

D'après Orwell, les gauchistes invoquent le besoin de changement révolutionnaire comme une sorte de gri-gri qui, au contraire, l'*empêchera* d'advenir. Aujourd'hui, la gauche intellectuelle qui critique l'impérialisme culturel capitaliste est en réalité horrifiée à l'idée que son champ d'étude puisse disparaître. Pour Orwell, il est clair que notre quotidien idéologique, notre attitude prédominante, tend à une distanciation d'avec nos véritables croyances :

13. George ORWELL, *Le Quai de Wigan*, Éditions Champ Libre, 1982 (traduit de l'anglais par Michel Pétris).

> … les opinions de gauche affichées par l'intellectuel moyen ne sont le plus souvent qu'une façade. Pour faire comme tout le monde, il tourne en dérision des choses auxquelles, en fait, il croit sincèrement. Un exemple entre cent : le code d'honneur de la public school, avec son « esprit d'équipe », son « on ne frappe pas un adversaire à terre » et toutes les fariboles du même acabit. Qui ne s'en est jamais moqué ? Quel homme prétendant au titre d'« intellectuel » oserait ne pas en rire ? Mais l'affaire prend une tournure quelque peu différente quand vous rencontrez quelqu'un qui en rit de l'extérieur. Exactement comme quand nous passons notre temps à dire pis que pendre de l'Angleterre, et que nous prenons la mouche si un étranger nous tient ce genre de discours. […] Il faut rencontrer un individu pourvu d'une culture différente pour prendre la mesure de ses propres convictions.

Cette identité idéologique authentique que pose Orwell en postulat n'a rien d'« interne ». Les croyances intimes sont « bien là », exposées, et s'incarnent dans des pratiques qui s'étendent jusqu'à l'immédiate matérialité physique de mon corps. Mes notions – de ce qui est bien ou mal, plaisant ou déplaisant, drôle ou grave, laid ou beau – sont essentiellement celles de la *classe moyenne* ; mes goûts en matière littéraire, vestimentaire ou alimentaire, mon sens de l'honneur, mes manières de table, mes tournures de phrase, mon accent, et même certains gestes caractéristiques, sont essentiellement une question d'usage. À cette liste pourrait d'ailleurs s'ajouter l'*odeur*.

La différence principale entre les préoccupations des classes moyennes et celles des classes inférieures réside pourrait bien résider dans leur rapport à l'odorat : pour les classes moyennes, les individus appartenant aux classes inférieures sentent mauvais car ils ont une mauvaise hygiène corporelle – ce qui nous ramène à l'une des définitions possibles du Prochain : le Prochain est, par définition, celui qui *sent mauvais*. Voilà pourquoi les savons et les déodorants occupent une telle place, de nos jours. Ils m'aident à mieux tolérer autrui : désormais, je suis disposé à aimer mon prochain… à condition qu'il ne sente pas trop. D'après une enquête récente, des scientifiques vénézuéliens auraient réussi, grâce à diverses manipulations génétiques, à mettre au point des fayots qui, après ingestion, ne génèrent ni mauvaises odeurs, ni flatulences embarrassantes en société… Après le café décaféiné, les régimes sans matières grasses, le Coca Light et la bière sans alcool, voici maintenant le fayot sans flatulence [14] !

Aventurons-nous maintenant jusqu'au « cœur des ténèbres » de la notion d'usages. Tout le monde a gardé en mémoire les nombreux scandales de pédophilie qui ont secoué l'Église catholique. Quand ses

14. Il arrive toutefois que l'État-providence lui-même, au nom de la santé publique, contribue à légitimer la présence malodorante du Prochain : il y a quelques années, le ministre de la Santé néerlandais a ainsi recommandé à ses concitoyens l'émission d'une quinzaine de flatulences par jour au moins afin d'éviter certaines tensions et pressions internes qui seraient néfastes pour l'organisme.

représentants rechignent à collaborer aux enquêtes de la police et affirment que ces événements, si regrettables soient-ils, constituent un problème interne à l'Église, ils ont raison, d'une certaine manière. La pédophilie des prêtres catholiques n'est pas quelque chose qui concerne uniquement les personnes ayant, pour des raisons strictement personnelles sans aucun lien avec l'institution de l'Église, choisi de faire carrière dans la prêtrise. C'est un phénomène qui concerne l'Église catholique en tant que telle et s'inscrit dans son fonctionnement même en tant qu'institution sociosymbolique. Un phénomène qui ne concerne pas l'inconscient « privé » des individus, mais l'« inconscient » de l'institution elle-même : ce n'est pas quelque chose qui se produit parce que l'institution doit tenir compte des réalités pathologiques de la vie libidinale pour survivre, mais quelque chose dont l'institution elle-même a besoin pour se reproduire. On pourrait très bien imaginer un prêtre « normal » (c'est-à-dire sans penchants pédophiles) qui, au bout de plusieurs années, se retrouverait mêlé à une affaire de pédophilie à cause de la logique même insinuée en lui par l'institution.

Cet *inconscient institutionnel* renvoie à la face cachée obscène et désavouée qui, précisément en raison de sa dénégation, sous-tend l'institution publique. Dans l'armée, par exemple, il s'agit des rites sexuels pratiqués lors des bizutages censés renforcer l'esprit de groupe. En d'autres termes, ce n'est pas seulement par conformisme que l'Église tente d'étouffer ces scandales ; en se défendant comme elle le fait, l'Église défend en réalité son secret intime et obscène. L'identification à la face cachée de l'institution est un élément clé de l'identité même du prêtre catholique : si un prêtre envisage sérieusement (pas seulement de façon rhétorique) de dénoncer ces scandales, il s'exclut lui-même de la communauté ecclésiastique. Il ne fait « plus partie des nôtres », à l'instar des Blancs du Sud des États-Unis qui, dans les années 1920, s'excluaient automatiquement de la communauté en dénonçant les exactions du Ku Klux Klan car cela était considéré comme la violation d'un pacte de solidarité fondamental. Par conséquent, il ne s'agit pas de rétorquer à l'Église catholique que ces affaires de pédophilie sont des crimes et qu'en refusant de participer aux enquêtes, l'institution se rend elle-même complice des faits. L'Église en tant qu'institution devrait faire *elle-même* l'objet d'une enquête afin de déterminer dans quelle mesure elle crée systématiquement les conditions propices à ces crimes.

Cette face cachée obscène, ce terreau inconscient des usages est ce qu'il y a de plus difficile à transformer. Voilà pourquoi toute révolution digne de ce nom fait sienne cette citation de Virgile figurant en exergue de *L'Interprétation des rêves* de Freud : *Acheronta movebo* (« Je remuerai les enfers »). Autrement dit, osez fouiller les souterrains et mettre au jour les non-dits qui régissent notre ordinaire !

Humoresque, sans doute la plus grande œuvre pianistique du compositeur Robert Schumann, s'interprète en tenant compte de la disparition progressive de la voix : il ne s'agit pas d'une simple sonate pour piano, mais d'une pièce plus complexe dont la partie chantée est réduite au silence et dont nous n'entendons que l'accompagnement. C'est la fameuse « voix intérieure » (*innere Stimme*) pourtant inscrite par le compositeur sur la partition : cette troisième ligne insérée entre les deux portées (main droite et main gauche) du piano matérialise sur le papier une ligne de chant vouée à n'être qu'une « voix intérieure » muette. L'auditeur entend donc une suite de variations sans thème, un accompagnement sans mélodie principale, laquelle n'existe qu'en tant que *Augenmusik* (« musique pour les yeux) », c'est-à-dire sous forme de notes non jouées mais inscrites sur la partition. Cette mélodie absente est censée être reconstituée mentalement par l'auditeur d'après l'absence d'écho entre la main droite et la main gauche du piano. Pour comprendre l'interconnexion entre ces deux parties, il faut (re)construire un troisième niveau « virtuel » intermédiaire – la mélodie principale qui, pour des raisons structurelles, ne peut pas être jouée. Son statut est celui d'un réel impossible ne pouvant exister que sous une forme écrite. Sa présence sonore annihilerait les deux lignes mélodiques que nous entendons pour de vrai.

Dans son court essai *Un enfant est battu*, Freud analyse le cas d'un enfant dont le fantasme est de voir un autre enfant roué de coups ; il identifie ce fantasme comme le dernier d'une chaîne de trois dont les deux précédents seraient « Je vois mon père battre un autre enfant » et « Mon père me bat. » L'enfant n'étant pas conscient du second fantasme, celui-ci doit être reconstruit afin de fournir le chaînon manquant – comme la troisième ligne mélodique de *Humoresque*. Schumann pousse d'ailleurs le concept de mélodie absente jusqu'à un degré d'autoréférence en apparence absurde quand, un peu plus loin, il reprend la partition depuis le début sans plus faire figurer de troisième ligne – et donc de voix intérieure – sur la partition : ce qui devient absent, ici, c'est la mélodie absente, ou l'absence elle-même. Comment le pianiste est-il censé jouer ce passage, qui consiste à première vue en une répétition exacte de ce qu'il a déjà joué ? Ces notes sont dépourvues uniquement de ce qui n'est pas là, c'est-à-dire de leur manque constitutif – pour paraphraser la Bible, elles perdent même ce qu'elles n'ont jamais eu [15]. Un bon pianiste devrait donc posséder le *savoir-faire** nécessaire pour faire successivement ressentir à l'auditeur l'écho puis l'absence de la voix virtuelle « silencieuse » et implicite.

N'en va-t-il pas de même avec l'idéologie ? Le texte (ou l'idéologie) officiel(le) s'appuie sur une série « non jouée » de compléments surmoïques obscènes. Dans le Socialisme Réellement Existant, l'idéologie explicite de la démocratie socialiste était alimentée par un ensemble de non-dits, d'injonctions et d'interdictions implicites et obscènes indiquant au sujet comment se distancier des normes explicites et instaurant toute

15. « Car on donnera à celui qui a, et il sera dans l'abondance, mais à celui qui n'a pas, on ôtera même ce qu'il a » (Mathieu 25 : 29).

une série d'interdits tacites. L'une des stratégies de la dissidence au cours des dernières années du régime consistait à prendre l'idéologie dominante au pied de la lettre et à ignorer son ombre portée implicite : « Vous voulez qu'on pratique la démocratie socialiste ? Ok, faisons-le ! » Quand les apparatchiks du parti leur faisaient discrètement comprendre que les choses n'étaient pas censées fonctionner ainsi, ils ignoraient délibérément leurs signaux. Voilà ce que signifie *Acheronta movebo* au sens de la critique d'une idéologie : ne pas changer directement la lettre de la loi, mais s'attaquer à son complément virtuel obscène.

Venons-en à la manière dont opère le rapport à l'homosexualité au sein de l'armée. Il existe deux niveaux distincts. D'un côté, l'homosexualité explicite fait l'objet d'attaques brutales : les gays reconnus comme tels sont ostracisés, victimes de brimades, tabassés pendant la nuit, etc. De l'autre, cette homophobie explicite s'accompagne d'une homosexualité latente qui se manifeste à travers tout un éventail de sous-entendus, de blagues grivoises et de rituels obscènes. Par conséquent, le geste vraiment radical pour résoudre la question de l'homophobie dans l'armée consisterait non pas à se focaliser sur la répression explicite de l'homophobie, mais à « remuer la face souterraine » en visant les pratiques homosexuelles implicites qui *sous-tendent* cette homophobie explicite.

L'analyse de cette obscénité souterraine nous permet de voir le phénomène de la prison d'Abou Ghraib d'un autre œil. Confronté à la fin du mois d'avril 2004 aux fameuses photos montrant des prisonniers irakiens humiliés et torturés par des soldats américains, George W. Bush souligna – comme il fallait s'y attendre – que les agissements de ces soldats constituaient des actes isolés ne reflétant en aucun cas les valeurs des États-Unis d'Amérique : démocratie, liberté et dignité personnelle. D'ailleurs, le scandale public généré par la diffusion de ces photos – au point de mettre le gouvernement lui-même sur la défensive – était en soi un signe positif. Dans un régime vraiment « totalitaire », l'affaire aurait simplement été étouffée. (De la même manière, le fait que les États-Unis n'aient jamais trouvé d'armes de destruction massive est en soi une bonne nouvelle : un pouvoir vraiment « totalitaire » aurait fait ce que font les mauvais flics – fabriquer les preuves et les cacher pour mieux les « découvrir »).

Toutefois, plusieurs éléments troublants viennent compliquer ce tableau. Premier détail qui saute aux yeux : le contraste entre la torture « classique » pratiquée par l'ancien régime irakien et les méthodes utilisées par l'armée américaine. Sous Saddam Hussein, l'accent était mis sur la souffrance physique infligée de la manière la plus directe et la plus brutale possible, tandis que les soldats américains recherchaient de préférence l'humiliation psychologique. *Enregistrer* cette humiliation sur un support audiovisuel (caméra ou un appareil photo) avec les bourreaux hilares *présents* sur l'image aux côtés de leurs prisonniers aux corps nus et déformés faisait partie intégrante du processus, à l'opposé de la clandestinité des tortures pratiquées par l'ancien régime irakien. En voyant cette photo désormais célèbre d'un prisonnier dissimulé sous une cape noire, debout sur une chaise avec des électrodes reliées aux bras et aux jambes, j'ai d'abord cru qu'il s'agissait de la dernière performance d'un artiste branché du Bas-Manhattan. Les positions et les costumes des prisonniers irakiens évoquent une mise en scène théâtrale, une sorte de *tableau vivant** qui nous renvoie à la grande tradition du *performance-art* et du « théâtre de la cruauté » *made in* USA – photographies de Mapplethorpe ou films bizarroïdes de David Lynch, pour n'en citer que deux exemples.

Voilà qui nous plonge au cœur du sujet : pour quiconque est un peu au fait des réalités de l'« American way of life », ces photos ne peuvent qu'évoquer la face cachée obscène de la culture populaire américaine, notamment la tradition des rites d'initiation cruels à subir pour être accepté au sein d'une communauté fermée. Ce type de photos ressurgit régulièrement dans la presse, chaque fois qu'une unité militaire ou qu'un lycée est éclaboussé par un nouveau scandale de bizutage au cours duquel des soldats ou des adolescents se sont retrouvés dans des situations humiliantes, contraints de procéder à des actes dégradants comme s'insérer une bouteille de bière dans l'anus ou se faire enfoncer des aiguilles dans le corps sous l'œil de leurs camarades. Le préjudice subi ayant cette fois excédé les limites habituelles, l'affaire eut un retentissement médiatique particulier. (Signalons au passage que Bush fait lui-même partie de « Skull and Bones », la société secrète la plus fermée de Yale ; il serait intéressant de savoir en quoi consistait son bizutage.)

Bien sûr, la différence est que ces rites d'*initiation,* comme leur nom l'indique, sont acceptés de plein gré par les « victimes » consentantes, en parfaite connaissance de cause et dans le but de décrocher la récompense suprême : être intégré au sein de la communauté et – motivation supplémentaire non négligeable – pouvoir infliger la même chose aux prochains candidats. À Abou Ghraib, ces petits jeux n'étaient pas le prix à payer par les prisonniers pour devenir « membres du club » mais, au contraire, la marque même de leur *exclusion*. Cela dit, le « libre choix » de ceux qui acceptent de subir ces bizutages n'est-il pas un parfait exemple de *faux* libre choix, comme celui du travailleur « libre » de monnayer son labeur ? Pire encore, souvenons-nous des rituels particulièrement répugnants de violence raciste dans le vieux Sud des États-Unis : un Noir est cerné par des agresseurs blancs qui l'obligent à les provoquer (« Vas-y, crache-moi à la figure ! », « Traite-moi de sale con ! ») pour justifier leur ferme intention de le rouer de coups ou de le lyncher. Au final, il se dégage quelque chose d'extrêmement cynique du fait d'imposer des rites d'initiation américains à ces prisonniers arabes : « Vous voulez être comme nous ? Ok, voilà l'essence même de notre mode de vie… »

Des hommes d'honneur (Rob Reiner, 1992) met en scène le procès en cour martiale de deux marines accusés du meurtre d'un de leurs camarades. Pour le procureur militaire, il s'agit d'un homicide volontaire mais les deux avocats de la défense (Tom Cruise et Demi Moore – comment ce duo de choc pourrait-il échouer ?) réussissent à prouver que les accusés ne faisaient qu'appliquer le Code Rouge, une règle secrète au sein de la communauté militaire autorisant des actions disciplinaires nocturnes contre tout soldat ayant enfreint le code d'éthique des marines. Cette loi officieuse, qui légitime un acte de transgression, est donc « illégale » tout en contribuant à renforcer la cohésion du groupe. Elle ne peut qu'être appliquée de nuit, dans la clandestinité la plus totale. Officiellement, tout le monde affirme ne rien savoir ou nie carrément l'existence de ces pratiques. Le point d'orgue du film est l'explosion de colère de Jack Nicholson, l'officier ayant ordonné l'action disciplinaire qui a mal tourné : son déchaînement de fureur en plein procès marque bien sûr le moment de sa chute. Le Code Rouge, qui viole les règles explicites de la communauté, incarne « l'esprit communautaire » dans son expression la plus pure, au sens où elle exerce une pression terrible sur les individus afin de renforcer leur sentiment d'appartenance au groupe. Par contraste avec la loi *écrite* et officielle, ce code surmoïque obscène est essentiellement *verbal*. Là où la loi explicite s'appuie sur l'autorité symbolique du père mort (le « Nom-du-Père » lacanien), le code implicite s'appuie sur le complément spectral du Nom-du-Père, le spectre obscène du « père primordial » de Freud[16]. C'est également là que réside la clé d'*Apocalypse Now*

16. Pour une analyse plus approfondie de la question, voir Slavoj Žižek, *The Metastases of Enjoyement*, Londres, Verso, 1995, chapitre 3.

de Francis Ford Coppola : la figure de Kurtz, le « père primordial » de Freud – le père obscène dont la satisfaction n'est subordonnée à aucune loi symbolique, le Maître total qui ose se confronter au Réel de la satisfaction terrifiante – est présentée non comme la survivance d'un passé barbare, mais comme le nécessaire aboutissement du pouvoir occidental moderne. Kurtz était un soldat irréprochable. Sa suridentification au système du pouvoir militaire l'a transformé en une figure excessive devant être éliminée par ce même système. L'horizon fondamental d'*Apocalypse Now* est cette conscience de la manière dont le pouvoir génère son propre excès et doit l'annihiler par le biais d'une opération imitant ce qu'elle combat. Quand Willard reçoit l'ordre de tuer Kurtz, sa mission n'apparaît sur aucun document officiel : « Ça n'est jamais arrivé », souligne le général chargé de le briefer. Nous pénétrons ainsi dans le monde des opérations secrètes, de ce que fait le pouvoir sans jamais l'admettre. Voilà précisément où Christopher Hitchens se trompe lorsqu'il écrit à propos d'Abou Ghraib :

> La vérité réside forcément dans l'une de ces deux hypothèses. Soit ces idiots agissaient sous l'autorité de quelqu'un, auquel cas il existe toute une couche de responsables plus ou moins haut placés dans la hiérarchie persuadés d'être au-dessus des lois et des codes de l'ordre en place. Soit ils agissaient de leur propre chef, auquel cas ils sont à mettre dans le même panier que les mutins, les déserteurs ou les traîtres. Voilà pourquoi on se demande un peu

tristement s'il n'existe pas une disposition spéciale dans les procédures de la justice militaire pour les faire renvoyer et exécuter[17].

Le problème, c'est que les tortures d'Abou Ghraib ne correspondent à *aucune* de ces deux catégories : elles ne peuvent se réduire à de simples actes de cruauté perpétrés par une poignée de soldats, pas plus qu'elles ne renvoient à l'ordre d'un supérieur ; non, elles s'appuyaient en réalité sur une sorte de Code Rouge. Affirmer qu'il s'agissait des agissements de « mutins, de déserteurs ou de traîtres » est aussi absurde que d'affirmer que les agissements du Ku Klux Klan étaient l'œuvre de traîtres à la civilisation occidentale chrétienne et non la manifestation de sa face cachée obscène ; ou encore que les crimes pédophiles commis par des prêtres catholiques sont perpétrés par des « traîtres » au catholicisme… Abou Ghraib n'était pas juste une illustration isolée de l'arrogance américaine envers un peuple du tiers-monde : en subissant ces tortures dégradantes, les prisonniers irakiens étaient bel et bien *initiés à la culture américaine*. Ils recevaient un avant-goût de sa face cachée obscène, corollaire indispensable aux valeurs publiques de dignité de la personne, de démocratie et de liberté. Bush avait donc tort : ce que nous voyons sur les photos de prisonniers irakiens humiliés, c'est justement un aperçu immédiat des valeurs américaines, une plongée au cœur même

17. Christopher HITCHENS, « Prison Mutiny », http://www.slate.com/id/299888.

de la satisfaction obscène qui sous-tend l'*American way of life*. Ces photos remettent en perspective la thèse de Samuel Huntington sur le « choc des civilisations » : le choc entre les civilisations arabe et américaine n'est pas celui de la barbarie contre le respect de la dignité humaine. C'est celui opposant la torture brutale et clandestine à la torture comme spectacle médiatique où les corps des victimes servent de décor anonyme aux pitreries de bourreaux dont le visage respire « l'innocence américaine ». Pour paraphraser Walter Benjamin, il semblerait qu'il n'y ait aucun choc des civilisations qui ne soit également en réalité un choc sous-jacent des barbaries.

6

Allegro

La violence divine

Benjamin avec Hitchcock

Dans *Psychose* (Alfred Hitchcock, 1960), le meurtre du détective privé Arbogast nous est présentée sous l'angle de l'« œil de Dieu » – un procédé cher au réalisateur. La scène, qui voit l'inspecteur grimper les dernières marches d'un escalier pour atteindre le palier du premier étage, semble filmée depuis le plafond. Quand la créature meurtrière surgit à l'image pour poignarder Arbogast, nous voyons alors la scène de son point de vue à *elle*, avec un gros plan sur le visage de sa victime en train de basculer dans l'escalier – comme si, dans ce passage d'un plan objectif à un plan subjectif, Dieu[1] lui-même avait

1. Cette dimension « divine » se retrouve également dans la fameuse scène du meurtre de Marion sous la douche, où la violence surgit de nulle part.

perdu sa neutralité pour descendre parmi nous, entrer brutalement en action et rendre justice. La « violence divine » s'apparente à ce type d'intrusion brutale de la justice au-delà de la loi.

Dans la neuvième de ses *Thèses sur la philosophie de l'histoire*, Walter Benjamin évoque l'*Angelus Novus* de Paul Klee :

> [Un] ange [semble] sur le point de s'éloigner de ce qu'il fixe du regard. Ses yeux sont écarquillés, sa bouche ouverte, ses ailes déployées. Voilà comment l'on se représente l'ange de l'histoire. Ses yeux sont écarquillés, sa bouche ouverte, ses ailes déployées. Tel est l'aspect que doit avoir nécessairement l'ange de l'histoire. Il a le visage tourné vers le passé. Où paraît devant nous une suite d'événements, il ne voit qu'une seule et unique catastrophe, qui ne cesse d'amonceler ruines sur ruines et les jette à ses pieds. Il voudrait bien s'attarder, réveiller les morts et rassembler les vaincus. Mais du paradis souffle une tempête qui s'est prise dans ses ailes, si forte que l'ange ne peut plus les refermer. Cette tempête le pousse incessamment vers l'avenir auquel il tourne le dos, cependant que jusqu'au ciel devant lui s'accumulent les ruines. Cette tempête est ce que nous appelons le progrès[2].

Et si la violence divine était l'intervention sauvage de cet ange ? Devant ce gâchis d'injustices, cet amas

2. Walter Benjamin, *Thèses sur la philosophie de l'histoire*, Denoël, 1971. (La version française ici reproduite est une adaptation disponible sur http://remue.net/cont/benjamin.html.)

de ruines qui s'élève vers le ciel, l'ange frappe de temps à autre un grand coup pour rétablir l'équilibre et se venger de l'impact destructeur du « progrès ». Ne pourrait-on pas voir l'histoire entière de l'humanité comme une banalisation progressive de l'injustice, occasionnant la souffrance anonyme de millions d'individus ? Peut-être, quelque part dans la sphère du « divin », ces injustices ne sont-elles pas totalement oubliées. À mesure qu'elles s'accumulent, les torts sont comptabilisés, la tension se fait de plus en plus insupportable… jusqu'à l'explosion de violence divine sous forme d'un geste vengeur de rage destructrice [3].

À l'opposé de cette idée d'application brutale de la justice, la violence divine peut également prendre la forme d'un caprice divin et injuste dont la plus célèbre illustration est la figure de Job. À la fin de son calvaire, Job voit venir à lui ses amis théologiens qui lui fournissent tour à tour des explications supposées donner un sens à ce qu'il vient de subir. La grandeur de Job ne vient pas tant de ce qu'il proteste de son innocence, mais de ce qu'il insiste sur l'absurdité des calamités qui lui ont été envoyées. Quand Dieu apparaît enfin, il soutient le point de vue de Job face aux défenseurs théologiques de la foi.

On retrouve la même structure dans le rêve célèbre de Freud, « L'injection faite à Irma ». Dans son rêve, Freud écoute sa patiente Irma lui raconter que son

3. Pour les modalités plurielles de la violence divine, voir Terry EAGLETON, *Sweet Violence : The Idea of the Tragic*, Oxford, Blackwell, 2003.

traitement médical a échoué à cause d'une piqûre infectée. Au fur et à mesure de la conversation, Freud se rapproche du visage d'Irma et, plongeant son regard à l'intérieur de sa bouche, il se trouve confronté à la vision terrifiante de sa muqueuse buccale à vif. À ce stade d'horreur insupportable, la tonalité du rêve passe subitement du registre de la terreur à celui de la comédie : trois médecins amis de Freud apparaissent alors et, dans un jargon pompeux et grotesque, énumèrent des raisons multiples – et parfaitement antinomiques – pour expliquer que l'empoisonnement d'Irma n'était en réalité la faute de personne : il n'y a pas eu d'injection, le produit contenu dans la seringue n'était pas souillé... Nous assistons donc à une rencontre traumatique (la vision de la chair à vif de la bouche d'Irma) suivie d'un passage comique avec l'intervention des trois médecins ridicules permettant au rêveur d'éviter la confrontation avec le véritable trauma. La fonction de ces trois médecins est la même que celle des trois théologiens dans l'histoire de Job : déguiser l'impact du traumatisme sous une apparence symbolique.

Cette résistance à l'interprétation est cruciale quand nous nous trouvons confrontés à des catastrophes potentielles ou avérées, du SIDA aux désastres écologiques en passant par l'Holocauste : elles ne sauraient admettre aucune « signification profonde ». L'exemple de Job nous empêche de nous abriter derrière la figure traditionnelle et transcendante de Dieu comme le Maître secret détenant la signification réelle d'une catastrophe en apparence absurde, ce Dieu capable de voir l'intégralité du tableau dans lequel ce qui nous apparaît comme une simple tache contribue en réalité à l'harmonie de l'ensemble. Face à des événements comme l'Holocauste ou les récents meurtres de masse au Congo, n'est-il pas obscène d'affirmer que ces « taches » ont une signification profonde à travers laquelle elles contribuent en réalité à l'harmonie du tout ? Existe-t-il vraiment un tout capable de justifier sur le plan théologique, et par conséquent de racheter ou de nier, un événement comme l'Holocauste ? Si la mort du Christ sur la croix signifie quelque chose, c'est bien qu'il faut renoncer à la notion de Dieu en tant que gardien transcendant nous garantissant le bonheur au bout du chemin, autrement dit au concept de théologie historique. La mort du Christ sur la croix incarne la mort de ce Dieu *protecteur*. C'est une répétition de l'histoire de Job : refuser toute « interprétation profonde » susceptible de masquer la réalité brutale des catastrophes historiques[4].

Il y a une résonance hitchcockienne dans l'iconographie du 11 Septembre : l'image diffusée en boucle de l'avion percutant la seconde tour rejoue dans la vraie vie la scène du film *Les Oiseaux* où Melanie regagne le port de Bodega Bay sur son petit bateau à moteur. Alors qu'elle approche du débarcadère, elle salue de loin son (futur) amant lorsqu'un oiseau, d'abord perçu comme une simple tache sombre et informe, surgit brutalement dans le cadre et la

4. N'oublions pas que Job joue également un rôle crucial dans l'islam, où il incarne la quintessence du pur croyant.

blesse à la tête[5]. Le second avion de l'attentat du World Trade Center peut littéralement s'interpréter comme la manifestation suprême de la tache hitchcockienne, l'éclaboussure anamorphique qui dénaturalise le paysage idyllique de New York. Les oiseaux hostiles sont l'aboutissement final de la trilogie *La Mort aux trousses*, *Psychose* et *Les Oiseaux* : d'abord l'avion (métaphore de l'oiseau) qui attaque le héros lors de la fameuse séquence en rase campagne autour de Chicago ; puis la chambre de Norman Bates, remplie d'oiseaux empaillés (une métonymie) ; enfin, les oiseaux eux-mêmes passent à l'attaque.

Deux films hollywoodiens ont marqué le cinquième anniversaire des attentats du 11 septembre 2001 : *United 93* de Paul Greengrass et *World Trade Center* d'Oliver Stone. Le premier détail à noter dans ces deux films, c'est qu'ils s'efforcent d'être le plus antihollywoodien possible. Leur but affiché est de dépeindre le courage de Monsieur et Madame Tout-le-monde ; on ne voit ni stars au générique, ni effets spéciaux, ni grands gestes héroïques, mais une reconstitution sobre et réaliste des derniers instants de gens ordinaires confrontés à des événements inimaginables. Cependant, chacun des deux films comporte des entorses formelles à ce principe de base. *United 93* débute par une scène montrant les terroristes en train de prier et de se préparer dans leur chambre de motel.

5. Voir Raymond BELLOUR, *L'Analyse du film*, Calmann-Lévy, 2001, chapitre 3.

L'air grave et austère, ils ressemblent à des anges de la mort – impression renforcée par le premier plan qui suit immédiatement le générique d'ouverture : il s'agit d'une vue panoramique de *Manhattan by night* avec la prière des terroristes en guise de fond sonore, comme s'ils survolaient la ville avant de descendre sur terre procéder à leur moisson. Dans *World Trade Center*, aucune image des avions s'écrasant sur les tours n'apparaît à l'écran. Tout ce qu'on voit, quelques secondes avant l'impact, c'est un policier planté au milieu de la foule tandis qu'une ombre menaçante – celle du premier avion – assombrit la rue. (Au passage, notons que, juste après la vision des policiers héroïques pris au milieu des décombres, la caméra, en un mouvement hitchcockien, prend de la hauteur tel « l'œil de Dieu » contemplant New York.) Cette transition directe du quotidien terre à terre à la vision aérienne confère aux deux films une étrange réverbération théologique – comme si ces attaques « terroristes » étaient une sorte d'intervention divine. Que cela peut-il bien signifier ?

La première réaction des chrétiens d'extrême droite Jerry Falwell et Pat Robertson fut d'interpréter les événements du 11 Septembre comme le signe que Dieu avait abandonné les États-Unis parce que ses habitants vivaient dans le péché. Ils dénoncèrent en vrac le matérialisme hédoniste, le libéralisme, la promiscuité sexuelle, et affirmèrent que l'Amérique n'avait eu que la monnaie de sa pièce. Le fait que l'Autre musulman et le cœur de l'*Amérique profonde** puissent émettre en chœur la même condamnation de l'Amérique libérale ne devrait-il pas nous mettre la puce à l'oreille ?

De façon biaisée, *United 93* et *World Trade Center* tendent exactement vers l'analyse contraire : les deux films voient les attentats du 11 Septembre comme un mal pour un bien, une intervention divine ayant permis à l'Amérique de s'éveiller de sa torpeur morale et de donner le meilleur d'elle-même. *World Trade Center* se conclut peu ou prou par le message suivant : les catastrophes comme la destruction des tours jumelles font ressortir en chacun de nous le pire ET le meilleur (courage, solidarité, sacrifice au nom de la communauté) et les gens se surprennent à accomplir des choses dont ils ne seraient jamais crus capables. Cette perspective utopique constitue l'un des soubassements secrets de notre fascination pour les films catastrophes, à croire que nos sociétés ont besoin d'un désastre majeur pour ressusciter l'esprit de solidarité communautaire.

Face à cette tentation de déceler une « signification profonde », G. K. Chesterton a raison de conclure sa nouvelle *L'Oracle du chien* par une longue tirade du père Brown défendant une conception terre à terre de la réalité, où les choses sont que ce qu'elles sont et ne sont porteuses d'aucune signification cachée et mystérieuse ; le miracle chrétien de l'incarnation fait figure d'exception garantissant et sous-tendant la réalité ordinaire :

> — [...] Les gens admettent volontiers toutes sortes d'assertions sans fondements. Cela submerge

tout le rationalisme. Le scepticisme de jadis déferle comme une mer et porte le nom de superstition.

Le père Brown se leva brusquement, le visage attristé par une sorte de contrainte, et il poursuivit comme s'il était seul.

— Voilà la première conséquence de la négation de Dieu : vous perdez votre sens commun et ne pouvez plus voir les choses telles qu'elles sont. Une idée quelconque, dont tout le monde parle, et que tout le monde vante, s'étend indéfiniment comme une perspective dans un cauchemar. Et le chien devient un présage, le chat un mystère, le cochon une mascotte : on baptise le hanneton scarabée, car on appelle à la rescousse toute la ménagerie du polythéisme de l'Égypte et de l'Inde antique : le chien Anubis, le grand Pasht aux yeux verts et tous les taureaux sacrés et hurlants de Bashân ; on retourne en arrière vers les divinités animales des origines qui s'enfuyaient sous la forme d'éléphants, de serpents et de crocodiles. Tout cela parce que vous avez peur de quatre mots : « Il fut fait homme[6]. »

C'est précisément parce qu'il était chrétien que Chesterton préférait les raisonnements prosaïques aux explications surnaturelles. C'est même la base de son engagement dans la littérature policière : si un bijou est volé dans un coffre verrouillé, la solution n'est pas la télékinésie mais l'utilisation d'un aimant puissant

6. G.K. Chesterton, *L'Oracle du chien* dans *Le Crime n'est jamais parfait*, Flammarion, 2006 (traduit de l'anglais par François Maury et Yves André), p. 120-121.

ou autre tour de passe-passe ; si quelqu'un disparaît sans laisser de traces, c'est qu'il doit y avoir un passage secret quelque part. Les explications naturalistes sont plus magiques que le recours à la magie surnaturelle. L'analyse raisonnée du détective qui explique le « truc » grâce auquel le criminel a pu accomplir son forfait malgré une porte fermée à clé est bien plus « magique » que d'affirmer qu'il possédait le don de traverser les murs !

Il serait tentant d'aller un peu plus loin et de donner aux dernières lignes de Chesterton un sens légèrement différent – sans doute non souhaité par l'auteur, mais néanmoins plus proche d'une bien étrange vérité. Quand les gens s'imaginent toutes sortes de significations mystérieuses parce qu'ils ont peur de ces quatre mots : « Il fut fait homme », ils sont en réalité effrayés par la perspective de perdre leur Dieu transcendant – ce Dieu qui garantit la signification de l'Univers, le maître tirant secrètement les ficelles, au lieu de quoi le Dieu proposé par Chesterton abandonne sa position transcendante pour se jeter de lui-même dans sa propre création. Ce Dieu-homme s'incarne pleinement dans le monde, jusqu'à en mourir. Nous autres humains n'avons donc plus aucune autorité supérieure pour veiller sur nous ; il ne nous reste plus qu'à porter le terrible fardeau de la liberté, de la responsabilité envers le sort de la création divine… et, par conséquent, envers Dieu lui-même.

Violence divine : ce qu'elle n'est pas…

Notre première conclusion est que la conception benjaminienne de la « violence divine » ne préfigurait en rien – malgré la couverture médiatique qui pourrait nous inciter à penser le contraire – la violence terroriste exercée par les fondamentalistes religieux d'aujourd'hui, lesquels prétendent agir au nom de Dieu en tant qu'instruments de Sa volonté. Non, la meilleure définition de la « violence divine » est bien l'explosion de ressentiment qui trouve son expression dans toute la gamme des violences, du lynchage par une foule déchaînée à la terreur révolutionnaire organisée. L'une des tâches principales de la « postgauche » actuelle est de constamment se référer à cette aire de violence pour dénoncer l'idée même de révolution. La plus récente incarnation de cette tendance est le philosophe allemand Peter Sloterdijk, dont la méthode de prédilection consiste à prendre une catégorie traditionnelle de la philosophie pour l'associer à son corollaire mésestimé. Ainsi, dans son analyse critique de Heidegger, il associe « l'être vers la mort » au traumatisme opposé de la naissance – l'expulsion, la venue au monde, le commencement de la vie[7]. De la même manière, dans *Colère et Temps* (*Zorn und Zeit*, une allusion à l'*Être et Temps* de Heidegger), il associe l'*eros* prédominant à son

7. Tout le concept de « sphères » chez Sloterdijk repose sur ce glissement d'accent : les « sphères » sont des ventres maternels reconstitués à large échelle, de nos maisons jusqu'au langage lui-même en tant que « maison de l'être ».

pendant obscur : le *thymos*. La logique érotique de possession, de production et de jouissance des objets se substitue à la logique thymotique de jalousie, de compétition et de reconnaissance[8].

Sloterdijk considère qu'il est impossible de saisir la pleine signification des événements de l'année 1990 (marquée par la désintégration des régimes communistes) sans tenir compte de la logique du *thymos*. 1990 sonnait le glas à la fois de la logique émancipatrice étatique révolutionnaire et de la logique messianique de concentration de la colère et de la vengeance ayant atteint son apogée avec le judéo-christianisme, et dont la sécularisation s'inscrivait au cœur du projet communiste. Sloterdijk propose donc une histoire alternative de l'Occident sous forme d'une histoire de la *colère*. C'est d'ailleurs sur ce mot, « colère », que s'ouvre *L'Iliade*, texte fondateur de la culture occidentale : Homère implore la déesse de l'aider à chanter la colère d'Achille et ses terribles conséquences. Bien que l'affrontement entre Agamemnon et Achille soit d'origine érotique, le premier ayant volé au second sa captive Briséis, cette dernière ne

8. Dans *Colère et Temps*, SLOTERDIJK propose une lecture critique très intéressante de Lacan : le grand point faible de Freud est sa focalisation exclusive sur l'*eros*, d'où son incapacité à rendre compte des luttes thymotiques (la pulsion de mort, inventée précisément pour remplir cet office, échoue lamentablement) ; pour pallier cette faiblesse de Freud, Lacan « thymotise » l'*eros* (réinterprétant ainsi Freud à travers Hegel-Kojève : le désir s'accompagne toujours du désir de reconnaissance, son assouvissement est la reconnaissance du désir, etc.), mais passe à côté de la spécificité de l'érotisme.

fait pas l'objet d'un investissement érotique intense et n'a finalement pas grande importance. Il ne s'agit donc pas tant de gratification sexuelle frustrée que d'orgueil blessé. Mais le plus intéressant, dans cette analyse, demeure la mutation tardive de la colère judéo-chrétienne monothéiste. Alors qu'en Grèce antique on laissait librement exploser sa colère, vint ensuite le temps de sa sublimation, de son ajournement, autrement dit de son transfert : c'est à Dieu (et non à nous) de comptabiliser les torts et de remettre les compteurs à zéro le jour du Jugement dernier. L'interdit chrétien portant sur la vengeance (« tendre l'autre joue ») n'est que la contrepartie des scènes apocalyptiques associées à la fin des temps.

Le concept de Jugement dernier, censé marquer le paiement de toutes les dettes et la remise à plat d'un monde trop déviant, trouve une nouvelle incarnation dans le projet gauchiste moderne. Cette fois, l'agent du jugement n'est plus Dieu, mais le peuple. Les mouvements politiques gauchistes sont comme des « banques de colère ». Ils recueillent le capital colérique des individus pour leur promettre revanche et justice sociale à grande échelle. Or l'explosion de colère révolutionnaire n'entraînant jamais vraiment des lendemains qui chantent mais, au contraire, la réémergence des inégalités et de la hiérarchie, elle est toujours suivie d'une « réplique » – authentique, intégrale – censée combler les attentes des désenchantés et parachever le travail d'émancipation : 1792 après 1789, révolution d'Octobre après celle de Février…

Le problème, c'est que le capital de colère n'est jamais assez important. Voilà pourquoi il faut emprunter ou s'associer à d'autres colères, nationales ou culturelles. Dans le fascisme, c'est l'ire nationale qui prédomine ; dans le maoïsme, on mobilise celle des paysans pauvres et exploités à défaut de celle du prolétariat. Pas étonnant que Sloterdijk emploie systématiquement le terme de « fascisme gauchiste » et se réfère souvent à Ernst Nolde, cet historien « révisionniste » allemand ayant analysé le nazisme comme une réaction certes déplorable, mais compréhensible, à la terreur communiste. Pour Sloterdijk, le fascisme n'est guère qu'une variante (et une réaction) au projet typiquement gauchiste de colère émancipatrice. À présent que cette colère globale a épuisé son potentiel, deux autres grandes formes de colère subsistent : l'islam (la colère des victimes de la globalisation capitaliste) et les débordements « irrationnels » de la jeunesse – auxquels il faudrait peut-être ajouter le populisme latino-américain, l'écologie, l'anticonsumérisme et autres formes de rejet de la globalisation. Le mouvement de Porto Alegre n'a pas réussi à s'imposer en tant que banque globale de cette colère pour la simple raison qu'il lui manquait une vision alternative positive. Sloterdijk va jusqu'à évoquer la « réémergence du murmure fasciste de gauche aux confins de l'élite intellectuelle[9] » (dont je dois, j'imagine,

9. SLOTERDIJK, *Colère et Temps (op. cit.)*. L'ironie est que, dans cet ouvrage, Sloterdijk a souvent recours au terme *Linksfaschismus* rendu célèbre par son adversaire le plus acharné en Allemagne, Jürgen Habermas, lequel s'en servait déjà en 1968 pour dénoncer

faire partie). Bien que ces débordements de colère isolés renvoient à ce que les contempteurs de Fukuyama célèbrent comme le « retour de l'histoire », ils ne sont que de simples ersatz peinant à masquer l'absence d'un véritable potentiel de colère global.

Quel est donc le programme proposé par Sloterdijk ? S'élever « au-delà du ressentiment », pour reprendre le titre de la conclusion de son livre. Délégitimer le lien fatidique entre les intellectuels et le ressentiment sous toutes ses formes, qu'il soit féministe, postcolonial ou écologique. Réaffirmer l'approche libérale dont la première formulation fut celle de John Locke à travers sa trinité vie-liberté-propriété, guérie par l'amère pilule antiressentiment nietzschéenne. Apprenons à vivre dans une culture mondiale postmonothéiste, une méritocratie antiautoritaire qui respecterait les normes civilisées et les droits individuels ainsi qu'un juste équilibre entre élitisme et égalitarisme. Formulons un « code de conduite » libéral capable de rééquilibrer l'interaction entre les divers agents thymotiques et d'empêcher le glissement fatidique vers un anéantissement écologique et éthique. Pas étonnant que Sloterdijk soit étroitement associé à Alain Finkielkraut, avec lequel il a d'ailleurs cosigné un livre d'entretiens : le combat de Finkielkraut s'opère en effet sur les mêmes lignes anti-« totalitarisme », quoique dans un

la violence des manifestants étudiants qui souhaitaient remplacer le débat par davantage d'« action directe ». Ce détail est peut-être plus éloquent qu'on ne croit, puisque la conclusion de Sloterdijk, son « programme positif », n'est pas si différent de celui d'Habermas, en dépit de leur antagonisme public.

contexte idéologique différent. Pour en revenir à Walter Benjamin, sa conception de la violence divine englobe-t-elle également les explosions de violence ? Il nous faut ici mobiliser une double stratégie, en commençant par réhabiliter la notion de ressentiment. Souvenons-nous de ce qu'écrivit W. G. Sebald à propos de Jean Améry et de son traumatisme lié à l'expérience des camps nazis :

> L'énergie qui sous-tend les réquisitoires d'Améry se nourrit d'un ressentiment implacable. Nombre de ses écrits tendent à justifier ce sentiment (le plus souvent considéré comme un besoin pervers de vengeance) en en faisant un élément essentiel à toute vision véritablement critique du passé. « Le ressentiment », nous dit Améry, pleinement conscient de l'incohérence de sa tentative de définition, « cloue chacun de nous à la croix de son passé en miettes. De façon absurde, il voudrait que l'on inverse l'irréversible, que l'on défasse ce qui a déjà eu lieu ». [...] Ainsi, le problème n'est pas tant de résoudre que de révéler le conflit. L'aiguillon du ressentiment que nous fait éprouver l'argumentation d'Améry exige d'abord la reconnaissance d'un droit au ressentiment, ce qui équivaut à rien de moins qu'à une tentative programmatique de sensibiliser la conscience d'un peuple « déjà réhabilité par le temps[10]. »

10. W. G. Sebald, *De la destruction comme élément de l'histoire naturelle* (traduit de l'allemand par Patrick Charbonneau), Actes Sud, 2004. (N.D.T. : cet extrait ne figure pas dans l'édition française.)

Lorsqu'un sujet a été si profondément blessé que l'idée même d'appliquer la loi du talion semble aussi inconcevable que d'accepter les excuses de son bourreau et de se réconcilier avec lui, il ne reste plus qu'à persister dans la « dénonciation inlassable de l'injustice ». Redonnons à cette expression tout son poids antinietzschéen : ici, le ressentiment n'a rien à voir avec la morale des esclaves. Il s'apparente plutôt au refus de « normaliser » le crime, de l'intégrer à la logique ordinaire / explicable / imputable ou à un récit personnel qui fasse sens ; quand toutes les explications possibles ont été données, c'est la même question qui revient : « Oui, j'ai bien tout compris, mais cela n'explique pas *comment avez-vous pu faire une chose pareille ?* Votre récit n'a aucun sens ! » En d'autres termes, Sebald plaide pour un ressentiment héroïque *in fine* nietzschéen, un refus du compromis, une obstination « contre vents et marées ».

Comment relier ce ressentiment authentique au triangle punition (vengeance) / pardon / oubli, soit les trois manières possibles d'aborder le crime ? Il faut d'abord affirmer la primauté du principe judaïque de revanche / punition juste (le fameux « œil pour œil ») par rapport à la formule classique « Nous pardonnons votre crime, mais nous ne l'oublierons jamais. » L'unique moyen de pardonner *et* d'oublier est de se venger (ou d'appliquer une juste punition) : une fois le criminel puni de façon adéquate, je peux tourner la page et laisser cet épisode derrière moi. Il y a donc quelque chose de libérateur dans le fait d'être puni pour le crime qu'on a commis : après avoir payé ma dette envers la société, me voici à nouveau libre, débarrassé du fardeau du passé. Au contraire, la logique « miséricordieuse » du « je pardonne mais je n'oublie pas » est bien plus oppressive : en tant que criminel pardonné, je demeure à jamais hanté par mon crime puisque celui-ci n'a jamais été « défait » (*ungeschehengemacht*), rétroactivement annulé et supprimé par ce que Hegel considère comme le sens de la punition.

La justice judaïque implacable et la miséricorde chrétienne (ce geste impénétrable de pardon immérité) sont à l'opposé l'une de l'autre. Du point de vue chrétien, les humains naissent dans le péché et ne pourront jamais rembourser leur dette ni se racheter à travers leurs actes. Leur unique salut réside dans la miséricorde de Dieu et son sacrifice ultime. Pourtant, en rompant la chaîne de la justice par le biais d'un acte de miséricorde inexplicable censé racheter notre faute, le christianisme nous impose une dette encore plus lourde : nous voici éternellement redevables envers le Christ, incapables de payer en retour ce qu'il a fait pour nous. Le terme freudien désignant cette pression excessive est bien sûr le *surmoi*. En général, c'est le judaïsme qui est conçu comme la religion du surmoi et de la subordination de l'homme à un Dieu puissant, jaloux et sévère, contrairement au Dieu chrétien synonyme d'amour et de clémence. Or c'est précisément en *ne nous demandant pas* de racheter nos péchés, mais en payant lui-même de sa personne, que le Dieu chrétien miséricordieux s'impose comme l'instance suprême du surmoi : « J'ai payé le prix fort pour vos péchés, vous m'êtes donc redevables à *jamais...* [11] ».

Dans sa *Lettre au père*, Franz Kafka souligne lui aussi ce paradoxe de la miséricorde – la grâce : « [...] toutes ces occasions où, selon ton opinion clairement manifestée, j'aurais mérité des coups, et où j'y avais échappé de justesse par l'effet de ta grâce, ne faisaient là encore qu'amasser en moi une grande culpabilité. De quelque côté que je me tourne, j'étais ton débiteur [12]. » Cette figure du Dieu instance du surmoi dont la miséricorde entraîne une culpabilité indélébile chez les croyants se retrouve jusque chez Staline. Comme l'attestent les retranscriptions (désormais accessibles) des réunions du Politburo et du Comité central dans les années 1930, les interventions de Staline se caractérisaient généralement par une grande clémence. Quand les jeunes membres du Comité central, soucieux de prouver leur ferveur révolutionnaire, réclamaient l'exécution immédiate de Boukharine, Staline leur répondait par exemple : « Patience, sa culpabilité n'a pas encore été établie ! » C'était pure hypocrisie de sa part, bien sûr : Staline

11. Dans ce contexte, il convient aussi de rejeter l'excuse classique invoquée pour justifier un acte de vengeance violent et souvent reprise par les Israéliens à l'égard des Palestiniens, à savoir qu'ils « doivent » les bombarder : « Je vous pardonne pour les crimes que vous avez commis, mais je ne vous pardonnerai jamais de m'avoir obligé à m'adonner aux actes de violence que je n'ai pas d'autre choix que de commettre ». Imaginez Hitler ou Himmler disant la même chose aux juifs !

12. Franz Kafka, *Lettre au père*, Éditions Ombre, 1994 (traduction de François Rey).

savait pertinemment qu'il était lui-même le moteur de cette ferveur destructrice et que les jeunes cherchaient surtout à se faire valoir auprès de lui. Mais tout le jeu consistait à donner l'apparence de la clémence.

Voilà pourquoi vouloir résoudre l'éternel dilemme « punir ou pardonner » par une synthèse pseudo-dialectique des deux termes (« punir d'abord, pardonner ensuite ») n'est pas seulement d'une ironie cruelle. N'est-ce pas la conclusion suprême de la trilogie « féminine » de Lars von Trier, *Breaking the Waves*, *Dancer in the Dark* et *Dogville ?* Les trois héroïnes de ces films (incarnées par Emily Watson, Björk et Nicole Kidman) endurent des souffrances et des humiliations terrifiantes, voire franchement mélodramatiques ; dans les deux premiers cas, le calvaire du personnage féminin culmine avec sa mort atroce tandis que dans *Dogville*, le personnage de Grace exerce une vengeance impitoyable contre la petite bourgade où elle avait trouvé refuge avant de devenir le souffre-douleur des habitants, et exécute elle-même son ex-amant – « Il y a des choses qu'il faut faire soi-même. » Ce dénouement suscite chez le spectateur une satisfaction profonde (qui n'en demeure pas moins problématique sur le plan éthique) : tous les bourreaux reçoivent en effet la monnaie de leur pièce. On peut également interpréter l'épilogue du film d'un point de vue féministe : au terme d'une longue souffrance masochiste insoutenable pour le spectateur, la victime trouve enfin la force de se venger et de s'affirmer comme sujet récupérant le contrôle absolu de son destin. Bref, tout est bien qui finit bien : notre soif de vengeance est non seulement assouvie, mais légitimée en termes féministes. Pourtant, tout n'est pas si simple. Écartons d'emblée le contre-argument féministe prévisible (et fallacieux) consistant à affirmer que Grace ne peut assouvir sa vengeance qu'en adoptant une attitude de violence « masculine ». Non, un autre détail retient notre attention : Grace peut uniquement procéder à son expédition punitive lorsque son père, un gros baron de la mafia, vient la chercher. En résumé, son rôle actif signale en réalité sa soumission retrouvée à l'autorité paternelle.

Une autre lecture de la trilogie de von Trier consisterait à voir *Dogville* comme le film de la vraie miséricorde. Grace ne connaît pas la miséricorde tant qu'elle éprouve une « sympathie » condescendante envers les villageois, leur offre ses services et supporte son calvaire en silence, refusant l'idée même de vengeance. Son père mafieux a raison : *là* réside son orgueil. C'est seulement lorsqu'elle décide de se venger qu'elle agit comme ces gens et prend place parmi eux, perdant soudain sa posture supérieure et arrogante. En se retournant contre les villageois, elle les reconnaît de manière hégélienne. C'est en les considérant « sous un autre angle » qu'elle les voit enfin tels qu'ils sont, et non plus comme de braves provinciaux idéalisés. Par conséquent, son passage à l'acte meurtrier constitue un acte de vraie miséricorde.

Le principal argument des opposants au châtiment (à commencer par la peine de mort) est qu'il y a une grande arrogance à vouloir punir les humains, sans parler de les tuer. D'où s'arroge-t-on ce droit? Qui est réellement en position de juger ? La meilleure réponse consiste ici à retourner l'argument : ce qui est vraiment arrogant et odieux, c'est de s'attribuer la prérogative de la clémence. Lequel d'entre nous, simples mortels, surtout s'il ne fait pas directement partie des victimes, peut s'arroger le droit de passer l'éponge sur le crime d'un autre ou de le traiter avec clémence ? Seul Dieu lui-même – ou, en termes étatiques, le plus haut sommet du pouvoir, c'est-à-dire le roi ou le président – détient, en raison de son statut d'exception, le pouvoir d'effacer la culpabilité d'un individu. Notre devoir est d'appliquer la logique de la justice et de punir le crime : ne *pas* le faire serait le véritable blasphème consistant à nous élever au niveau de Dieu et à revendiquer son autorité.

Quel rôle, alors, le ressentiment authentique peut-il jouer dans tout cela ? En tant que quatrième élément secrètement rattaché à la triade punition (vengeance) / pardon / oubli, le ressentiment intervient comme la seule position véritablement authentique lorsqu'il s'agit de faire face à un crime d'une monstruosité telle – comme l'extermination des juifs d'Europe par les nazis – que les trois autres modalités deviennent inopérantes. On ne peut oublier un tel acte, encore moins le pardonner, pas plus qu'on ne peut le punir de façon adéquate.

Cela nous ramène à Sloterdijk : pourquoi dénonce-t-il tout projet émancipateur global comme l'expression de la convoitise et du ressentiment ? Pourquoi ce besoin compulsif de déceler, sous la solidarité, la jalousie des faibles et leur soif de revanche ? En résumé, d'où lui vient cette « herméneutique du soupçon » obsessionnelle, façon caricature de Nietzsche ? Et si *ce besoin s'appuyait sur une jalousie et un ressentiment cachés, l'envie face à la position émancipatrice universelle*, d'où cette NÉCESSITÉ de salir ses fondations pour lui enlever toute pureté [13] ? L'objet de cette jalousie n'est autre que le MIRACLE même de l'universalité éthique, laquelle ne saurait se réduire au seul impact biaisé de nos « vils » instincts libidinaux.

La grande réussite de la lecture lacanienne d'*Antigone* est bien d'insister sur ce point : il n'y a ici ni thème « freudien » ni allusion à un quelconque inceste entre frère et sœur[14]. Tout le propos de « Kant avec Sade » s'oriente également dans ce sens [15]. Aujourd'hui, dans notre ère postidéaliste d'« herméneutique du soupçon », tout le monde n'a-t-il pas déjà compris la signification de cet « avec » – la vérité du rigorisme éthique de Kant se trouve dans le sadisme de la loi, autrement dit la loi kantienne est une instance surmoïque qui savoure avec sadisme l'échec du sujet, son incapacité à répondre à ses exigences, tel le professeur qui torture ses élèves avec des devoirs impossibles et en tire une jubilation secrète ? Lacan, lui, propose l'association inverse :

13. N'est-ce pas précisément la raison pour laquelle Nietzsche lui-même sombra dans la folie ? Les derniers mois avant sa « chute » ne furent-ils pas marqués par une crise de jalousie ambiguë à l'égard de l'énigme du Christ ? Tout au long de cette période, il eut souvent tendance à signer ses lettres « Christ ».

14. Jacques LACAN, *Séminaire Livre VII : L'Éthique de la psychanalyse*, Éditions du Seuil, 1986.

15. Voir LACAN, « Kant avec Sade », dans *Écrits*, Seuil, coll. Champ freudien, 1966, p. 645-648.

Kant n'est pas tant un sadique refoulé que Sade un kantien qui s'ignore. N'oublions pas que Lacan s'intéresse davantage à Kant qu'à Sade, aux conséquences ultimes et aux prémisses cachées de la révolution éthique kantienne. En d'autres termes, Lacan n'essaie pas de défendre la thèse « réductionniste » traditionnelle selon laquelle tout acte éthique, si pur et désintéressé puisse-t-il paraître, s'inscrirait systématiquement dans une motivation « pathologique » (intérêt à long terme du sujet, admiration de ses pairs, ou encore satisfaction « négative » induite par les souffrances souvent inhérentes aux actes éthiques). Lacan s'intéresse plutôt à l'inversion paradoxale stipulant que le désir en tant que tel (au sens où nos actes tendent à réaliser ce désir, et non à le compromettre) n'est plus lié à un intérêt « pathologique » et correspond bien aux critères de l'acte éthique kantien : ainsi, « suivre ses désirs » rejoint la notion de « faire son devoir ». Voilà comment Lacan, grâce à son concept d'acte, inverse la fameuse « herméneutique du soupçon » : lorsque Kant lui-même, guidé par le soupçon, admet que nous ne pouvons jamais savoir avec certitude si l'acte que nous avons commis était un acte véritablement éthique, et non motivé en secret par un quelconque intérêt « pathologique » (quand bien même il ne s'agirait que de la satisfaction narcissique du devoir accompli), il se trompe. Ce qui est vraiment traumatisant pour le sujet, ce n'est pas que tout acte purement éthique soit (peut-être) impossible, ni que la liberté ne soit (peut-être) qu'une illusion fondée sur notre méconnaissance des motivations réelles à l'origine de nos actes ; ce qui est vraiment traumatisant pour le sujet, c'est la liberté elle-même – le fait que la liberté SOIT possible. Voilà pourquoi nous recherchons désespérément des déterminations « pathologiques » pour mieux nous voiler la face. En d'autres termes, la vraie théorie freudienne n'a rien à voir avec la réduction de l'autonomie éthique à une simple illusion basée sur le refoulement de « basses » pulsions libidinales.

… Et enfin, ce qu'elle est !

Les critiques de Walter Benjamin achoppent sur la signification réelle de la « violence divine ». Faut-il y voir une énième utopie gauchiste de l'événement « pur » qui ne se produit jamais ? Rappelons l'analyse faite par Friedrich Engels en 1891 de la Commune de Paris comme exemple de dictature du prolétariat :

> Le philistin social-démocrate a été récemment saisi d'une terreur salutaire en entendant prononcer le mot de dictature du prolétariat. Eh bien, messieurs, voulez-vous savoir de quoi cette dictature a l'air ? Regardez la Commune de Paris. C'était la dictature du prolétariat[16].

Mutatis mutandis, ces propos pourraient également s'appliquer à la violence divine : « Eh bien, Messieurs

16. Friedrich ENGELS, « Introduction » à Karl Marx, *La Guerre civile en France* (1871) : http://classiques.uqac.ca/classiques/Marx_karl/guerre_civile_france/guerre_civile_france.html.

les théoriciens critiques, voulez-vous savoir de quoi la violence divine a l'air ? Regardez la Terreur de 1792 à 1794. C'était ça, la violence divine. » (Et la liste ne s'arrête pas là : Terreur rouge de 1919, etc.) Autrement dit, nous ne devrions peut-être pas craindre de rapprocher la violence divine de certains phénomènes historiques réels afin d'éviter le piège des raccourcis obscurantistes.

Voici quelques extraits des dernières pages, très denses, de la « Critique de la violence » de Walter Benjamin :

> De même que dans tous les domaines Dieu s'oppose au mythe, ainsi à la violence mythique s'oppose la violence divine. À tous égards elle en est le contraire. Si la violence mythique est fondatrice de droit, la violence divine est destructrice de droit ; si l'une pose des frontières, l'autre est destructrice sans limites ; si la violence mythique impose tout ensemble la faute et l'expiation, la violence divine lave de la faute ; si celle-là menace, celle-ci frappe ; si la première est sanglante, sur un mode non sanglant la seconde est mortelle.
>
> [...]
>
> Car le sang est symbole de la simple vie. Or, comme on ne peut l'exposer ici de façon plus précise, la force du droit entre en action par suite de la faute de la vie purement naturelle, laquelle, de manière innocente et malchanceuse, livre le vivant à l'expiation qui le « lave » de sa faute – et aussi bien délivre le coupable, non pourtant d'une faute, mais du droit. Car avec la vie pure et simple cesse la domination du droit sur le

vivant. La violence mythique est violence sanglante exercée en sa propre faveur contre la vie pure et simple ; la violence divine est violence pure exercée en faveur du vivant contre toute vie. La première exige le sacrifice, la seconde l'accepte.

[…]

À la question : « M'est-il permis de tuer ? », l'imprescriptible réponse est le commandement : « Tu ne dois pas tuer. » Ce précepte se tient devant l'action comme si Dieu « empêchait » qu'elle s'effectuât. Mais aussi vrai que ce ne saurait être la crainte du châtiment qui impose l'obéissance au commandement, ce dernier demeure inapplicable à l'action accomplie, et sans aucune mesure avec elle. De lui ne suit sur elle aucun jugement. Et de la sorte, dès le départ, on ne doit présumer ni du jugement divin sur l'action, ni de la raison de ce jugement. C'est pourquoi ceux-là ont tort qui fondent sur le précepte la condamnation de toute mise à mort violente de l'homme par les autres hommes. Le précepte n'est pas là comme étalon du jugement mais, pour la personne ou la communauté qui agit, comme fil conducteur de son action ; c'est à cette personne ou cette communauté, dans sa solitude, de se mesurer avec lui et, dans des cas exceptionnels, d'assumer la responsabilité de ne pas en tenir compte[17].

17. Walter Benjamin, « Critique de la violence », p. 238-240. Le mot allemand *Gewalt* signifie à la fois « violence » et « autorité » ou « pouvoir en place ». On retrouve un lien similaire dans l'expression anglaise *to enforce the law*, laquelle suggère qu'il est impossible de penser à la loi sans se référer à une certaine violence, à la fois à l'origine de la loi – quand celle-ci est créée – et quand elle est « appliquée ».

C'est ce domaine de la violence divine pure qui est celui de la souveraineté, celui au sein duquel l'acte de tuer n'est ni l'expression d'une pathologie personnelle (c'est-à-dire une pulsion destructrice et idiosyncratique), ni un crime, ni un sacrifice : il s'agit donc d'un acte qui n'est ni esthétique, ni éthique, ni religieux (comme le serait un sacrifice humain à des divinités obscures). Paradoxalement, la violence divine recoupe en partie le dispositif biopolitique de l'*Homo sacer :* dans un cas comme dans l'autre, tuer n'est ni un crime, ni un sacrifice. Les victimes de la violence divine sont totalement coupables : elles ne sont pas dignes d'être offertes en sacrifice à, et acceptées par, Dieu. Leur annihilation n'équivaut nullement à un sacrifice. De quoi sont-elles coupables ? De mener une vie simple (naturelle). La violence divine ne lave pas les coupables d'avoir transgressé la loi, car celle-ci s'applique uniquement aux vivants et ne peut s'étendre au-delà pour atteindre l'excès de la vie, qui s'élève au-delà de la simple vie. La violence divine est l'expression de la pulsion pure, du « non-mort », de l'excès de vie, qui s'en prend à la « vie nue » régulée par la loi. La dimension « théologique » sans laquelle, pour Benjamin, la révolution est impuissante, est précisément celle de l'excès de vie, de son « débordement »[18].

C'est la violence mythique qui exige le sacrifice et détient le pouvoir sur la vie nue, là où la violence

18. Voir Eric Santner, *On the Psychology of Everyday Life,* Chicago, University of Chicago Press, 2001.

divine est expiatoire et non sacrificielle. Il ne faudrait donc pas craindre d'établir un parallèle formel entre la destruction étatique de l'*Homo sacer* (l'Holocauste, par exemple) et la terreur révolutionnaire, laquelle permet également de tuer sans sacrifier ni commettre de crime ; la seule différence étant que l'entreprise des nazis relève du pouvoir étatique. Quand, dans sa conclusion, Benjamin affirme qu'est « possible [...] cette violence révolutionnaire dont le nom est celui qui doit être donné à la plus haute manifestation de violence pure parmi les hommes », il s'empresse d'ajouter :

> Mais il n'est pour les hommes ni également possible, ni également urgent, de décider quand une violence pure fut effective en un cas déterminé. Car seule se peut reconnaître avec certitude la violence mythique, non la violence divine, sinon dans ses effets incomparables, car la force de la violence, celle de pouvoir laver la faute, ne saute pas aux yeux pour les hommes. [...] Dans la véritable guerre, elle a le pouvoir de se manifester, exactement comme dans le jugement de Dieu porté par la foule sur le criminel. [...] La violence divine, qui est insigne et sceau, non point jamais moyen d'exécution sacrée, peut être appelée souveraine [19].

L'interprétation correcte de la dernière phrase est cruciale : l'opposition entre la violence mythique et la violence divine est celle entre le moyen et le signe.

---

19. Benjamin, *op. cit.*, p. 242-243.

Autrement dit, la violence mythique est un moyen d'imposer la Loi (l'ordre social légal) tandis que la violence divine ne sert aucun objectif, pas même celui de punir les coupables et de rétablir l'équilibre de la justice. Elle n'est que le signe de l'injustice présente partout dans le monde, un monde « disloqué » sur le plan éthique. Toutefois, cela ne veut pas dire que la violence divine porte en elle une signification ; disons plutôt qu'elle est un signe dépourvu de signification. Comme Job, il faut résister à la tentation d'y chercher un « sens profond ». Par conséquent, pour reprendre les termes de Badiou, la violence mythique appartient à l'ordre de l'Être tandis que la violence divine relève de l'ordre de l'Événement : il n'existe aucun critère « objectif » nous permettant de qualifier un acte de violence divine ; le même acte qui, aux yeux de l'observateur extérieur, n'est qu'un débordement violent peut relever de la violence divine aux yeux de ses auteurs. Puisqu'il n'y a pas de grand Autre garantissant la nature divine de l'acte, c'est au sujet seul de prendre le risque de l'interpréter et de l'assumer comme un acte de violence divine. Souvenons-nous de ce qu'enseigne le jansénisme à propos des miracles : ils ne peuvent être vérifiés objectivement. L'observateur neutre leur trouvera toujours des explications naturelles et ordinaires. Seul le croyant y verra un miracle.

Quand Benjamin écrit que l'interdiction de tuer sert « pour la personne ou la communauté qui agit comme fil conducteur de son action » et qu'il revient « à cette personne ou cette communauté, dans sa solitude, de se mesurer avec [elle] et, dans des cas exceptionnels, d'assumer la responsabilité de ne pas en tenir compte », ne propose-t-il pas d'y voir plutôt une Idée régulatrice kantienne qu'un principe constitutif de la réalité éthique ? Notons au passage comment Benjamin s'oppose ici à la justification « totalitaire » de l'acte de tuer revendiquée par ceux qui agissent en tant qu'instruments du grand Autre (nécessité historique, etc.) : il revient à l'homme ou à la communauté « dans sa solitude » de se mesurer avec lui et d'en assumer la pleine responsabilité. En d'autres termes, la « violence divine » n'a rien à voir avec les déchaînements de « folie sacrée », véritable bacchanale dans laquelle les sujets nient leur autonomie et leur responsabilité puisque c'est un pouvoir divin supérieur qui est censé agir à travers eux.

La violence divine n'est justement pas comparable à l'intervention d'un Dieu omnipotent soucieux de punir l'humanité pour ses excès, sorte d'avant-goût du Jugement dernier : la distinction suprême entre la violence divine et le *passage à l'acte** violent / impuissant de l'homme est que, loin d'être l'expression de l'omnipotence divine, la violence divine est le *signe de l'impuissance de Dieu (le grand Autre)*. La seule différence entre la violence divine et le *passage à l'acte** est le *siège* de l'impuissance.

La violence divine n'est pas non plus le fondement illicite et refoulé sur lequel s'appuie l'ordre légal ; la Terreur jacobine n'est pas le « sombre berceau » de l'ordre bourgeois, au sens de violence fondatrice héroïque et criminelle comme l'entendait Heidegger.

La violence divine est donc à distinguer de la souveraineté étatique en tant qu'exception fondatrice de la loi, et de la violence pure en tant qu'explosion anarchique. Pour reprendre l'exemple de la Révolution française, il est intéressant de noter que c'est Danton, et non Robespierre, qui formula avec le plus de concision le passage imperceptible de la « dictature du prolétariat » à la violence étatique – ou, pour reprendre les termes de Walter Benjamin, de la violence divine à la violence mythique : « Soyons si effroyables que le peuple n'aura pas à l'être[20]. » Pour Danton le jacobin, la terreur révolutionnaire étatique était une sorte d'action préventive dont l'objectif véritable n'était pas d'exercer une vengeance contre l'ennemi, mais d'empêcher la violence divine « directe » des *sans-culottes** (c'est-à-dire du peuple lui-même). En d'autres termes, faisons ce que le peuple exige de nous *afin qu'il ne le fasse pas lui-même*...

La violence « divine » doit donc être perçue comme telle au sens du vieux dicton latin *vox populi, vox dei :* non pas au sens perverti de « nous agissons uniquement en tant qu'instruments de la Volonté du Peuple », mais comme le postulat héroïque de la solitude de la décision souveraine. La décision de tuer, de risquer ou de perdre sa vie, se prend en effet dans la solitude absolue, sans la protection du grand Autre. Si elle est extra-morale, elle n'en est pas pour autant « amorale », pas plus qu'elle n'accorde à l'agent un

20. Cité par Simon SCHAMA, *Citizens*, New York, Viking, 1989, p. 706-707.

permis de tuer en toute innocence angélique. Quand des individus extérieurs à la structure du champ social frappent « à l'aveugle » en exigeant et en appliquant une sorte de justice / vengeance immédiate, il s'agit bien de violence divine. Souvenons-nous du vent de panique qui souffla sur Rio de Janeiro, il y a une dizaine d'années, quand des foules entières descendirent des favelas vers les quartiers riches pour piller et brûler les supermarchés. Il s'agissait bien de violence divine – l'invasion des sauterelles de la Bible, la punition du ciel pour la vie dissolue de l'homme. La violence divine surgit de nulle part ; elle n'est pas le moyen d'arriver à des fins. Pour reprendre le discours de Robespierre lorsqu'il demanda l'exécution de Louis XVI :

> Les peuples ne jugent pas à la manière des tribunaux ; ils ne prononcent pas de sentences, ils jettent des éclairs ; ils ne condamnent pas les rois, ils les rejettent dans le néant ; et cette justice-là vaut autant que celle des tribunaux[21].

Voilà pourquoi, comme l'avait compris Robespierre, une révolution n'est guère qu'un « crime éclatant qui détruit un autre crime » si elle ne s'accompagne pas de la « foi » dans (ou la présupposition axiomatique de) l'idée éternelle que la liberté vaincra tous les obstacles. Cette foi s'exprime de manière particulièrement poignante dans le dernier discours de

21. Slavoj Žižek, *Robespierre : entre vertu et terreur (op. cit.).*

Robespierre daté du 8 thermidor 1794, veille de son arrestation et de son exécution :

> Mais elle existe, je vous en atteste, âmes sensibles et pures ; elle existe, cette passion tendre, impérieuse, irrésistible, tourment et délice des cœurs magnanimes, cette horreur profonde de la tyrannie, ce zèle compatissant pour les opprimés, cet amour sacré de la patrie, cet amour plus sublime et plus saint de l'humanité, sans lequel une grande révolution n'est qu'un crime éclatant qui détruit un autre crime. Elle existe, cette ambition généreuse de fonder sur la terre la première République du monde[22].

Voilà en quoi la violence divine appartient à l'ordre de l'Événement. Nous l'avons dit, aucun critère « objectif » ne nous permet d'identifier un acte de violence comme relevant de la violence divine ; le même acte qui, aux yeux de l'observateur extérieur, n'est qu'un débordement de violence, peut apparaître comme un acte de violence divine aux yeux de ses auteurs, puisqu'il n'existe pas de grand Autre garantissant sa nature divine. Seul le sujet peut prendre le risque de l'interpréter et de l'assumer comme tel : la violence divine est *l'acte d'amour* du sujet. Deux citations « fameuses » de Che Guevara viennent ici enfoncer le clou :

> Au risque de paraître ridicule, je dirais que le vrai révolutionnaire est guidé par un sentiment d'amour

22. *Ibid.*

> immense. Il est impossible d'imaginer un révolutionnaire authentique dépourvu de cette qualité[23].
>
> La haine fait partie intégrante du combat ; cette haine implacable de l'ennemi qui nous pousse au-delà de nos limites naturelles et nous transforme en machines à tuer efficaces, froides, violentes et sélectives. Nos soldats doivent être ainsi ; un peuple sans haine ne peut vaincre un ennemi brutal[24].

Ces deux points de vue apparemment contradictoires se rejoignent dans la devise officielle du Che : *Hay que endurecerse, pero sin perder la ternura jamás* (Il faut s'endurcir sans perdre sa tendresse)[25]. Ou pour paraphraser à nouveau Kant et Robespierre : l'amour sans la cruauté est impuissant ; la cruauté sans l'amour est aveugle, simple passion éphémère vouée à s'émousser. Le paradoxe sous-jacent, c'est que ce qui rend l'amour angélique, ce qui l'élève au-delà de la sentimentalité instable et pathétique, c'est bien sa cruauté même et son lien à la violence – ce lien qui l'élève « au-delà des limites naturelles de l'homme » et le transforme en pulsion inconditionnelle. Ainsi, Che Guevara avait beau croire sincèrement au pouvoir transformateur de l'amour, jamais vous ne l'auriez entendu fredonner « Love is all you need » – puisqu'il

23. John Lee ANDERSON, *Che guevara : A Revolutionary Life,* New York, Grove Press, 1997, p. 636.
24. http://www.marxists.org/archive/guevara/1967/04/16.htm.
25. Peter MCLAREN, *Che Guevara, Paulo Freire and the Pedagogy of Revolution,* Oxford, Rowman & Littlefield, 2000, p. 27.

faut *aimer avec de la haine*. Ou, comme l'a démontré Kierkegaard en son temps, la conséquence nécessaire (la « vérité ») de l'injonction chrétienne « *aime ton ennemi* » est que :

> par amour et dans l'amour, l'on hait l'être aimé. [...] C'est à ce degré de sublimité – de démence pour notre raison – que le christianisme peut porter l'exigence quand l'amour doit être l'accomplissement de la loi. Et c'est pourquoi il enseigne que le chrétien doit au besoin être capable de haïr son père, sa mère, sa sœur, l'être aimé[1].

Kierkegaard applique ici la logique de la *hainamour*, notion articulée plus tard par Lacan et qui s'appuie sur la scission, chez l'être aimé, entre la personne que j'aime et la cause / l'objet véritable de mon amour pour elle, c'est-à-dire ce qui est « en elle plus qu'elle-même » (pour Kierkegaard : Dieu). Parfois, la haine est la seule preuve de mon amour sincère pour quelqu'un, la notion d'amour étant ici à envisager dans sa pleine dimension paulinienne : *le domaine de la violence pure*, celui qui s'étend au-delà de la loi (du pouvoir légal), le domaine de cette violence qui n'est fondation ni soutien de la loi, *est le domaine de l'amour.*

---

1. Søren KIERKEGAARD, *Les Œuvres de l'amour*, Éditions de l'Orante, 1980 (traduit du danois par Paul-Henri Tisseau et Else-Marie Jacquet-Tisseau), p. 100.

Épilogue

Adagio

La boucle est à présent bouclée. Notre enquête nous a menés du rejet de la fausse antiviolence à la défense de la violence émancipatrice. Notre point de départ était l'hypocrisie de ceux qui, tout en combattant la *violence subjective*, exercent une *violence systémique* générant le phénomène même qu'ils exècrent. Nous avons localisé la cause première de la violence dans la *peur du Prochain*, et montré à quel point celle-ci s'inscrivait dans la *violence inhérente au langage.* Nous avons étudié les trois types de violence qui hantent nos médias à travers le cas des *débordements de violence juvénile* « irrationnels » dans les banlieues parisiennes en 2005, des récents *attentats terroristes* et du *chaos à La Nouvelle-Orléans* après l'ouragan Katrina. Nous avons ensuite démontré les *antinomies de la raison tolérante* à propos des manifestations suscitées par l'affaire des caricatures de Mahomet. Nous avons montré les limites de la notion de *tolérance* à la base de l'idéologie actuelle. Enfin, nous avons abordé franchement la dimension émancipatrice de la *violence divine* théorisée par Walter Benjamin. En conclusion, quelle est la leçon de cet ouvrage ?

Elle est triple, à vrai dire. Premièrement, que réprouver la violence en bloc, la condamner comme quelque chose de « mauvais » est une opération idéologique par excellence, une mystification contribuant à occulter les formes fondamentales de violence sociale. Il est symptomatique que nos sociétés occidentales, si sensibles à la question du harcèlement sous toutes ses formes, soient dans le même temps capables de mobiliser une multitude de mécanismes destinés à nous rendre insensibles aux formes de violence les plus brutales – souvent, paradoxalement, sous couvert de compassion humanitaire envers les victimes.

La deuxième leçon de ce livre, c'est qu'il est difficile d'être réellement violent, c'est-à-dire de commettre un acte perturbant brutalement les paramètres de la vie sociale. Dans son poème sur le masque d'un démon japonais, Bertolt Brecht écrit que ses veines gonflées et ses grimaces hideuses « révèlent combien c'est dur d'être méchant ». Il en va de même pour toutes formes de violence ayant un impact quelconque sur le système. Pour s'en convaincre, il suffit de prendre n'importe quel film d'action hollywoodien. À la fin du *Fugitif* (Andrew Davis, 1993), le gentil médecin innocent (Harrison Ford) affronte son collègue (Jeroen Krabbé) lors d'un congrès professionnel et l'accuse d'avoir falsifié des données sensibles pour servir les intérêts d'un puissant labo pharmaceutique. À cet instant précis, alors qu'on s'attendrait à ce que Big Pharma – l'incarnation du grand capital – soit reconnu comme le vrai coupable, Krabbé interrompt la diatribe de Ford et l'invite à sortir de la salle. Une fois dehors, les deux hommes en viennent si violemment aux mains qu'ils finissent le visage en sang. L'aspect ouvertement grotesque de cette scène en dit long – comme si, pour s'extraire d'une trop embarrassante tonalité anticapitaliste, il fallait absolument en faire des tonnes pour signaler une brèche narrative. Le méchant se métamorphose en brute pathologique, vicieuse et cruelle, comme si sa dépravation psychologique (qui accompagne le spectacle de l'affrontement physique entre les deux hommes) se substituait d'une manière ou d'une autre à la pulsion capitaliste, anonyme et résolument non psychologique. Une solution scénaristique bien plus appropriée aurait consisté à présenter le collègue corrompu comme un médecin fondamentalement sincère et honnête, mais déstabilisé par des difficultés financières et aveuglé par l'appât du gain…

Le Fugitif montre en tout cas un bel exemple de *passage à l'acte** violent utilisé comme leurre ou vecteur de déplacement idéologique. Le cran immédiatement supérieur à ce degré zéro de la violence nous est fourni par *Taxi Driver* (Paul Schrader et Martin Scorcese, 1976) lors du final au cours duquel Travis Bickle (Robert de Niro) se déchaîne contre les souteneurs de la jeune prostituée qu'il veut sauver (Jodie Foster). Ici, la dimension suicidaire implicite du *passage à l'acte** est centrale : quand Travis se prépare pour son attaque, il s'entraîne à brandir son arme devant un miroir et, dans ce qui est devenu depuis la scène culte du film, lance à son propre reflet un agressif et condescendant « C'est à moi que tu parles ? » En une parfaite illustration du concept lacanien de « stade du miroir », l'agression est ici clairement dirigée contre le sujet lui-même à travers son propre reflet dans la glace. La dimension suicidaire réapparaît à la fin de la scène de carnage quand Travis, gravement blessé et affalé contre le mur, mime le geste de presser une arme contre son front baigné de sang, comme pour dire : « La véritable cible de ma fureur, c'était moi. » Le paradoxe, c'est que Travis se perçoit *lui-même* comme faisant partie de la boue urbaine dégénérée qu'il cherche à éradiquer ; pour paraphraser Brecht dans *La Décision* à propos de la violence révolutionnaire, il veut être le dernier brin de saleté après lequel, une fois le balai passé, la pièce sera propre.

Mutatis mutandis, il en va de même pour la violence collective organisée à grande échelle. La révolution culturelle chinoise en est un excellent exemple : en fin de compte, la destruction des vieux monuments n'avait rien d'une négation effective du passé. C'était plutôt un *passage à l'acte** impuissant, un déchaînement de violence attestant justement l'échec à vouloir s'affranchir du passé. L'ironie suprême, c'est que la révolution culturelle de Mao a débouché sur l'actuelle explosion capitaliste sans précédent de la Chine. On note une profonde homologie structurelle entre l'autorévolution permanente maoïste, la lutte incessante contre l'ossification des structures étatiques, et les dynamiques inhérentes au capitalisme. Et on est ici à nouveau tenté de citer la fameuse phrase de Brecht : « Qu'est-ce que le braquage d'une banque, comparé à la fondation d'une banque ? » Que sont les débordements de violence destructrice des gardes rouges portés par la révolution culturelle, comparés à la véritable « révolution culturelle » que constitue la dissolution permanente de toutes les formes de vie dictée par la reproduction capitaliste ?

Naturellement, le même principe s'applique à l'Allemagne nazie, où le spectacle de l'anéantissement de millions d'individus ne devrait pas nous entraîner sur une fausse piste. L'image d'Épinal d'Hitler montré sous les traits du gros méchant responsable de millions de morts mais aussi du type « qui en a », opiniâtre et armé d'une volonté de fer, n'est pas seulement répugnante sur le plan moral ; elle est aussi totalement *fausse*. Non, Hitler n'était pas le type « qui en a » suffisamment pour vraiment changer les choses. Ses actions n'étaient guère que des réactions : il faisait surtout en sorte que rien ne change afin de mieux contrer la menace communiste du changement véritable. Sa stigmatisation des juifs était surtout un geste de déplacement afin d'éviter la confrontation avec l'ennemi réel – le cœur des relations sociales capitalistes. Hitler n'a fait que mettre en scène le spectacle d'une révolution afin de permettre la survie de l'ordre capitaliste. L'ironie de l'histoire, c'est que ses grandes manifestations de mépris envers l'autocomplaisance bourgeoise ont surtout contribué, *in fine*, au maintien de celle-ci : loin de perturber l'ordre bourgeois « décadent » tant honni et de secouer les

Allemands, le nazisme agit au contraire comme un rêve qui retarda le réveil de tout un peuple. L'Allemagne ne sortit réellement de sa torpeur qu'au moment de sa défaite, en 1945.

Si l'on cherche, dans toute l'Histoire, un acte vraiment audacieux, un acte pour lequel il fallait vraiment « en avoir » pour tenter l'impossible mais, dans le même temps, un acte synonyme de violence atroce et de souffrances inouïes, il faut remonter jusqu'à la collectivisation forcée voulue par Staline à la fin des années 1920. Pourtant, même ce déploiement de violence extrême culmina avec les grandes purges de 1936-1937 qui constituaient, elles aussi, un *passage à l'acte** impuissant :

> Il ne s'agissait pas d'une attaque dirigée contre des ennemis, mais plutôt d'un déploiement de rage et de panique aveugles. Il n'y avait là nulle maîtrise des événements, mais l'aveu que le régime manquait de mécanismes de contrôle régularisés. Ce n'était pas une politique, mais l'échec de la politique. C'était la preuve d'une incapacité à gouverner autrement que par la force[2].

La violence exercée par le pouvoir communiste sur ses propres membres atteste de l'irréductible contradiction interne qui minait le régime. Si celui-ci s'appuyait, à l'origine, sur un « authentique » projet

---

2. John Arch Getty et Oleg V. Naumov, *The Road to Terror : Stalin and the Self-Destruction of the Bolsheviks, 1932-1939*, New Haven, Yale University Press, 1999, p. 14.

révolutionnaire, les purges incessantes ne servaient pas seulement à effacer les traces de ses débuts ; elles fonctionnaient aussi comme une sorte de « revanche des opprimés », un rappel de la négativité radicale qui habitait le cœur même du système. Les purges dans les rangs les plus élevés du parti s'appuyaient sur cette trahison fondamentale : les accusés étaient bel et bien coupables dans la mesure où, en tant que membres de la *nomenklatura*, ils trahissaient la révolution. La terreur stalinienne ne constituait donc pas seulement une trahison envers la révolution en ce qu'elle cherchait à éradiquer les traces d'un authentique passé révolutionnaire. Elle prouve également l'existence d'une sorte de « petit diablotin pervers » incitant le nouvel ordre postrévolutionnaire à (ré)inscrire la trahison de la révolution en son sein même, à la « réfléchir » ou la « re-signifier » sous forme d'arrestations et d'exécutions arbitraires menaçant potentiellement tous les membres de la *nomenklatura*. Comme nous l'a appris la psychanalyse, la confession stalinienne masque la vraie culpabilité. Il est de notoriété publique que Staline recrutait exprès les membres du nkvd parmi les classes inférieures de la population, afin qu'ils laissent libre cours à leur haine viscérale de la *nomenklatura* en arrêtant et en torturant les apparatchiks. La tension inhérente entre la stabilité du pouvoir détenu par la nouvelle *nomenklatura* et la « revanche des opprimés » détournée sous forme de purges constantes parmi les rangs de cette même *nomenklatura* s'inscrit au centre du phénomène stalinien : les purges incarnent et permettent la survie de l'héritage révolutionnaire trahi qui hante le régime[3].

Dans *Feux d'artifice*, l'une des premières nouvelles d'Agatha Christie, Hercule Poirot enquête sur la mort de Mrs Allen, retrouvée morte par balle dans son appartement la nuit de la fête de Guy Fawkes[4]. Bien qu'il semble s'agir d'un suicide, de nombreux indices viennent étayer la thèse du meurtre : l'assassin a maladroitement maquillé la scène du crime pour faire croire au suicide de la victime. Cette dernière partageait son appartement avec une certaine Miss Plenderleith, absente au moment des faits. Très vite, on découvre sur place un bouton de manchette

3. La critique habituelle de Staline s'appuie sur les deux postulats suivants : 1 / c'était un cynique qui n'était pas dupe de la situation (il était conscient qu'il faisait condamner des innocents, etc.) ; 2 / il savait ce qu'il faisait et avait la pleine maîtrise des événements. Or certains documents extraits des archives désormais accessibles tendent à indiquer le contraire : loin d'être un cynique, Staline *croyait sincèrement* (à l'idéologie officielle, à son rôle d'honnête dirigeant, à la culpabilité des accusés, etc.) et ne contrôlait *pas vraiment* ce qui se passait (les résultats concrets de ses décisions et interventions le prenaient souvent au dépourvu). À ce sujet, on lira la stupéfiante introduction de Lars T. LIH à l'ouvrage *Stalin's Letters to Molotov* (New Haven, Yale University Press, 1995, p. 60-64) dirigé par Lars T. Lih, Oleg V. Naumov et Oleg V. Khlevniuk. La conclusion de Lih est pour le moins dérangeante : « Le peuple d'Union soviétique se serait bien mieux porté si Staline avait été plus cynique qu'il ne l'était » (p. 48).

4. Fêtée le 5 novembre en Grande-Bretagne par des tirs de pétards et de feux d'artifice, la nuit de Guy Fawkes célèbre l'échec de la « Conspiration des poudres » (emmenée par le catholique anglais Guy Fawkes) qui, le 5 novembre 1605, tenta de faire exploser le parlement pour éliminer le roi protestant Jacques Ier. (N.D.T.)

incriminant son propriétaire, un certain major Eustace. La résolution de l'énigme par Hercule Poirot, l'une des meilleures trouvailles d'Agatha Christie, contourne habilement le cliché du meurtre maquillé en suicide. La victime, fiancée à un député conservateur, avait, des années auparavant, été impliquée dans un scandale en Inde où elle avait également fait la connaissance du major Eustace. La pauvre femme souhaitait à tout prix étouffer l'affaire de peur de compromettre ses projets de mariage, mais Eustace en profita pour la faire chanter. Désespérée, Mrs Allen mit fin à ses jours. En découvrant le cadavre, Miss Plenderleith – au courant du chantage d'Eustace, qu'elle haïssait-– truqua la scène du crime pour faire croire à un meurtre mal maquillé, et punir le maître chanteur d'avoir poussé son amie au suicide. L'histoire pose ainsi la question de savoir dans quel sens interpréter les anomalies découvertes sur la scène du crime. S'agit-il d'un meurtre maquillé en suicide, ou d'un suicide maquillé en meurtre ? Si la nouvelle fonctionne, c'est parce que le meurtre, au lieu d'être camouflé, est cette fois mis en scène : loin d'être dissimulé, le crime est utilisé comme un leurre.

Voilà exactement ce que font les instigateurs de ces violents *passages à l'acte** : ils maquillent le suicide en meurtre. En d'autres termes, ils falsifient les indices pour qu'une catastrophe qui est en réalité un « suicide » (le résultat d'antagonismes immanents) apparaisse comme l'œuvre d'un agent criminel – juifs, traîtres ou réactionnaires. C'est pourquoi, pour reprendre les termes nietzschéens, la différence suprême entre une politique d'émancipation radicale et les déchaînements de violence impuissante est que le geste politique authentique, lui, est *actif* – il impose et applique une vision – tandis que les explosions de violence impuissante sont fondamentalement *réactives*, autrement dit une réaction à l'intrusion d'un élément perturbateur.

Troisièmement, enfin, l'étroite relation entre violence systémique et violence subjective nous enseigne que la violence n'est pas la propriété directe de certains actes, mais qu'elle se répartit entre les actes et leurs contextes, entre l'activité et l'inactivité. Selon son contexte, un même acte peut être qualifié de violent ou de non violent ; parfois, un sourire poli peut se révéler plus violent qu'un déchaînement de fureur. Offrons-nous ici un petit détour par la physique quantique. L'une de ses notions les plus troublantes est celle du champ de Higgs : livrés à eux-mêmes dans un environnement auquel ils peuvent transmettre leur énergie, tous les systèmes physiques finissent par atteindre un stade d'énergie minimale. En d'autres termes, plus nous prenons de masse au système, plus nous diminuons son énergie jusqu'au degré d'inertie. Certains phénomènes, pourtant, nous incitent à poser l'hypothèse qu'il doit exister quelque chose (une substance quelconque) qu'il *nous est impossible d'ôter d'un système donné sans* ACCROÎTRE *l'énergie de ce système* – et ce « quelque chose » a pour nom le champ de Higgs : une fois que ce champ *apparaît* dans un contenant entièrement vide dont la température a été abaissée au maximum, son énergie ne fera que *décroître* davantage. Le « quelque chose » qui apparaît ainsi est un quelque chose qui contient *moins* d'énergie que rien. En résumé, le zéro n'est pas toujours le degré le « moins coûteux » d'un système et donc, paradoxalement, « rien » est plus coûteux que « quelque chose ». Pour oser une comparaison un peu brutale, le « rien » social (la stase d'un système, sa reproduction sans le moindre changement) « est plus coûteux que quelque chose » (un changement), autrement dit exige davantage d'énergie, si bien que le premier geste pour provoquer un changement dans le système consiste à cesser toute activité et à ne rien faire.

Le roman de José Saramago intitulé *La Lucidité* [5] peut être perçu comme un exercice mental de politique « bartlebienne » [6]. L'ouvrage raconte une série d'événements étranges ayant pour cadre la capitale d'une démocratie non spécifiée. Au matin des élections, des pluies torrentielles s'abattent sur la ville et le taux de participation s'annonce dramatiquement bas. Mais quand le ciel s'éclaircit, vers le milieu de l'après-midi, la population afflue dans les bureaux de vote. Hélas, le soulagement du gouvernement est de courte durée : le dépouillement des bulletins révèle que 70 % des

5. Titre original : *Ensaio sobre a lucidez* (pour l'édition française : Éditions du Seuil, 2006, traduit du portugais par Geneviève Leibrich)
6. En référence, bien sûr, à *Bartleby*, la célèbre nouvelle d'Herman Melville dans laquelle un employé de bureau new-yorkais atteint d'une inertie pathologique répond systématiquement à son patron : « Je préférerais ne pas. »

habitants ont voté blanc. Stupéfié par ce rendez-vous civique manqué, le gouvernement décide d'offrir une seconde chance aux citoyens en organisant un autre scrutin la semaine suivante. Les résultats sont encore pires : 83 % des suffrages exprimés sont blancs. Les deux principaux partis politiques – le Parti de la Droite au Pouvoir (PDP) et son rival, le Parti du Milieu (PM) – sont affolés, mais le Parti de Gauche (PG), largement marginalisé, affirme que ces votes blancs traduisent un plébiscite des valeurs progressistes qu'il défend.

S'agit-il d'un complot bien huilé pour renverser non seulement le gouvernement en place, mais le système démocratique tout entier ? Si oui, qui en sont les instigateurs, et comment ont-ils réussi à discrètement influencer des milliers d'électeurs ? Lorsqu'on leur demande pour qui ils ont voté, les gens répondent que cela ne regarde qu'eux et d'ailleurs, pourquoi n'auraient-ils pas le droit de voter blanc ? Le gouvernement, ne sachant pas trop comment répondre à une contestation d'aspect bénin, mais non moins convaincu de l'existence d'un réel complot antidémocratique, s'empresse de déclarer qu'il s'agit d'une action « terroriste » et instaure l'état d'urgence, ce qui lui permet de suspendre toutes les libertés constitutionnelles.

Cinq cents personnes sont arrêtées au hasard, envoyées dans des sites d'interrogatoire secrets et placées en statut « code rouge ». Dans le plus pur style orwellien, on explique aux familles qu'elles ne doivent pas s'inquiéter du manque d'informations concernant leurs proches car « ce silence est la garantie de leur sécurité personnelle». Voyant que tout cela ne mène nulle part, le gouvernement de droite adopte alors une série de mesures de plus en plus drastiques : après avoir proclamé l'état de siège, il fomente des plans pour délibérément instaurer le chaos, procède à l'évacuation de ses membres et des forces de police, bloque tous les accès à la capitale et finit par s'inventer son propre leader terroriste. La ville continue à vivre presque normalement, opposant à chacun des coups du gouvernement une solidarité communautaire inexplicable et une résistance non violente que n'aurait pas reniée Gandhi.

Dans son excellente analyse du roman, Michael Wood établit un parallèle avec Brecht :

> Dans un poème célèbre écrit en Allemagne de l'Est en 1953, Brecht cite l'un de ses contemporains qui affirmait que le peuple avait perdu la confiance du gouvernement. Ne serait-il pas, dès lors, plus simple, suggéra timidement Brecht, de dissoudre le peuple et d'en faire élire un nouveau par le gouvernement? Le roman de Saramago est une parabole de ce qui arrive quand ni le gouvernement, ni le peuple ne peuvent être dissous[7].

7. Michael Wood, «The Election With No Result», http://www.slate.com/id/2139519/. Wood note par ailleurs un autre parallèle brechtien dans l'œuvre de Saramago : «Ce sont des romans, non des essais, mais qui lorgnent du côté des essais. Les personnages n'y ont pas de noms, seulement des rôles : le ministre de la Justice, l'épouse du médecin, l'officier de police, l'employé du bureau de vote, etc. Leurs échanges verbaux ne sont ponctués que par des virgules et des majuscules; il n'y a ni point

Si le parallèle est pertinent, la conclusion l'est un peu moins : le troublant message de *La Lucidité* n'est pas tant l'indissolubilité du peuple et du gouvernement que la nature compulsive des rituels démocratiques de liberté. En s'abstenant de voter, les gens dissolvent bel et bien le gouvernement – non pas au sens restreint de renverser l'administration en place, mais de façon bien plus radicale encore. Pourquoi l'abstention affole-t-elle à ce point le gouvernement ? Parce que celui-ci est alors forcé d'admettre qu'il ne doit son existence et son pouvoir qu'au bon vouloir du peuple – quand bien même cette acceptation se fait sur le mode du rejet. L'abstention va au-delà de la négation intrapolitique, du vote de non-confiance : elle rejette le cadre décisionnel même.

En termes psychanalytiques, l'abstention du corps électoral s'apparente à la *Verwerfung* (forclusion, rejet / répudiation) psychotique, phénomène bien plus radical que la répression *(Verdrängung)*. Selon Freud, le refoulé est à la fois accepté intellectuellement par le sujet parce qu'il est nommé et renié parce que le sujet refuse de le reconnaître, de s'y

d'interrogation, ni saut de ligne. Les personnages et les dialogues se réduisent à des formes sociales, comme si une culture tout entière s'exprimait et agissait à travers ses représentants les plus facilement identifiables. » N'est-ce pas tout à fait comparable aux austères « pièces d'apprentissage » de Brecht dans lesquelles les personnages n'ont pas de noms, seulement des rôles (capitaliste, travailleur, révolutionnaire, policier), comme si, là aussi, « une culture tout entière » (ou plutôt une idéologie) s'exprimait et agissait à travers ses représentants les plus facilement identifiables » ?

reconnaître. Par opposition, la forclusion rejette le terme hors du champ symbolique *tout court**. Pour mieux appréhender les contours de ce rejet radical, il est tentant d'invoquer la théorie provocante de Badiou : « Mieux vaut ne rien faire plutôt que de contribuer formellement à la visibilité de ce qui, pour, l'Empire, existe[8]. » Mieux vaut ne rien faire plutôt que de s'engager dans des actes localisés (consistant par exemple à ouvrir l'espace à la multitude des subjectivités nouvelles) dont la fonction suprême est de huiler davantage les rouages du système. Aujourd'hui, la menace n'est pas la passivité mais la pseudo-activité, ce besoin impulsif d'« être actif », de « participer », de combler le vide ambiant. Les gens « agissent », s'investissent, interviennent à tout bout de champ, les intellectuels participent à des débats stériles... et j'en passe. La vraie difficulté serait de prendre un peu de recul. Nos dirigeants préfèrent souvent la participation « critique » au silence, pour mieux nous inciter à « ouvrir le dialogue » et déjouer ainsi la menace représentée par notre passivité. L'abstention du corps électoral est donc un *acte* politique authentique en ce qu'il nous met face à la vacuité des démocraties actuelles.

Si, par violence, on entend un bouleversement radical des relations sociales élémentaires, alors, si fou et odieux cela puisse-t-il paraître, le problème des grands monstres de l'Histoire responsables du

8. Alain Badiou, « Fifteen Theses on Contemporary Art », *Lacanian Ink* 23 (printemps 2004), p. 119.

massacre de millions d'individus est qu'ils n'étaient pas assez violents. Parfois, la plus grande des violences consiste à ne rien faire.

Bibliographie

ADORNO, Theodor W., « Cultural criticism and Society » dans Neil LEVI et Michael ROTHBERG (éd.), *The Holocaust : Theoretical Readings*, New Brunswick, Rutgers University Press, 2003.

ADORNO, Theodor W. et Walter BENJAMIN, *Correspondance 1928-1940*, La Fabrique, 2002, traduction de Philippe Ivernel.

AGAMBEN, Georgio, *Homo sacer*, Éditions du Seuil, 1998.

ANDERSON, Jon Lee, *Che Guevara : A Revolutionary Life*, New York, Grove Press, 1997.

AXELROD, Robert, *Comment réussir dans un monde d'égoïstes : théorie du comportement coopératif*, Odile Jacob, 2006, traduction de Michèle Garène.

BADIOU, Alain, « Drawing », *Lacanian Ink* 28 (automne 2006), p. 43-47.

— « Fifteen Theses on Contemporary Art », *Lacanian Ink* 23 (printemps 2004), p. 100-119.

— *Logique des Mondes*, Éditions du Seuil, 2006.

— « The Question of Democracy », *Lacanian Ink* 28 (automne 2006), p. 51-67.

BADIOU, Alain et Cécile WINTER, *Circonstances*, vol. 3, *Portée du mot « Juif »*, Léo Scheer, 2003.

BALIBAR, Étienne, *La Crainte des masses : politique et philosophie avant et après Marx*, Galilée, 1997.

BEGIN, Menachem, *La Révolte d'Israël,* La Table Ronde, 1971.

BELLOUR, Raymond, *L'Analyse du film*, Calmann-Lévy, 2001.

BENJAMIN, Walter, « Critique de la violence », *Œuvres I*, Gallimard, 2000.

— *Illuminations*, New York, Schocken Books, 1968.

BRECHT, Bertolt, « Verhoer des Guten » dans *Werke*, vol. 18, *Prosa 3*, Frankfurt am Main, Suhrkamp Verlag, 1995, p. 502-503.

BROWN, Wendy, *Regulating Aversion : Tolerance in the Age of Identity and Empire*, Princeton, Princeton University Press, 2006.

CHAMBERLAIN, Lesley, *The Philosophy Steamer*, Londres, Atlantic Books, 2006.

CHESTERTON, G. K., « Défense des romans policiers » dans *Le Défenseur*, Lausanne, L'Âge d'Homme, 1982, traduction de Georges-Auguste Garnier.

DAVIDSON, Donald, *Essays on Action and Events*, Oxford, Oxford University Press, 1980.

DAVIES, Norman, *Europe At War*, Londres, Macmillan, 2006.

DESCARTES, René, *Discours de la méthode*, Vrin, 1999.

DUPUY, Jean-Pierre, *Avons-nous oublié le mal? Penser la politique après le 11 Septembre*, Bayard, 2002.

— *Petite métaphysique des tsunamis*, Éditions du Seuil, 2005.

EAGLETON, Terry, *Sweet Violence : The Idea of the Tragic*, Oxford, Blackwell, 2002.

ENGELS, Friedrich, « Introduction » à Karl Marx, *The Civil War in France,* cité dans *Marx / Engels / Lenin on Historical Materialism*, New York, International Publishers, 1974.

FALLACI, Oriana, *La Force de la raison*, Éditions du Rocher, 2004, traduction de Victoire Simon.

— *La Rage et l'Orgueil*, Plon, 2002.

FEINSTEIN, Elaine, *Anna of the Russians,* New York, Knopf, 2005.

FUKUYAMA, Francis, *La Fin de l'histoire et le dernier homme,* Flammarion, 2009.

GETTY, J. Arch et Oleg V. NAUMOV, *The Road to Terror : Stalin and the Self-Destruction of the Bolsheviks, 1932-1939*, New Haven, Yale University Press, 1999.

GLUCKSMANN, André, *Dostoïevski à Manhattan*, Robert Laffont, 2002.

GRAY, John, *Stray Dogs*, Londres, Granta, 2003.

HABERMAS, Jürgen, *The Theory of Communicative Action*, 2 vol., New York, Beacon Press, 1985.

HARRIS, Sam, *The End of Faith*, New York, Norton, 2005.

HAYEK, Friedrich, *La Route de la servitude*, PUF, 2010.

HEIDEGGER, Martin, *Introduction à la métaphysique*, Gallimard, 1980, traduit de l'allemand par Gilbert Kahn.

HOUELLEBECQ, Michel, *La Possibilité d'une île*, Fayard, 2005.

HUNTINGTON, Samuel, *Le Choc des civilisations,* Odile Jacob, 2000.

JAKOBSON, Roman, « Closing Statement : Linguistics and Poetics » dans T. A. Sebeok (éd.), *Style in Language*, New York, Wiley, 1960, p. 350-377.

KANT, Emmanuel, *Critique de la raison pure : dialectique transcendantale,* t. 2, chapitre 2.

— *Le Conflit des facultés en trois sections*, Vrin, 2001, traduit de l'allemand par Jean Gibelin.

KIERKEGAARD, Søren, *Les Œuvres de l'amour*, Éditions de l'Orante, 1980, traduit du danois par Paul-Henri Tisseau et Else-Marie Jacquet-Tisseau.

KOONZ, Claudia, *The Nazi Conscience*, Cambridge (MA), Belknap Press, 2003.

LACAN, Jacques, *Écrits*, Éditions du Seuil, 1966.

— *Le Séminaire Livre VII : L'Éthique de la psychanalyse*, Éditions du Seuil, 1986.

— *Le Séminaire Livre XVII* : *L'Envers de la psychanalyse,* Éditions du Seuil, 1991.

LEFORT, Claude, *The Political Forms of Modern Society : Bureaucracy, Democracy, Totalitarianism*, Cambridge (MA), MIT Press, 1986.

LEVI, Primo, *Le Système périodique*, Albin Michel, 1987, traduit de l'italien par André Maugé.

LIH, Lars T., Oleg V. NAUMOV et Oleg V. KHLEVNIUK (éd.), *Stalin's Letters to Molotov*, New Haven, Yale University Press, 1995.

MALNUIT, Olivier, « Pourquoi les géants du business se prennent-ils pour Jésus ? », *Tecknikart*, février 2006, p. 32-37.

MARTIN, Bradley K., *Under the Loving Care of the Fatherly Leader*, New York, Thomas Dunne, 2004.

MARX, Karl, *Les Luttes des classes en France*, Gallimard, coll. Folio Histoire, 2002.

MCLAREN, Peter, *Che Guevara, Paulo Freire and the Pedagogy of Revolution*, Oxford, Rowman & Littlefield, 2000.

NIETZSCHE, Friedrich, *Ainsi parlait Zarathoustra*, Librairie générale française, 1983, traduction de Georges-Arthur Goldschmidt.

OAKES, Edward T., « Darwin's Graveyards », *Books & Culture*, novembre / décembre 2006.

ORWELL, George, *Le Quai de Wigan*, Éditions Champ Libre, 1982, traduit de l'anglais par Michel Pétris.

RANCIÈRE, Jacques, *La Mésentente*, Galilée, 1995.

— *La Haine de la démocratie*, La Fabrique, 2005.

RAWLS, John, *Théorie de la justice*, Points, 2009, traduction de Catherine Audard.

REMNICK, David, *Lenin's Tomb*, New York, Random House, 1993.

ROSSET, Clément, *Le Réel : traité de l'idiotie*, Éditions de Minuit, 2004.

ROUSSEAU, Jean-Jacques, *Dialogues de Rousseau juge de Jean-Jacques*, Flammarion, 1999.

SABLOFF, Nicholas, « Of Filth and Frozen Dinners », *Common Review*, Winter 2007.

SANDFORD, Stella, *How to read Beauvoir*, Londres, Granta, 2006.

SANTNER, Eric, *On the Psychology of Everyday Life*, Chicago, University of Chicago Press, 2001.

SARAMAGO, José, *La Lucidité*, Éditions du Seuil, 2006, traduit du portugais par Geneviève Leibrich.

SARDAR, Ziauddin et Merryl Wyn DAVIES, *The No-Nonsense Guide to Islam*, Londres, New Internationalist / Verso, 2004.

SARTRE, Jean-Paul, *L'Existentialisme est un humanisme*, Gallimard, coll. Folio Essais, 1996.

SCHAMA, Simon, *Citizens*, New York, Viking, 1989.

SCHMITT, Carl, *La Notion de politique*, Flammarion, coll. Champs Classiques, 2009.

SEBALD, W.G., *De la destruction comme élément de l'histoire naturelle*, Actes Sud, 2004, traduit de l'allemand par Patrick Charbonneau.

SLOTERDIJK, Peter, *Colère et Temps*, Maren Sell, 2007, traduit de l'allemand par Olivier Mannoni.

WEIL, Simone, *Œuvres complètes VI : Cahiers*, vol. 1, 1933 – septembre 1941, Gallimard, 1994 ; vol. 2, *septembre 1941-février 1942,* Gallimard, 1997.

WIESENTHAL, Simon, *Justice n'est pas vengeance*, Robert Laffont, 1989, traduit de l'allemand par Odile Demange.

WRATHALL, Mark, *How to Read Heidegger*, Londres, Granta, 2005.

ŽIŽEK, Slavoj, *Robespierre : entre vertu et terreur*, Stock, 2008, traduction de Christophe Jacquet.

— *The Metastases of Enjoyment*, Londres, Verso, 1995.

— *The Plague of Fantasies,* Londres, Verso, 1997.

ZUPANCIC, Alenka, *The Shortest Shadow*, Cambridge (MA), MIT Press, 2006.

Index

A

Abou Ghraib • 232, 236
ABOU HANÎFA, imam • 199
Acadian Ambulance Company • 137
Acheronta movebo (« Je remuerai les enfers ») • 226, 229
Ad-Dustour (journal) • 152
ADORNO, Theodor • 12, 71
Afrique du Sud • 32
Afrique, famine en • 32
AGAMBEN, Giorgio • 129
Agression, en tant que « force vitale » • 89
AHMADINEJAD, Mahmoud • 153
AKHMATOVA, Anna • 12
Algérie • 172
AL-HILALI, cheik Taj Aldin • 148
Aliénation de la vie sociale • 84
Alimentation bio • 44
Al-Jazeera TV • 65
Allemagne
  de l'Est • 70, 285
  nazie • 277
Altruisme • 121
AMÉRY, Jean • 252
Amish, communauté • 118, 198
AMIS, Martin • 72
Amour
  « aime ton ennemi » • 272
  « aime ton prochain » • 79
  de Dieu • 186
  définition lacanienne • 80
  et cruauté • 271
Amour de soi • 126, 127
Amour-propre • 126
Ancien Testament • 175
Anonymes, mort de milliers d' • 63
Antichristianisme • 147
Anticonsumérisme • 250
Antigone (Sophocle) • 97, 259
Anti-immigration, politique • 60
Antiracisme • 158
Antisémitisme
  musulman • 147, 150
  nazi • 110, 138
  pogroms • 93
Apartheid • 32
Apocalypse Now (film) • 233
Arabie saoudite • 173
ARENDT, Hannah • 69
Aristotélisme • 90

Art • 114
Article 113 du code pénal (ex-Yougoslavie) • 214
Ascétisme • 124
Associated Press • 184
Athéisme • 184, 190
  en tant qu'héritage de l'Europe • 189
Attentat d'Oklahoma City (2005) • 127
Attentats du 11 Septembre
  cinquième anniversaire • 242
  couverture médiatique détaillée • 65
  critique de Dostoïevski du nihilisme moral impie • 185
  et expansionnisme militaire des USA • 173
  familles de victimes • 9
  fin des « happy 90s » • 141
  iconographie • 241
  réaction des chrétiens d'extrême droite • 243
  reproches des médias américains au public des pays étrangers • 10
  ultimes coups de fil des passagers • 72
Attentat suicide • 115
AUGUSTIN (saint) • 186
  Confessions • 121
Auschwitz • 12, 152
Autonomie • 197, 200
Autopoïèse • 29
Autorité hiérarchique • 29
Autosabotage • 121
Autre, l'
  attribution de croyances ridicules • 115
  besoin de décaféiner l'Autre • 82
  devenu un autre réel • 176
  l'Autre musulman • 158
  le grand Autre • 73, 183, 266, 267, 268, 270
  paradoxe du surmoi • 156
  réduction à la vie nue • 61
  respect de la vulnérabilité • 61
  satisfaction excessive de • 124, 128

B

BADIOU, Alain • 49, 52, 110, 170, 206, 211, 266, 287
Bagdad • 128
BALIBAR, Étienne • 26
Banlieues parisiennes (émeutes de 2005) • 22, 108, 110, 112
  comparaison avec La Nouvelle-Orléans • 103
  comparaison avec Mai 68 • 104
BARAK, Ehud • 172
Barbarie • 193, 236
BATAILLE, Georges • 36
Bateau des philosophes, le • 19
BEGIN, Menachem • 163
BEN GOURION, David • 164
BENJAMIN, Walter • 71, 191, 236, 247, 252, 261, 274
  « Critique de la violence » • 21, 267
  Thèses sur la philosophie de l'histoire • 238
BENNET, William • 139, 142
  The Book of Virtues • 139
BERGMAN, Ingmar • 81
BERIA, Laventry • 69
BERIA, Sergo • 69
Berlin (mur)
  chute en 1989 • 140
Berlin, mur de • 143
Bible • 269
Bien
  et esprit de sacrifice au nom d'une noble cause • 120
  faire le bien • 187
  opposition entre le bien et le mal • 92
  source du bien • 91
Biopolitique • 59
  postpolitique • 59
Bizutage • 232
BLAIR, Tony • 158
Blasphème • 147, 177, 189
Botox • 197
Bouddhisme
  et hédonisme occidental • 118

et indifférence universelle • 77
et méditation • 34
tibétain • 119
BOUKHARINE, Nikolaï • 71, 255
Bourgeoisie • 205, 206, 209
Bourse de Londres • 25
Breaking the Waves (film) • 256
BRECHT, Bertolt • 274, 285
Celui qui dit oui • 216
« Interrogatoire de l'homme bon » • 57
La Décision • 276
Le Cercle de craie caucasien • 174
L'Opéra de Quat'Sous • 161
pièces d'apprentissage • 286
BROWN, John • 218
Bug du millénaire • 129
Bureaucratie
centralisée • 29
corrompue et inefficace • 56
BUSH, George W. • 158, 159, 230, 231, 235
BUTLER, Judith • 200

C

Cambodge (tapis de bombes) • 65
CAMERON, David • 122
Capitalisme
capitalisme électronique • 29
caractère « sans monde » • 110
caractère « sans monde » du • 114
croisade contre • 29
domination du capitalisme tardif • 55
dynamique capitaliste • 133, 134
et cordon ombilical avec l'Europe • 211
et détotalisation du sens • 111
et mépris des considérations humaines ou environnementales • 23
et objectifs de profit • 24
et profits sans fin • 36
global • 26, 28, 33, 110, 141, 162
incapable de se reproduire lui-même • 38
« sans frictions » • 29
succès ou échec • 123
universel • 211
violence systémique fondamentale • 24
virtuel • 25
Capitalistes
donations en faveur du bien public • 37
et passage de l'eros au thymos • 37
CARNEGIE, Andrew • 35, 37
CARPENTER, John • 130
Carte cognitive • 106, 110
Cartésianisme • 194, 195, 200
Castrats, voix des • 95
Censure • 112
CÉSAR, Jules • 97
Changer de sujet • 23
Charité (*voir aussi* Communistes libéraux, Philanthropie) • 36
CHESTERTON, G. K.
« Défense des romans policiers » • 90
Le Nommé Jeudi • 42
L'Oracle du chien • 244
Chiites • 181
Chine
explosion capitaliste • 276
relations avec les États-Unis • 172
révolution culturelle • 276
Chirurgie esthétique • 197, 201
Choc des civilisations • 192
Chocolat laxatif • 35, 61, 64
Chômage • 26
CHOMSKY, Noam • 65
Christ
caricatures du • 150
crucifixion du • 147, 241
enseignements • 184
et Nietzsche (*voir note*) • 259
redevabilité éternelle • 254
Christianisme • 159
« aime ton ennemi » • 272
et auto-dérision • 147
et péché • 255

et prohibition de la vengeance • 249
et salut de l'âme • 254
miséricorde chrétienne • 254
universalisme • 78
CHRISTIE, Agatha
« Feux d'artifice » • 280
Chrzanów, Pologne • 167
CHURCHILL, Winston
Mémoires sur la deuxième guerre mondiale • 53
Cisjordanie
mur de séparation avec Israël • 141
occupation israélienne • 23
retrait israélien • 168, 169
Classes, différences de • 221
Classes moyennes • 46, 224
Clients (dialoguer avec) • 30
Code de discrétion • 82, 84
Code Rouge • 233, 235
Coercition • 20
Coïncidence des opposés • 55
Colère
« banques de colère » • 249
dans *L'Iliade* • 248
des musulmans pendant l'affaire des caricatures de Mahomet • 176, 181
émancipatrice • 250
judéo-chrétienne • 248, 249
Colonialisme, colonisation • 155, 170, 200
Comités d'éthique • 27
Communautarisme • 120
Commune de Paris • 208, 261
Communication
réseau global • 52
smart, dynamique, flexible • 31
sociale • 109
Communisme
au XXe siècle • 158
chute • 70, 248
communistes staliniens « impies » • 186
crimes • 26
de Mao • 250
et capitalisme électronique • 29
et Hitler • 277
Communistes libéraux (*voir aussi* Philanthropie) • 27, 28, 34, 35, 56
et crises humanitaires • 32
et forum économique de Davos • 28
et volonté de changer le monde • 33
icônes du communisme libéral • 28
les dix commandements • 30
Un village communiste libéral *(Le Village)* • 38
COMPASS, Eddie (chef de la police de La Nouvelle-Orléans) • 136
Concurrence • 104, 197, 217
Congo belge (génocide) • 26, 27
Congo, République démocratique du • 9
Congrès américain • 178
Contradiction pragmatique • 70
Coopération • 29, 201
COPPOLA, Francis Ford • 234
Copyright (suppression) • 31
Corée, guerre de • 116
Covington, Louisiane • 137
Créateur, destruction du • 97
Créativité
dans le domaine privé • 195
design et nouvelles technologies • 31
et crises humanitaires • 32
Criminalité • 7
ce qu'en dit William Bennet • 139
crime organisé • 216
peur de la • 60
Crise du sens • 114
Critères éthiques • 186
Cruauté (et amour) • 271
CRUISE, Tom • 232
CUARÓN, Alfonso • 44
Culture • 29
capitaliste moderne occidental • 197
comme source de barbarie • 193, 194
culture mondiale postmonothéiste • 251

culture particulière et collective • 193
« transsubstantialisée » • 193
Cyberespace • 52
avatar • 135

D

Dalaï-lama • 119
Dancer in the Dark (film) • 256
Danemark • 83, 150, 156, 181
montée de la xénophobie au • 150
DANTON, Georges • 268
DARWIN, Charles • 183
Darwinisme social • 183
DAVIDSON, Donald • 115
DE BEAUVOIR, Simone
L'Amérique au jour le jour • 99
Décision politique • 53
DE GAULLE, Charles • 172
DELEUZE, Gilles • 80, 177
DE MAISTRE, Joseph • 160
Démocratie • 205, 230, 235
libérale • 140, 192
nouvelle tyrannie du XXIe siècle • 44
numérique • 51
socialiste • 228
Dénégation • 139
DE NIRO, Robert • 275
Derridianisme • 55
DERSHOWITZ, Alan • 64
Des hommes d'honneur (film) • 232
Désaveu fétichiste • 76, 77
DESCARTES, René • 194
Description artistique • 14
Design • 31
Désir
de l'Autre • 121
de reconnaissance • 248
en tant que moteur d'indépendance • 89
et critères de l'acte éthique kantien • 260
poussé au-delà des limites du raisonnable par le langage • 91
sans limites • 89
Detroit, émeutes de (1967) • 133
Dette, annulation de la • 56
Dieu, peur de la perte de • 246
Dignité de l'individu • 230, 235
Dissidence • 229
Dogville (film) • 257
Domination • 20, 205
politique • 202
DONSKOÏ, Mark • 72
DOSTOÏEVSKI, Fyodor
Les Frères Karamazov • 185
Droits de l'homme • 65, 200, 202, 205, 208
Droits universels • 205
DUPUY, Jean-Pierre • 122

E

eBay • 28
Écologie • 250
catastrophe écologique • 60, 240
Éducation
et philanthropie • 34
formation continue • 31
Efficacité symbolique • 151
Égalitarisme • 205, 251
Égalité • 205
Égoïsme • 48, 120, 126, 129, 142
EISLER, Hans • 71
Élevages industriels • 76
ELTSINE, Boris • 215
Émeutes • *Voir* Banlieues parisiennes, Los Angeles, Detroit, Newark
Enclaves résidentielles • 43, 44, 46
ENGELS, Friedrich • 15, 16, 261
Ennemi
Autre impondérable • 79
définition • 67
figure nazie du juif comme Autre-ennemi • 79
intérieur • 181
Eros • 37, 247, 248
Esclavage • 98
Espoir • 112

Essence • 94
État
notion de crime fondateur étatique • 160
peur du pouvoir étatique excessif • 60
pouvoir étatique « légitime » • 161
pouvoir non étatique « illégitime » • 161
rigidité de l'interventionnisme étatique • 104
État-providence • 103, 192, 224
États-Unis d'Amérique
barons de l'industrie • 35
division de classes • 142
expansionnisme militaire agressif • 173
face cachée obscène de la pop culture américaine • 231, 235
médias et victimes du 11 Septembre • 10
performance-art • 231
police du monde • 129
prospérité des immigrés • 104
relations avec la Chine • 172
séparation entre religion et État • 173
Eurocentrisme • 211
Europe
Constitution européenne • 189
et capitalisme • 211
extrême droite • 61
police des frontières • 141
Excision • 197, 201
Exploitation • 20, 35, 205
capitaliste • 150
des travailleurs • 93, 202
Extrême droite • 60

F

FALLACI, Oriana • 157
Fallujah, Irak • 65
FALWELL, Jerry • 243
Fanatisme (raciste, religieux et sexiste) • 118
Fascisme • 250
gauchiste • 250
FBI • 73
Féminisme • 205, 256
Femmes
comparées à de la viande • 148
compétitives sur le marché du sexe • 197
musulmanes • 9, 32
reléguées à la sphère privée de la solidarité familiale • 197
veuves brûlées vives • 201
voilées • 198
Fétichisme de la marchandise • 203
Fight Club (film) • 172
Fils de l'homme, Les (film) • 47
Fin de l'Histoire, La (*voir aussi* FUKUYAMA, Francis) • 140, 192
FINKIELKRAUT, Alain • 107, 158, 251
FISK, Robert • 167
Flexibilité • 29
Fondamentalisme
authentique et attitude envers les non-croyants • 118
et attentats • 115
et bonnes actions • 187
et communisme libéral • 56
et émeutes des banlieues parisiennes • 106
libéraux anémiques contre fondamentalistes fougueux • 118
réaffirmation de la religion • 115
violence des fondamentalistes religieux • 32
FORD, Harrison • 274
FOUCAULT, Michel • 202, 208
France (*voir aussi* Mai 68, Banlieues parisiennes) • 60
condamnation de la guerre d'Irak • 178
crise du modèle d'intégration • 108
Révolution de 1792 • 249
Révolution de 1848 • 180, 209, 210
Révolution française (1789) • 75, 268

FREUD, Sigmund • 83, 121, 124, 140, 233, 248
et « Aime ton prochain » • 79
lien entre narcissisme et immersion dans la foule • 48
« L'injection faite à Irma » • 239
L'Interprétation des rêves • 226
logique des rêves • 152
sur le refoulé • 286
« Un enfant est battu » • 227
FRIEDMAN, Thomas • 29, 30
Front de l'Est • 168
Fugitif, Le (film) • 274
FUKUYAMA, Francis • 140, 192, 251

G

GAIMAN, Neil
Sandman • 81
GATES, Bill • 15, 28, 29, 33, 36, 37
Gauche postmoderne • 29
Gaza • 152
évacuation des colons juifs • 152
retrait israélien • 168, 169
Gestes vides • 216
GISSIN, Raanan • 154
Globalisation
capitaliste • 26, 250
économique • 141
et espace de communication planétaire • 83
et protectionnisme de l'Europe contre les immigrés • 141
rejet • 250
villes jumelles de la (Davos et Porto Alegre) • 27
GLUCKSMANN, André
Dostoïevski à Manhattan • 185
Good Vibrations (sex-shop) • 47
Google • 28
GORBATCHEV, Mikhail • 68
GÖRING, Hermann • 194
GRAY, John • 112
Guantanamo • 61
Guatemala • 15
Guerre contre la terreur
perçue comme le choc entre civilisation et barbarie • 157
trois acteurs principaux de la • 173
Guerre de Trente Ans • 199
Guerre froide • 192
GUEVARA, Che • 270
GUMILYOV, Lev (fils d'Anna Akhmatova) • 13

H

Haaretz (quotidien israélien) • 107, 158
HABERMAS, Jürgen • 85, 250
Hacker(s) • 29
HAECKEL, Ernst • 183
Haganah • 163
Haïfa • 167
Hainamour • 272
Haine, La (film) • 108
Harcèlement • 50, 60, 274
peur du • 60, 61, 82
HARRIS, Sam
The End of Faith • 62
HAYEK, Friedrich • 123, 124
HECHT, Ben • 164
Hédonisme • 188, 243
HEGEL, Georg Wilhelm Friedrich • 17, 25, 86, 114, 201, 204, 210, 248, 254
« Ruse de la raison » • 210
Hégélianisme
identité spéculative des contraires • 55
la communauté combattant sa propre essence • 43
négation de la négation • 50
processus dialectique • 90
HEIDEGGER, Martin
essence • 94
et la science • 113
Introduction à la métaphysique • 95, 98

L'Être et le Temps • 247
«l'être vers la mort» • 247
«maison de l'être» • 8, 94
HÉRACLITE • 98
Herméneutique
du soupçon • 259
marxiste • 209
tentation herméneutique • 106
HERMLIN, Stephan • 70
Hiérarchie
d'entreprise • 29
légitimée (*voir aussi* RAWLS, John) • 123
Higgs, champ de • 282
HITCHCOCK, Alfred • 42, 237
tache hitchcockienne • 242
Holocauste • 11, 61, 150, 151, 152, 153, 154, 155, 156, 166, 168, 240, 265
HOMÈRE • 206
Homophobie • 229
Homo sacer • 61, 62, 129, 264, 265
Homosexualité • 14, 50, 184, 229
HOUELLEBECQ, Michel • 54
Humanitaire
compassion humanitaire • 274
crises humanitaires • 32
crises humanitaires et couverture médiatique • 9
discours humanitaire et faux sentiment d'urgence • 14
HUME, David • 188
HUNTINGTON, Samuel • 192, 236
HUSSEIN, Saddam • 128, 230
Hypocrisie
déclarations de George W. Bush sur l'islam • 159
et droits de l'homme • 65
et référence à l'Holocauste • 152
et terreur stalinienne • 255

I

IBM • 28
Identité culturelle • 61
Iliade, L' • 248
Illusion
éthique • 63, 65
perceptuelle • 63
Imagination • 195
Immigrés, immigration
et émeutes des banlieues parisiennes en 2005 • 104, 111
immigrés musulmans en Slovénie • 179
peur des immigrés • 60
politique anti-immigration • 61, 141
Impérialisme
culturel • 159
culturel capitaliste • 222
occidental • 85, 149, 202
Implants cosmétiques • 197
Incarnation (du Christ) • 244
Inceste • 197, 259
Individualisme • 120
Infanticide • 197
Infertilité • 45
Information (libre circulation) • 31
Initiative privée • 34
Institut Serbsky (Moscou) • 65
Internet • 33, 52
Intersubjectivité • 49, 87
Intolérance • 176, 191, 194
Irak (*voir aussi* Abou Ghraib)
conflit entre sunnites et chiites • 181
guerre d'Irak • 128
Iran • 148
antiaméricanisme en • 178
IRVING, David • 150
IRVING, John
Une prière pour Owen • 217
Islam
ce qu'en dit George W. Bush • 159
et Constitution européenne • 189
et conversion au christianisme • 157
et expansionisme global • 78
loué comme religion d'amour et de tolérance • 158
soufi • 187
Israël
et «droit de naissance» • 154
incarnation de la modernité

occidentale au Moyen-Orient • 169
mur de séparation avec la Cisjordanie • 141
nation la plus athée au monde • 170
origines • 160, 161
reconnaissance de l'OLP • 171
Israélo-palestinien, conflit (*voir aussi* Moyen-Orient) • 168

J

JAKOBSON, Roman • 109
Jalousie
de l'Autre • 124
et fondamentalisme • 118
excès de • 126
jalousie / économie / mélancolie • 125
mécanisme • 123
Sloterdijk • 258
Jansénisme • 266
Jérusalem • 168, 174
Jihad • 173
Job • 239
JOHN, Elton • 184
Jouissance • 83, 124
Judaïsme
en tant que religion du surmoi • 254
et Constitution européenne • 189
Judéo-chrétien
mutation de la colère judéo-chrétienne • 249
poids judéo-chrétien de l'injonction « Aime ton prochain » • 79
Jugement dernier • 249, 267
Juifs
dans les opéras de Wagner • 207
extermination des juifs d'Europe • 258
Hitler et la « conspiration juive » • 110
progroms antisémites • 93
stigmatisation par Hitler • 277
Justice rawlsienne • 122
Jyllands-Posten (quotidien danois) • 83

K

KAFKA, Franz • 255
KAGANOVITCH, Lazare • 68
KANG HO-YUNG (héros nord-coréen) • 116
KANT, Emmanuel
actes éthiques • 260
antinomies de la raison pure • 145, 155
espace privé / public • 196
euthanasie de la raison pure • 145
Idées régulatrices • 267
intérêt de Lacan • 260
Le Conflit des facultés • 75
révolution philosophique kantienne • 90
théorie du sublime (*das Erhabene*) • 133
usage négatif de la raison • 156
Katrina, cyclone (*voir aussi* La Nouvelle-Orléans) • 103, 142, 273
KENNEDY, John F. • 53
KGB • 65
KHOMEINY, Ayatollah • 78
KIERKEGAARD, Søren • 272
KING, Rodney • 108, 133
KISSINGER, Henry • 65
KLEE, Paul
Angelus Novus • 238
KOESTLER, Arthur • 166
Ku Klux Klan • 226, 235
Kulturarbeit (le travail de la culture) • 114
Kulturlos (sans culture) • 194, 210

L

LACAN, Jacques • 66, 121, 137
« discours universitaire » • 113
« Kant avec Sade » • 259
lecture d'*Antigone* • 259
nature problématique de l'injonction « Aime ton prochain » • 79

« Nom-du-Père » • 233
objet a • 91
stade du miroir • 276
théorie des quatre discours • 87
LACLAU, Ernesto • 95
Langage
communion phatique • 109
contaminé par la violence • 86
en tant que grand diviseur • 93
et protestation politique • 94
et renoncement à la violence • 85
et simplification de la chose désignée • 86
fonction phatique • 109
mur du • 101
vecteur de réconciliation et de médiation • 85
violence verbale • 93
La Nouvelle-Orléans • 103, 104, 129, 130, 131, 132, 133, 134, 136, 138, 142, 273
LE BRETON, Yves • 187
LEFORT, Claude • 204
LEIBNIZ, Gottfried Wilhelm • 52
théorie des monades • 52
Lemberg (Ukraine) • 167
Leningrad (prison) • 13
Léninisme • 16
LEVI, Primo • 212
Le Système périodique • 11
LÉVI-STRAUSS, Claude • 205
Libéralisme
coupable d'avoir provoqué les attentats du 11 Septembre • 243
critique postcoloniale « de gauche » • 202
émergence • 199
et défense des droits de l'homme • 200
et « libre choix » • 197
et privatisation de la culture • 193
prétentation à l'universalité *kulturlos* • 210
promotion de l'autonomie et de la rationalité • 200
Libéraux
accusant la gauche d'être responsable des éruptions de violence • 22
opposé à toutes les formes de violence • 21
Liberté • 204, 230, 260, 269
de choix • 176, 197, 198, 201
de la presse • 146, 150
de pensée • 113
d'expression • 67, 177, 180
et pensée (se libérer de la) • 113
et responsabilités inhérentes • 176
« frites de la liberté » • 178
illusion du libre choix • 232
politique • 205
Libre accès • 31
Linksfaschismus • 250
Ljubljana (Slovénie) • 179
LOCKE, John • 251
Loi
du talion • 253
en tant qu'excès absolu • 90
et régimes totalitaires • 214
et transgression criminelle • 90
sadisme de la loi • 259
universelle • 90
Los Angeles 2013 (film) • 130
Los Angeles, émeutes de (1992) • 133
LOSSKY (famille) • 20
LOSSKY, Nikolaï • 19
Louisiane • 130
LOUIS IX, dit Saint Louis • 187
LOVECRAFT, H. P. • 41
LUCRÈCE
De rerum natura • 188
Lutte émancipatrice • 211
LYNCH, David • 231

M

MAHOMET (affaire des caricatures de) • 83, 84, 146, 149, 150, 176, 179, 180, 181, 189, 273
Mai 68 • 33, 103, 104

Mal
bien spirituel infini et masque du mal • 92
dans *Le Village* • 41
diabolique • 79, 120
et égoïsme • 120, 127
et mortalité • 92
figures exemplaires du mal aujourd'hui • 43
opposé au bien commun • 120
pure incarnation du • 68
MALENKOV, Gueorgui • 69
MALNUIT, Olivier • 30
Manifeste du Parti communiste, Le • 26
MAO ZEDONG • 250, 276
MAPPLETHORPE, Robert • 231
Marchandises (*voir aussi* Fétichisme de la marchandise)
échange • 203
Marché
concurrence et dynamique de • 104
économie de marché globale • 203
et communistes libéraux • 31
et responsabilité sociale • 30
« irrationalité » • 123
Mariage forcé (enfants) • 197, 201
Marxisme • 159, 202, 204
MARX, Karl • 15, 129
analyse de la révolution française de 1848 • 180, 209
Le Capital • 15
et Homère • 206
fétichisme de la marchandise • 203
sur le capital • 23
sur l'universalité • 204
Masturbation • 51
McLUHAN, Marshall • 109
Mécanisation de l'esprit • 121
Melilla (enclave espagnole au Maroc) • 142
MELVILLE, Herman
Bartleby • 283
Méritocratie • 251
Métalinguistique, fonction • 110
Mexique • 26
frontière mexico-étatsunienne • 141
MEYER, Nicholas
La Solution à 7 % • 43
MILTON, John • 120
Miracles • 266
Mladina (hebdomadaire slovène) • 179
Modernité • 90, 91, 114
MOÏSE • 97
Mondes « atones » • 52, 53
Monopole • 36
MOORE, Demi • 232
Moral (acte) • 188
Morning in America (talk-show radiophonique) • 139
Mort
confessions de l'agonisant sur son lit de • 73
et victoire du bien sur le mal • 92
pulsion de • 121, 248
Mortalité et immortalité • 91
Mort aux trousses, La (film) • 242
Moscou, procès de • 71
Moyen-Orient (conflit) • 161, 167, 168
seule solution viable • 168
MULLER, Jean-Marie • 86, 88
Multiculturalisme
et « respect » • 158
libéral • 200
tolérance • 149
MUSHARRAF, Pervez • 149
Musique (et Auschwitz) • 12
Musulmans
et sacralisation de l'écrit • 146
femmes musulmanes • 9, 32
fondamentalistes musulmans et lutte nihiliste • 46
respect • 190

N

Narcissisme • 48, 62, 260
Nazis (*voir aussi* Antisémitisme nazi, Juifs)

comparaison avec l'armée israélienne • 152
NEGRI, Toni • 29
Néocolonialisme • 202
Newark, émeutes de • 133
New York 1997 (film) • 130
New York Times • 136
NICHOLSON, Jack • 233
NIETZSCHE, Friedrich • 124, 251, 259
attaque contre la révolte des esclaves • 208
folie • 259
Le Dernier Homme • 45, 125
nihilisme actif et passif • 46
réinvention • 208
Nihilisme
impie • 185
Nip/Tuck (série télévisée) • 219
NIXON, Richard • 172
NKVD • 279
NOLDE, Ernst • 250
Nomenklatura • 279
Nouvelle droite • 141
Nouvelle-Orléans, La (catastrophe de) (*voir aussi* Katrina)
conséquences des fausses rumeurs de violence • 137
Convention Center • 136
désintégration du tissu social • 129, 131, 132
et théorie kantienne du sublime • 133
fracture raciale • 132
inondations • 131
réaction des conservateurs américains • 132
rumeurs de pillage, de meurtres et de viols • 129, 136, 138, 142
Nouvelles technologies • 31

O

Occidentalisme • 84
Odeur • 223
Oiseaux, Les (film) • 241
Olympe (dieux) • 146
Or • 87, 95
Ordinateurs
déclaration de Bill Gates • 15, 36
software vs. *hardware* • 29
Organisation de libération de la Palestine (OLP) • 171
Orientalisme • 84
Orléanistes • 180
ORWELL, George • 44, 221, 223, 284
Oubli • 253, 258
Ouverture des frontières • 143

P

Pacifisme • 184
Pakistan • 83, 150
Palestine
attachement borné à la terre palestinienne • 162
établissement d'un État palestinien • 168
justification des revendications des Palestiniens • 169
politique israélienne envers les Palestiniens • 152, 155
souffrance du peuple palestinien • 85
Pardon • 253, 258
PARKER, Dorothy • 109
Parti de l'Ordre • 180, 209
PASCAL, Blaise • 160
Patriotisme • 29, 178
Paulianisme • 72, 174, 272
PAUL, Saint • 72, 78
Pédophilie (et Église catholique) • 226, 235
Peuple élu • 78
Peur
biopolitique et politique de la • 60
de la mort et recours à Dieu • 73
du harcèlement • 60, 61
Phatique (fonction, communication) • 109

Philanthropie (*voir aussi* Charité)
  Bill Gates • 36
  George Soros • 35
  spéculation financière ruinant la vie de millions d'individus • 56
Physique quantique • 282
PICASSO, Pablo
  Guernica • 22
Plaisir, principe de • 121
PLATON • 26
Pleureuses (tradition funéraire) • 135
Politique (culturalisation de la) • 191
Politiquement correct • 60, 138, 139, 157
Pollution • 36, 43
Pologne • 147
Polygamie • 197
Populisme (latino-américain) • 250
Porto Alegre, Brésil • 28
Postpolitique • 59
POUND, Ezra • 97
POUTINE, Vladimir • 216
Pouvoir
  corruption du • 166
  de la nature • 133
  effondrement du pouvoir soviétique • 216
  exactions des nazis relevant du pouvoir étatique • 265
  origines illégitimes du • 160
Premier-monde
  délocalisation vers le tiers-monde • 36
  fracture avec le tiers-monde • 46, 201
Première guerre mondiale • 183
Présupposition • 66
Procès staliniens • 70, 73
Prochain, le
  abîme du • 101
  en tant qu'intrus traumatisant • 83
  peur • 273
  surproximité • 83
Prohibition • 124, 171
Propriété privée • 209
Protestation politique • 93
Psychanalyse • 114, 279
  lacanienne • 121
Psychose (film) • 237, 242
Purges staliniennes • 13, 278

Q

QUEEN, Carol • 47, 49

R

RABIN, Yitzhak • 171
Racisme
  ce qu'en dit Simone de Beauvoir • 99
  et catastrophe de La Nouvelle-Orléans en 2005 • 132, 138
  et fanatisme • 118
  fantasmes racistes • 140
  lutte multiculturaliste • 159
  nouveau racisme des pays développés • 141
  préjugés racistes • 138
  violence idéologique • 21
  violences racistes dans le Sud des États-Unis • 232
Raison
  antinomies de la raison pure • 145
  antinomies de la raison tolérante • 146, 273
  universalité de la • 195
  usage négatif de la • 156
  usage privé de la • 195
RANCIÈRE, Jacques • 204
RAND, Ayn • 27
Rationalité • 54, 115, 200, 201
RAWLS, John (*voir aussi* Justice rawlsienne) • 122, 123
Réactions en chaîne (film) • 130
Réactions éthiques et émotionnelles • 63
Réalité
  acceptation de • 188
  définition • 24
  éthique • 267

et le Réel • 24
intolérable • 93
nouvelle • 29
principe de • 121
sociale • 24
Réchauffement climatique • 131
Réel, le • 24
Réel divin • 115
REINER, Rob • 232
Religion
en concurrence avec la science • 112
et dérision • 147
massacres violents justifiés en termes religieux • 184
perte de respect • 114
principale source de violence dans le monde • 182
réassertion fondamentaliste • 115
« religion anonyme de l'athéisme » • 181
religions « particularistes » • 78
retour de la divinité surmoïque exigeant des sacrifices • 115
sanctuaire du doute • 113
REMNICK, David • 68
Répression *(Verdrängung)* • 286
Républicanisme • 209
Réserves naturelles • 44
Respect
de l'altérité • 61, 79
envers les croyances d'autrui • 177
et musulmans • 147, 177
Ressentiment • 38, 104, 117, 118, 119, 121, 122, 247, 251, 252, 253, 258, 259
Révolution de Février • 249
Révolution d'Octobre • 249
Révolution globale • 31
Richesse
matérielle et culturelle • 46
redistribution des richesses aux nécessiteux • 38
rêves de • 87
Rio de Janeiro (pillages) • 269
Rires enregistrés • 135
ROBERTSON, Pat • 243
ROBESPIERRE, Maximilien • 10, 218, 268, 269, 270, 271
RORTY, Richard • 195
ROSENBERG, Ethel et Julius • 74
ROUSSEAU, Jean-Jacques • 26, 120, 126, 127
Royalisme • 180, 209
Russie
à l'ère Poutine • 216
chaos de l'ère post-soviétique • 215

S

Sacrifice
et violence mythique • 264
mal et esprit de sacrifice • 128
Sacrifice, Le (film) • 81
SADE (Marquis de) • 260
SAÏD AL-SAHHAF, Mohammed • 128
SAÏD, Edward • 84
Salariés japonais • 217
SALOMON (roi) • 175
Salut de l'âme • 187
SANDFORD, Stella • 99
SARAMAGO, José
La Lucidité • 283
SARKOZY, Nicolas • 104
SARTRE, Jean-Paul
L'existentialisme est un humanisme • 16
Schadenfreunde • 130
SCHÖNBERG, Arnold • 12, 14
SCHRADER, Paul • 275
SCHUMANN, Robert
Humoresque • 226
Science
autorité • 112
en concurrence avec la religion • 112
et libération de la pensée • 113
pouvoir de détruire ou de marginaliser les penseurs indépendants • 113
SCORCESE, Martin • 275
SEBALD, W. G. • 252, 253

Ségrégation • 141
en Afrique du Sud • 32
Sensualité • 125
Sexisme • 118, 197
Sexualité
antinomie entre amour et sexualité • 54
choix du genre sexuel • 51
dans le monde atone • 55
discrimination sexuelle • 21
masturbation • 47
peur de la dépravation sexuelle • 60
promiscuité sexuelle • 243
responsabilité des femmes • 148
révolution sexuelle • 54
SHAKESPEARE, William • 207
Titus Andronicus • 120
SHARON, Ariel • 158
SHELLEY, Mary
Frankenstein • 67
SHYAMALAN, M. Night • 38
SIDA • 56, 240
Signifiant maître • 52, 53, 87, 113
Sionistes • 153
Skull and Bones (société secrète de l'université de Yale) • 231
SLOTERDIJK, Peter • 36, 79, 83
associe les catégories philosophiques à leurs opposés • 247
Colère et Temps • 247
dénonciation de tout projet émancipateur global • 258
et signification des événements de l'année 1990 • 248
histoire alternative de l'Occident • 248
Slovénie
et immigrés musulmans • 179
scandale lié au groupe de rock Strelnikoff • 179
Smart (jargon communiste libéral) • 29
SMITH, Adam • 30
Snuff movies • 76
Socialisme Réellement Existant • 228
Somme nulle • 123
SOROS, Georges • 28, 35, 36, 37
Souffrance • *Voir* Torture, Désaveu fétichiste
Souveraineté étatique • 161
SPINOZA, Baruch • 188
Spiritualité
et méditation • 34
indienne • 201
STALINE, Joseph
clémence • 255
grandes purges de 1936-7 • 278
hypocrisie ou sincérité • 280
STALINE, Svetlana • 68
Starbucks • 14
STEVENS, Wallace • 13
STONE, Oliver • 242
Structuralisme • 109
Subjectivité narcissique • 62
Suicide • 280
Sunnites • 181
Syndicalisme • 35, 205
Syrie • 83, 173
Système politique • 8

T

TARKOVSKI, Andreï • 81
Taxation • 60
Taxi Driver (film) • 275
Terreur
stalinienne • 279
terreur rouge (1919) • 262
Terrorisme • 112
et fondamentalisme • 115
et violence divine • 247
sioniste • 162
Théâtre de la cruauté • 231
révolutionnaire en France (1792-4) • 10, 267, 268
Thymos • 38, 248
pendant obscur de l'*eros* • 248
Tiers-monde
délocalisation • 36
fracture avec les pays du premier-monde • 46

images de guerre civile et comparaison avec La Nouvelle-Orléans en 2005 • 130
Time (magazine) • 9, 51, 52
Torture
des prisonniers irakiens à Abou Ghraib • 230, 235
légitimation • 62
pilule de vérité • 64
Totalitaire
idéologie • 26
régimes totalitaires • 215
Tours jumelles, New York (*voir aussi* Attentats du 11 Septembre) • 241, 244
Transactions à terme • 23, 25
Transparence • 30, 216
Travail
coïncide avec son contraire • 61
comme remède miracle aux problèmes actuels • 191
division sexuée • 197
fin du travail • 29
libérale • 177
TRIER, Lars von • 256
Troubles civils • 7
Tsahal • 152

U

Ukraine • 168
UNESCO • 86
Union soviétique
admirateurs occidentaux • 74
collectivisation • 68, 278
Comité central • 255
effondrement du régime • 216
expulsion des intellectuels anticommunistes (1922) • 19
Politburo • 255
triste réalité du régime stalinien • 74
United 93 (film) • 244
Universalisme
religieux • 79
républicain à la française • 107
Universalité • 193, 206, 210
abstraite • 25, 202
éthique • 259
fausse • 202
véritable • 211
Usages • 214, 221, 224
Utilitarisme • 120

V

Vengeance • 165, 248, 253, 255, 256, 257, 258, 268, 269
Vérité
et sens • 114
régimes de vérité multiples • 189
vérité factuelle et authenticité • 11
VIDAL, Gore • 82, 123
Vieille droite • 29
Vieille gauche • 29
Village de l'information globale • 83
Village, Le (film) • 44
Viol
authenticité des récits de victimes • 11
en réunion • 148
rumeurs de viols à La Nouvelle-Orléans pendant la tragédie de Katrina • 137
slogans alarmistes • 14
Violence
« dépourvue de sens » • 110
distinction entre la « bonne » et la « mauvaise » • 88
en tant que « force de mort » • 89
impuissante • 282
incitation à la • 8
irrationnelle • 105
mythique • 263, 264, 265, 268
ontologique • 99
sociale • 99, 221, 274
structurelle • 56
symbolique • 8
trois types de • 8
ultra-objective • 26
ultra-subjective • 26
verbale • 93

Violence divine
appartient à l'ordre de l'Événement • 266, 270
ce qu'en dit Walter Benjamin • 261
définition • 238, 247, 268
destructrice de droit • 262
en tant que pulsion pure • 264
et fondamentalisme religieux • 247
expiatoire et non sacrificielle • 264
signe de l'impuissance de Dieu • 267
Violence objective • 8
et capitalisme • 23
inhérente à l'état « normal » des choses • 8
interaction entre les trois modèles de violence • 23
Violence subjective • 7
comme la « matière noire » invisible • 9
en référence à un état de non-violence absolu • 8
et communistes libéraux • 56
fascination • 23
« irrationnelle » • 21
Violence systémique • 8
conséquences • 26
du capitalisme • 24
et violence subjective • 273
insensibilité • 20
VIRGILE • 226
Voile islamique • 198
Vote blanc et abstention • 284, 286
l'abstention en termes psychanalytiques • 286

W

WAGNER, Richard • 117, 125, 207, 208
Parsifal • 125, 207
Siegfried • 207
Tristan et Isolde • 117
WEIL, Simone • 89, 91
WIESENTHAL, Simon
Justice n'est pas vengeance • 165
WINTER, Cécile • 154
WOOD, Michael • 285
World Trade Center • 65, 140, 242
World Trade Center (film) • 242, 243, 244

Y

Yale, université de • 231
YEATS, William Butler
« La Seconde Venue » • 117
Yougoslavie
Article 11 du code pénal • 214
et élections « libres » pendant les années 1980 • 218, 226

Z

ZAPATERO, José • 143

Déjà parus au Diable vauvert

Catalogue disponible sur demande
contact@audiable.com

Documents

Clémentine Autain (sous la direction de)
Postcapitalisme

Collectif
Questions d'ados

Angela Davis
Les Goulags de la démocratie

Éric Delhaye, Jérémy Bernède
25 ans Rockstore

Deroubaix, Le Puill, Raynal
Les Vendanges de la colère

Antoine Dole, Sté Strausz
Fly Girls

Patrick Herman
Les Nouveaux Esclaves du capitalisme

Clinton Heylin
Babylon's burning

Vincent Ravalec, Mallendi, Agnès Paicheler
Bois Sacré, initiation à l'iboga

Charles Silvestre
La Torture aux aveux

Martin Winckler

Les Miroirs obscurs

Howard Zinn

Une histoire populaire des États-Unis pour les ados, vol. 1 : 1492-1898 – La conquête

Une histoire populaire des États-Unis pour les ados, vol. 2 : 1898-2006 – Les conflits

Une histoire populaire des États-Unis pour les ados, coffret 2 volumes

COMPOSITION
entrelignes (64)

Achevé d'imprimer par L.E.G.O. S.p.A. en Italie
en mai 2017